任正非传

华为没有成功，只有成长

林超华 著

华中科技大学出版社
http://www.hustp.com

中国·武汉

图书在版编目(CIP)数据

华为没有成功，只有成长：任正非传 / 林超华著. -- 武汉 :华中科技大学出版社, 2019.10（2019.12 重印）
ISBN 978-7-5680-5557-4

Ⅰ．①华… Ⅱ．①林… Ⅲ．①任正非-传记 Ⅳ.①K825.38

中国版本图书馆 CIP 数据核字(2019)第 184400 号

华为没有成功，只有成长：任正非传
Huaweimeiyouchenggong, Zhiyouchengzhang: Renzhengfei Zhuan

林超华　著

策划编辑：亢博剑
责任编辑：沈剑锋
封面设计：刘红刚
责任校对：曾　婷
责任监印：朱　玢

出版发行：华中科技大学出版社(中国·武汉)　　电　话：(027)81321913
　　　　　武汉市东湖新技术开发区华工科技园　　邮　编：430223

印　　刷：天津中印联印务有限公司
开　　本：710mm×1000mm　1/16
印　　张：19.25
字　　数：286 千字
版　　次：2019 年 10 月第 1 版第 1 次印刷　2019 年 12 月第 1 版第 2 次印刷
定　　价：49.80 元

本书若有印装质量问题，请向出版社营销中心调换
全国免费服务热线：400-6679-118　竭诚为您服务
版权所有　侵权必究

【序言】

华为没有成功，只有成长

提起华为，大部分媒体会表现出极大的关注，许多人会竖起耳朵，这不仅因为它是"唯一一家能够与国际顶尖电信制造商进行正面竞争的中国企业"，还因为华为掌舵人的神秘——被称为"华为教父"的任正非。

任正非自创办华为30多年来鲜少接受媒体采访，即使华为早已全面调整对外宣传战略，允许华为高层对媒体自由发声，但任正非还是给自己申请了一项"特权"——"你们任何人都应该、都可以接受采访，我就免了。我的性格不适合与媒体打交道。"

而人的心态就是这样，越是神秘就越想一探究竟。任正非渴望低调，而华为却"树大招风"，傲人的成绩总是让聚光灯兴奋、悸动。任正非不对媒体开口，华为企业不上市，甚至很少向银行贷款，外界的好奇堆积成山不得其解，百般猜测却难有定论。外界认识任正非的渠道，只有任正非个人所写的文章、针对华为的各种讲话，华为员工的只言片语和一些从华为出走的员工所写的各种小册子。

然而，仅靠这些只言片语和零星片段还不足以破解华为快速成长之谜，让人一睹其全貌；不足以让我们认识一个真实的任正非，再现他艰苦打拼的传奇经历。因此，我们通过多种途径、多种方式对涉及这位神秘人物的资料进行挖掘考证、走访调查，像拼接一张破碎的照片一样，使任正非的个人形象变得完整清晰起来。

1944年，任正非出生于贵州安顺市镇宁布依族苗族自治县一个位于贫困山区的小村庄,饥饿感是他的少年创伤记忆;他的父母都是教师,家庭背景是他人生的第一个决定性因素。中国知识分子对于知识的重视和追求,可谓"贫贱不能移"。即使在三年困难时期,任正非的父母仍然坚持从牙缝里省出钱来让孩子读书。不幸的是,任正非刚考上大学不久,"文化大革命"便开始了,他的父亲被关进了牛棚,学校也变成了"枪林弹雨的环境",但是他始终不为所动,坚持学完了电子计算机、数字技术、自动控制等十几门功课,甚至把高等数学的习题集从头到尾做了两遍,还学习了逻辑学、哲学,并自学了三门外语。大学毕业后,他参军到了基建工程部队。在紧张的工作之余,他钻研电子技术,并成为一名技术标兵。尽管14年的军旅生涯并没有给他带来多少荣誉和事业上的成就,却深深影响了他的价值观并锻造了他钢铁般的意志。

1982年,任正非从部队转业,来到成为改革试验田的深圳,在一家国有企业下属公司任职,没想到就在这一年多的时间里,他遭遇了人生的两次重大打击。痛定思痛后,他决心"下海"创业。这一年他43岁,被解职,离婚,处于人生的最低谷;他以2万余元起家创立华为,以"活下去"作为公司发展的最大动力,以"深圳速度"飞速发展——2018年上半年实现销售收入3 257亿元,利润455亿元;员工由6个创业"元老"发展到18万人。在任正非的带领下,华为专注于通信领域,埋头苦干,终于走到了行业的前列,几乎全球三分之一的人口都使用过华为的技术。现在又成为5G的领导者,打破了西方国家对通信科技的垄断。

这个商业传奇，离开了任正非几乎是不可能实现的，他是一个少有的同时具备卓越的战略眼光、偏执狂般的执行力与商业雄心的企业家。当然也离不开任正非打造的优秀团队——"满世界拼命的华为员工"。尤其是在通往国际市场的漫漫征途上，一行行悲壮的脚印，给了有志于开拓国际市场的中国企业以无尽的启迪。在智利9级大地震中，华为员工失联，找到后还去地震中心维护设备。在利比亚战争的撤侨行动中，任正非一声令下："不准撤，网络瘫了，死人更多。"军人出身的他，对现代战争有最基本的判断——"战争是精确打击，不在那个点，就没问题。"在日本，2011年发生地震海啸，很多人开始撤走，但华为人情绪稳定，背着工具背包，逆难民而行……华为员工凭着一股为"中国制造"四个字争光的精神，为华为拓土开疆，所向披靡。华为或者说任正非，影响了成千上万年轻人的生活乃至改变了他们的命运。

如今，任正非再次被推到了风口浪尖上。在美国对中国大打贸易战之际，任正非之女、华为CFO孟晚舟在加拿大被非法逮捕，面临被引渡到美国的危险，原因是美国宣称华为涉嫌违反美国对伊朗的贸易制裁规定。对任正非和华为来说，这无疑是个艰难的时刻。除了孟晚舟的人身自由之外，大家担心华为会不会也遭到美国政府的制裁、罚款、禁运等。尽管如此，任正非和华为全体员工仍然踏踏实实地坚守岗位，做好自己的事情，继续向外界展现华为的实力。虽然遭遇了美国及其盟国的严格审查，但到2019年6月，华为在全球范围内签订了数十份5G商用网络建设合同，位列全球5G商用合同数第一，并且已经出货了近十万个5G基站。这一切的背后，凝聚着华为人数十年的心血，正如孟晚舟被保释后在朋友圈所发：伟大的背后，都是苦难。

本书以探究事实真相的写实手法，以多述事件、少发议论为原则，以任正非的人生经历、创业历程为主线，重点讲述了他的独特个性、管理理念、精神追求和他学者的思辨、智者的胆识、军人的风度、大师的风范、哲学家的深刻和作家的浪漫诙谐，以及华为员工的自发性成长、艰苦奋斗，华为组织的持续自我否定和演进，伴随着30余年企业成长的风风雨雨，展示一个具有独特魅力的现代企业家形象。本书可以说是一本具有励志色彩的不可多得的企业家正传。

本书在编辑的过程中，得到了林学华、张慧丹、林春姣、李小美、曹阳、庞欢、张丽荣、孙长胜、李泽民、龚四国、林红姣、向丽、曹驰、曹琨、林望姣、王凯军、林双兰、曹霞、李本国、林华姣、李鹏、林丽姣、陈艳、吴露、陈胜、陈艳威、林喆远、翟晓斐、刘艳、刘屹松、孔志明、梁晓丹、周新华、王志利、赵艳霞、张杨玲、陈怡祥、林中华、曹茜、刘永兵、曹建祥、曹建国、王晓玉等不少同仁的支持和帮助！在此特表示深切的谢意。

目 录
Contents

第一章　来自特殊年代的磨砺 / 1
　　1. 自我生发的狼性基因 / 1
　　2. 虽苦犹甜的童年 / 8
　　3. 成才的第一课：活下去 / 11

第二章　落寞的岁月 / 14
　　1. 在困境中潜心苦学 / 14
　　2. 军营生活的历练 / 18

第三章　走上实业之路 / 23
　　1. 遭遇人生的"滑铁卢" / 23
　　2. 交换机的"二道贩子" / 26
　　3. 走上研发之路 / 31
　　4. 主攻电信设备 / 36

第四章　群狼围猎战 / 40
　　1. 培养"饿狼" / 40
　　2. 打造华为技术新星 / 45

3. 狼性销售，重点突破 / 50
　　4. 绩效考核：把游击队转变为正规军 / 57

第五章　远大前程 / 63
　　1. 加强合作，追求多赢 / 63
　　2. 先下岗，再竞争上岗 / 67
　　3. 反幼稚运动：深入生产第一线 / 73
　　4. 华为的精神纲领 / 76
　　5. 招兵买马，快速扩张 / 82

第六章　成功背后的危机 / 90
　　1. 设立华为董事会 / 90
　　2. 冬天来了：成功而不忘形 / 98
　　3. 内外交困，探索"度冬"之道 / 102
　　4. 与中兴之争 / 109

第七章　在海外市场奋力突围 / 115
　　1. 要"饿狼"，不要"饱狼" / 115
　　2. 征战俄罗斯 / 124
　　3. 进军非洲 / 127
　　4. 质优价廉，拿下欧洲 / 131
　　5. 客户指哪儿，华为就打哪儿 / 140
　　6. 不打价格战 / 146
　　7. 分享而不是独占市场 / 149

第八章　外患与内忧 / 155

　　1. 中兴的低价战略 / 155

　　2. 不打不成交的思科 / 157

　　3. 化解恩怨，收编港湾 / 166

　　4. "狼性文化"的后遗症 / 173

　　5. "狼王"的又一次寒冬预警 / 179

第九章　从超越别人到超越自己 / 186

　　1. 打造华为新形象 / 186

　　2. 备受争议的集体辞职事件 / 190

　　3. 决战 3G，两战雪耻 / 197

　　4. 接班制度的探索：轮值 CEO / 204

　　5. 企业转型：做全能型的 IT 供应商 / 211

　　6. 闯入 PC 领域 / 215

第十章　进军智能手机市场 / 219

　　1. 持续改良，"软""硬"兼具 / 219

　　2. 精益求精，改进用户体验 / 223

　　3. 争夺高端市场，兼顾低端市场 / 227

　　4. 布局海外手机市场 / 231

第十一章　提升自己的核心竞争力 / 235

　　1. 做业界的质量标杆 / 235

　　2. 坚持研发和创新 / 239

　　3. 打造中国"芯"/ 242

4. 重视知识产权 / 245

第十二章　时刻保持"狼性" / 249

1. 上市与不上市之争 / 249

2. 员工持股机制 / 254

3. 打造有活力和竞争意识的团队 / 258

4. 除了胜利，华为无路可走 / 262

第十三章　不忘初心，逐梦前行 / 273

1. 坚守实体经济 / 273

2. 5G 的王者 / 276

3. 拥抱云时代 / 280

4. 孟晚舟事件 / 285

5. 稳扎稳打，做世界级企业 / 291

第一章　来自特殊年代的磨砺

生活的艰苦以及心灵的磨砺是我们的人生走向成熟的一个契机。这在任正非身上得到了验证，家庭环境以及特殊的生活经历，造就了他那战略性的领导力：无私，有远见，低调和危机感。

1. 自我生发的狼性基因

1998年，华为技术有限公司（以下简称"华为"）以80多亿元的年营业额居声名显赫的国产通信设备四巨头"巨大中华"之首。势头正猛时，华为的首领任正非不但没有从此加入明星企业家和富豪榜的行列中，反而对各种采访、会议、评选唯恐避之不及，甚至对有利于华为形象宣传的活动和政府的活动也一概拒绝，并给华为高、中层人员下了一道命令：除非重要客户或合作伙伴，其他活动一律免谈，谁来游说，我就撤谁的职！整个华为由此上行下效，全体员工以近乎本能的封闭和防御姿态面对外界。

尽管任正非几乎完全远离公众视野，但他的一举一动总会引发外界的高度关注。2002年的中国国际信息通信展览会上，任正非在公司展台前接待客户，一位上年纪的男子走过来问他，华为总裁任正非有没有来？任正非问，你找他有事吗？那人回答，也没什么事，就是想见见这位带领华为走到今天的传奇人物究竟长什么样子。任正非说实在不凑巧，他今天没有过来，但一定会把你的意思转达给他。

关于任正非的神出鬼没还有很多故事。有人去华为办事，晕头转向地交换了一圈名片，坐定之后才发现自己手里居然有一张是任正非的，急忙环顾左右，斯人已不见踪影。有人在出差去美国的飞机上与一位和气的老者天南地北地聊了一路，事后才被告知对方就是任正非，不禁懊悔不已。这些多少带点演义成分的故事说明，想认识任正非的人太多，而真正认识任正非的人则很少。

当然，"一味地拒绝媒体会导致外界对企业的认识产生偏差"，因为公司面临深层次的战略转型，从2008年开始，华为不愿再做鸵鸟了。任正非说："在舆论面前，公司长期的做法就是一只把头埋在沙子里的鸵鸟，我可以做鸵鸟，但公司不能，公司要攻击前进，华为公司到了这个时候要允许批评。"于是，人们开始大力宣传华为，各种有关华为成功的"宝典"也纷纷出版发行。不过，华为的掌舵人任正非仍是神龙见首不见尾，仅偶尔在云端露出一鳞半爪而已。

任正非的刻意隐身，使得他被贴上了"神秘"的标签，在各种事实与臆测中，人们凭自己的理解给他加上各种名号，如"土狼头领""硬汉""商业领袖""华为教父"。对此，任正非表示："媒体记者总喜欢将成绩扣到企业老总一个人头上，不然不生动，以虚拟的方法塑造一个虚化的人。我不认为自己像外界传说的那样有影响力，但是很敬业、无私、能团结人。"他这话一出，又引来了种种议论，有人说他是"偏执狂""很暴躁""心理有障碍"，还有人说他平时衣着打扮太平常，像一个老工人，衬衫袖子永远是挽到胳膊一半，偶尔系回领带还弄不正。

如果说"硬汉""华为教父"不难理解的话，那么"土狼头领"又是因何而来，该作何解呢？

土狼又叫鬣豺，很多人常把土狼当成鬣狗，二者外貌相似而本质品行却有天壤之别。土狼是温顺的独居者，行动较为迟缓，已从肉食动物中退化出来；而土狼的近亲斑鬣狗却飒爽凶猛无比，是自然界捕食动物中的顶级猎手。显然，人们用来比喻任正非的不是这种土狼。这个"土狼"中的"土"是指中国本土，华为人把通信制造企业比喻成草原上的三种动物：狮子——跨国公司；豹子——跨国公司在中国的合资企业；土狼——地道的中国本土企业。在狮子眼中，华为这匹土狼以100∶1的兵力蚕食狮子的边缘战场，直至腹心；以狮子难以理解的目的疯狂发动价格战，使狮子的利润直线下降；以对中国本土市场无与伦比的适应性和理解能力，运用各种"不规范竞争手段"，在复杂的利益关系中灵活穿梭，使狮子的技术优势变得苍白无力，使华为成功挺进世界500强，成为全球第二大通信设备供应商。

如果说华为人是一群土狼，任正非就是这群土狼的首领，而这位首领最终成为企业的一个符号，体现的是本土企业的狼性：对成功的强烈渴望，面对挫折屡败屡战的执着和忍耐，对多变环境的适应和求生能力，以及不惜代价集体作战的方式，都向狮子证明土狼是凶猛而难缠的对手。"力量，来源于组织，不是个人"，"土狼"之说原来是指任正非在一个本土企业里缔造的"狼文化"。

接下来，我们通过"狼文化"这一核心，由内向外去探究任正非的创业足迹、心路历程以及华为和他的传奇。除了他曾经共事的同事的看法（包括已出版的著述）之外，作为一家大型企业的总裁，他的重要讲话一般会有记录，外界也因此多了一个认识他的机会，加上与他一起生活过的老乡、同学、战友的回忆，所有的碎片衔接起来，使我们认识到，华为这家中国本土的高科技企业成功的背后，有它令人信服的故事经纬和哲学架构，即一部简明的、基于人性欲望的价值观所牵引下的有血有泪、有欢乐与苦难、有希望与绝望的群体奋斗史和财富创造史，同时也是一部人性管理思想的探索史。

生物学认为，遗传和变异决定于物种的基因。但考证任正非的家族，我们发现在他之前的任氏几代人都没有半点狼性基因。

任正非的爷爷叫任三和，浙江浦江县任店村人（今浦江县黄宅镇任店村），年少时在金华火腿厂当学徒，由于他干活勤快麻利又谦虚好学，老板非常喜欢他。几年后，他成了腌火腿的大师傅。他制作的火腿皮色黄亮，肉色红润，香气浓郁，这一手绝活使他远近闻名。而金华火腿厂名闻天下，能在这样的大厂里当"技术员"，也算得上是"知识分子"，待遇顺理成章地越来越高。所以，任家当时家道殷实，有一栋雕梁画栋的四合院，很是气派。如今四合院还在，不过雕梁画栋已腐朽，只剩下杉木的雕花门窗了。

任三和在20岁左右娶妻成家，不久有了一个儿子，小日子过得平淡而美好。1910年11月16日，他们又得了个儿子，起名任木生，字摩逊，意指希望他"揣摩研究"学问和技艺，"不逊于"任何人。

任木生天资聪颖，说话作文很有条理，五六岁就被送进学堂。任三和自己是学徒出身，没什么文化，一步步走到大师傅的位置，自然了解知识和技术的价值，因此，他除了教给子女为人处世的道理外，还极力鼓励他们认真读书，多掌握文化知识。他的想法很朴实，家财万贯不如一技在身。在清末民初的纷乱世道里，即使读书不能跻身仕途，至少也有利于掌握一门好手艺和谋生技能，让生活的路子更广一些。任木生在兄弟姐妹中是学习最用功，也是成绩最好的一个，因此获得了更多受教育的机会。但他没有走父亲的老路，不想将来靠手艺谋生，而且他进的是新式学堂，新式学堂开设了很多旧私塾没有的科目，少了些科举入仕的濡染，多了些新思想的熏陶。他思想活跃，向往新生活，因此学习非常认真刻苦，各科成绩都很不错。为了让儿子有个远大的前程，任三和在任木生10多岁的时候，将他送到北平高等学校附属中学就读，以便考入高等学府。

果然，任木生不负父望，两年后考取了北平的一所高校，成为任氏家族的第一个大学生，也是任店村的第一个大学生。任三和感到十分欣慰，对儿子有了"不逊于"任何人的期盼。

大学期间，任木生在努力学习的同时，为了实现自己的政治抱负，接触了不少进步青年，组织了校友会。"九一八"事变后，他参加了北平抗日救亡宣传活动，并加入了共青团。不幸的是，大三这年，他的父亲病故，不久母亲也随之而去。没有了经济来源，书自然念不下去了，任木生只得回老家找工作。当时有大学学历的人并不多，任木生找工作还算比较容易。1934年,他到浙江定海水产职业学校任教,一年后转到南京农业职中,担任校领导。在两校期间,他娶妻吴氏,育有一子一女。

1937年"七七"事变后,日本发动了全面侵华战争,苏沪沿海集结了大批日军,大战一触即发。正在南京农业职中任职的任木生为躲避战火,忙把家眷送回浦江乡下。任木生在大学期间参加过中国共产党领导的秘密革命活动(据说还加入了共产党),所以被国民党特务组织列入黑名单并暗中监视。大学校友会的朋友早就建议任木生南下,但他一直犹豫不决。就在他把家人送往任店村时,国民党特务对他突然离校返乡产生了怀疑,秘密跟踪而至,值得庆幸的是,他们匆忙之中抓错了人。第二天,任木生装病托村里人用皮龙(类似于轿子)将自己抬到郑家坞火车站,南下广东。没想到他这次匆匆离乡,一别竟是50多年,直到1995年,他才找机会回了一趟浦江,了却生前最后心愿。

任木生逃到广州后,不久进了412军工厂,在会计处担任会计。412军工厂是国民党开办的一家生产防毒面具的工厂。在厂里,任木生依然很活跃,响应共产党的号召,积极宣传抗日,组织读书会。参加读书会的人,大多是坚决主张抗日的爱国青年,其中还有共产党地下组织成员。任木生的爱国举动引起了国民党特务组织的注意,但他毫不畏惧,经常和大家一起探讨抗日问题。不久,迫于国人的抗日呼声,国民党地方政府和驻军也打出了抗日口号,并表示誓死保卫广州。

到了1938年,战局进一步恶化,日军大举南进并多次派出飞机对广州等地进行高密度的猛烈轰炸。国民党军队没有拼死抵抗,而是迅速撤至粤北,412军工厂也向西撤到广西融水。到达融水不久,任木生和几个朋友利用业余时间开了一间书店,专卖进步书刊,还重新组织起读书会,取名"七七读书会"。同年10月下旬,广州沦陷,鉴于日军仍有可能继续西进,412军工厂又迁到了贵州桐梓,任木生随厂来到这个偏僻之地。

桐梓素称"黔北门户""川黔锁钥",距离重庆(国民党中央政府已迁到重庆）不远，由于省外军工、学校、医疗等单位相继迁驻，这里人口众多，商旅大增。在这个大后方，任木生的一腔抗战热血被冷却了，加上国共关系愈加紧张起来，他觉得继续在军工厂待下去没有什么前途，1944年年初，他做了一个对自己一生有着重大意义的选择：申请转地方继续干自己的老本行——教书。

他跟相识不久的一位叫程远昭的姑娘一起回到她的老家——安顺镇宁的一个小镇。这一带属于溶岩地貌，享有"中华第一瀑"盛誉的黄果树瀑布就在这里，古人形容道："白水如棉不用弓弹花自散，虹霞似锦何须梭织天生成。"这里青山环绕，碧水长流，峭壁上的植被郁郁葱葱，但经济非常落后。

尽管没有太多的闲情逸致去欣赏景色，但任木生能感觉到这里山美水美人更美，老百姓勤劳善良、淳朴诚挚、热情好客，于是动了在此地安家扎根的念头。他与程远昭经过短暂的相互了解后，二人情投意合，心心相印。1944年年初，34岁的任木生与17岁的程远昭喜结良缘。任木生长得一表人才，又在北平上过大学，才识不凡，谈吐儒雅；程远昭生于农家，勤俭诚实，模样俊俏，文静端庄，他们的结合可以说是天作之合。可惜两人不得不分居两地，新婚没几天，任木生便独自到上级安排的学校——黔江中学报到。

这年10月，程远昭临产，任木生匆匆从黔江赶回来守候。10月25日，一个健康、可爱的男孩降生了。新生命的到来给这个小家庭带来了无限的欢乐。任木生非常高兴地对妻子说："我们的长子一定要取个好名字。"

程远昭说："取个名字对你来说还不是信手拈来。"在她心目中，丈夫是个学问高深之人。

但是，任木生却感到有点为难，他苦思数日，才认真地对妻子说："我给儿子取名叫正非。正，正确的正；非，是非的非。你看如何？"

"正非？"程远昭说，"这个名字好呀，是不是跟你的名字一样也有别的什么含义呢？"

任木生笑而不答。这给后来研究任正非的人留下了一个小小的难题。有人说，或许这是对程远昭的安慰，程远昭是续弦，偏室即正室，正室即偏室，有正偏存乎一心的意味。有人说，正非就是要有正确的是非善恶观，体现了任木生对人生的感悟。有人说，"正非"二字本身，就是一个平衡，或称为中庸，非即正，正即非，非中有正，正中有非。还有人说，这是任木生告诉儿子：人世间充满了是是非非，究竟何为正，何为非，需要一个人用一辈子去探究、去领悟；只有将是是非非悟透，才能成为一个对社会、对国家、对世界都有用的人。名字只是人的一个代号，也许任木生根本没有想这么多。

1946年，任木生的大女儿降生，他给女儿取名叫正离。从这个名字的本意来看，如理解为"正即离，离即正"之意，那么，正与非就不是相对立的了。通过这一旁证，有人又说，任木生的"正非、正离"说，是老子所揭示的"有无相生，难易相成，长短相形，高下相盈，音声相和，前后相随，恒也"。这是宇宙的运行规律。如此一说，越发把意思搞复杂了。

实际上，这反映了任木生的一种哲学理念，他给儿女种下了一颗种子：不要被是非善恶误导，别被狭小的自我圈圈套住，生活有无限的可能；不跟随主流，心里要有主流；离开主流，才是推动主流。这对任正非后来的人生与事业产生了极为重要的影响。

后来，任正非完全按照自己的理解去践行，他认为天道酬勤，号召员工跟公司的天敌——懒惰开战，力出一孔，利出一孔，聚精会神做独一无二的极致产品，这便是华为商业模式的基因。任正非大开大合，以狼性基因作为企业文化，淋漓尽致地彰显了中国企业对竞争力的渴望，走的正是通过颠覆现实与正统离合的路径（将是非暂且放一边）。正非、正离，还有点混沌之味。后来任正非还提出了管理的灰度理论，或许也可以在他的名字中找到某些启示。

如果一定要在任氏家族中探寻任正非的狼性基因，只能说，他与父母之间有灵魂的应和、意识的传递、气质的生养。

2. 虽苦犹甜的童年

从 1944 年到贵州解放前夕，任木生辗转于黔江、镇远一带，先后在黔江、镇远、关岭、豫章等中学任教，差不多一年换一个地方，可以说居无定所。

1949 年，任木生参加了土改工作队，随解放军剿匪部队一同回到镇宁，参与改建一所少数民族中学——镇宁县民族中学。当时山区还有很多土匪和国民党军队的残兵，他冒着挨冷枪的危险开展工作，不计较个人得失，不畏惧艰难困苦，为学校的创建立下了汗马功劳。次年新校开学，他被任命为校长。

任正非在上中学前一直和母亲及妹妹在小镇生活。这个小镇是个清贫之地，但一家人也过得其乐融融。母亲是高中学历，显然外祖父家并非贫苦人家，而且外祖父能破除女子无才便是德的封建观念，送她上学，说明他是非常开明的。母亲受父亲的影响，努力自学，也成了一名数学教师。后来，任正非在一篇文章中说："妈妈程远昭，是一个陪伴父亲在贫困山区与穷孩子厮混了一生的一个普通得不能再普通的园丁。"

刚刚经历过抗日战争和解放战争的新中国一贫如洗，农村很多和任正非同龄的孩子早早便下地帮父母插秧，或上山放牛，跟他们相比，任正非还是很幸运的。1951 年，任正非进入镇小学读书。课余和假日，他和其他贫苦孩子一起下河摸鱼、上树抓鸟，或用自制的"顺风耳"跟小伙伴们"打电话"。土电话制作简单，用两个圆形纸盒、一根棉线、两支火柴棒便可轻松制成。他们当时并不知道其中原理，只是觉得好玩，自得其乐。

后来，他们又得到了一个宝贝——一台笨重的旧收音机。这是一个小伙伴在县城的一个废品堆里捡到的，任正非胡乱捣鼓了几下，竟然能出声。大家通过它听了不少评书故事，还经常在一起复述故事情节，评说英雄人物，也闹过张飞杀岳飞的笑话。后来收音机的电池没电了，任正非求父亲买几节电池回来,但被父亲一口拒绝,父亲让他去找化学老师求教。化学老师告诉了任正非电池再生的方法:用钉子在电池正端一头扎两个小孔,再灌些盐水进去就行了。任正非和伙伴们又用再生电池听了一段时间的故事,直到电池彻底报废。这是任正非童年玩过的唯一一个非自制的高级玩具,并从中收获了许多快乐。

任正非自小爱听故事,母亲从成语故事到神话故事,都给孩子们讲。对任正非影响最深的是"闻鸡起舞""凿壁借光""沉香救母""蜘蛛结网"之类的故事。

任正非读书的小学离家很近,学校的条件很差,教室简陋,透风漏雨。一到冬天,虽然有烧木材取暖的铁炉子,但室温和外面的温度也差不多;夏天则是蚊虫乱飞,既闷又热。为了鼓励儿子念书,程远昭给任正非讲了"囊萤映雪"的故事:

车胤生活在距今1 600多年前的晋朝,是个非常勤奋好学的孩子。可是他家里很穷,父母微薄的收入维持一家人的吃穿都非常困难,根本没有多余的钱供他上学,甚至连给他买一盏油灯的钱都没有,所以,车胤从小就立志一定要好好学习,将来长大了做大官,让父母都过上好日子。因为白天要干农活,他只能利用傍晚的时间背诵诗文。

有一年夏天,天都已经黑了,车胤还在院子里背诵古诗文,他背了一首又一首,还不愿意停下来。这时,院子里有萤火虫高高低低地飞过,像一盏盏小灯笼,照亮了车胤的眼睛。车胤灵机一动,想出了一个继续读书的好办法。他从屋子里找来一个透明又透气的绢布袋子,然后开始逮萤火虫,等到袋里的萤火虫足够照亮他的书本了,他才停下来,扎紧袋口。聪明的车胤想用萤火虫的光亮来帮他读书。他选择透明的袋子,是为了让光能透过袋子照射出来,有了这个"小灯笼"帮他读书,他进步很快。

自那以后,只要是有萤火虫飞舞的夜晚,车胤都会抓一袋来,伴着微弱的光源继续学习。由于天资聪颖,加上后天的勤奋刻苦和不懈努力,他终于当上了职位很高的官,不但自己过得很好,而且也让父母一起享福了。

"这就是'囊萤'的故事。"讲到这里，程远昭停下来，望着儿子，希望他能自己悟出点道理来。

任正非想了想，问道："'囊萤'这个故事是不是说，没有好的学习环境也能读好书？那'映雪'这个故事又是怎样的呢？"

程远昭看着儿子性急的样子，说："'映雪'说的是同一个道理，一样精彩。"她接着讲下去：

与车胤同朝代的一个人叫孙康，他的家境也很贫寒。因为没钱买灯油，晚上不能看书，他只能早早睡觉，眼睁睁地看着时光白白溜走却无能为力。一天半夜，他从睡梦中醒来，把头侧向窗户，突然发现窗缝里透进一丝光亮，他打开窗一看，原来是白色的雪光把天地照亮了。

"好美的雪景啊！"孙康被眼前的美景惊呆了，如此耀眼的光芒，不正是读书的好时光吗？他倦意顿消，立即穿上衣服，取出书籍，来到屋外。宽阔的大地上映出的雪光，比屋里要亮多了。他不顾严寒看起书来，手脚冻僵了，他就起身跑一跑，搓搓手指。此后，每逢有雪的晚上，他都不放过，孜孜不倦地读书。正是刻苦学习精神，使他的学识突飞猛进，最终当了大官。

听完这个故事，任正非明白了母亲的意思，暗下决心一定要努力学习，长大后做大事，做一个对祖国和人民有用的人。

后来，任正非的父母又生育了一子四女。一家九口人，全靠夫妻俩教书的微薄薪水生活，而且任木生还要按月给浦江老家的家眷寄生活费。尽管无法给七个儿女温饱的生活，但为了让他们都有书读，任木生夫妇省吃俭用、四处借钱，即使几个人合用一条被子、缺衣少食，也不觉得苦。兄弟姐妹间也相互关心谦让，和睦相处。

1999年昆明举办世界博览会（以下简称"世博会"），华为的一个员工陪同任正非的几个小学同学参观时问起任正非小时候是个什么样的人，任正非的一个同学说，他是一个流鼻涕、邋遢，但成天笑呵呵的人。任正非自己也曾在法国对媒体说："我也不知道怎么解释自己是怎样的一个人，因为不知道应该从哪个角度来看。我认为自己从来都很乐观，无论身处什么样的环境，我都很快乐，因为我不能选择自己的处境。虽然小时候家境很贫穷，却很快乐，因为当时不知道别人的富裕是什么样的，直到40多岁以后，我才知道有那么好吃的法国菜。"

任正非后来被人称为"不可救药"的乐观主义者，恐怕也是因为他童年受到了父母的影响。他们教育孩子坦然地面对贫穷，接受贫穷，更要立志改变贫穷。他们的勉励让任正非从小养成了乐观向上、淡泊名利的心态和对知识的崇尚。

3. 成才的第一课：活下去

1958年，任木生在国家吸收一批高级知识分子入党时光荣地加入了中国共产党，并被调到都匀民族师范学校任校长。任正非随父亲来到都匀，进入都匀中学读书。求知欲望使他一头扎进书本里尽情地吸吮知识的"乳汁"，但这只能解决精神上的贫乏，解决不了饿肚子的问题。任家的生活一直十分拮据，而弟弟妹妹们又在一天天长大，衣服一天天变短，而且一个个都到了上学的年龄，这就使原本拮据的生活更加艰难。任正非后来在一篇文章中写道："每个学期每人交2元到3元的学费，到交学费时，妈妈每次都发愁。与勉强可以用工资来解决基本生活的家庭相比，我家的困难更大。我经常看到妈妈月底到处向人借几元钱度饥荒，而且常常走了几家都未必能借到。"因此，全家人经常饿肚子。

任正非回忆说："三年间从来没有穿过衬衫。有同学看见我在很热的天里穿着厚厚的外衣，就说让我向妈妈要一件衬衣，但我不敢，因为我知道做不到。我上大学时妈妈一次送我两件衬衣，我真想哭，因为我有了，弟妹们就会更难了。"任正非的无私、舍己精神正是从母亲身上学到的，他感触最深的是母亲的勤劳与舍己。家里八口人的生活全仗着她支撑。八口人就是她的全部世界，八口人的吃饭穿衣是她面临的挑战。她时常忘了家里的第九口人——她自己。其他人在吃饭，她在收拾锅灶，等她收拾好了，桌上的饭菜早已干干净净。忍饥挨饿成了她的家常便饭。父亲有时外出参加会议，还有机会适当改善一下；而她除了教学工作，还要煮饭、洗衣、修煤灶、寻野菜……她苦，还不让人看见。她勤劳，无论是收过粮食的田野，还是路边的捡漏，她觅食的空间总比他人宽广。她手巧，常常能在没有米的窘境中，将各种各样的野菜和树叶，做成"美味"的食物。成功后的任正非曾感慨道："我的不自私是从父母身上学到的，华为之所以成功，与我的不自私有一点关系。"

程远昭性格沉静，言语不多，因为每天有那么多事要做，每做一件事她都全心全意，没有时间就一些无关紧要的事说三道四。静心，这是她给任正非最好的熏陶。高中期间，任正非食量增加，经常饿得昏昏沉沉、天旋地转，他的学习成绩忽上忽下，像过山车一样很不稳定。高中二年级时，任正非多次补考才过关。他为此焦虑不安、脾气暴躁，程远昭见状，对他说："无事心不空，有事心不乱，大事心不畏，小事心不慢。"

高三那年，任正非有时在家复习功课饿得实在无法忍受，就用米糠和着菜揉一下，放在锅里烙着吃。有几次父亲发现了说他："正非，你这样吃，会把身体吃坏的！"任正非若无其事地说："没事，我年轻，身体好着呢！"父亲虽然疼爱儿子，但也没有一点办法，他拉着任正非的手，心痛得连连摇头。那个时候，任家穷得连一个可上锁的柜子都没有，粮食是用瓦缸装着的，但任正非绝不敢去随便抓一把，因为这会让弟弟妹妹们挨饿。由于生存所迫，全家人都想方设法寻找食物。程远昭领着孩子们上山采了一些红刺果，再把厥菜根磨成浆，青杠子磨成粉，用来代替粮食。他们还在山上开了一块荒地，种了一些南瓜。播种南瓜时，他们意外发现荒地旁边美人蕉肥硕的根可以煮熟解饥。每天晚上，孩子们围着火炉，等着母亲煮出一大锅美人蕉的根或南瓜来充饥。和睦的家庭气氛，共渡难关的信心，使这些食物吃到嘴里时充满了"香甜"的味道。

由于任正非正处于长身体的阶段，又面临高考，程远昭给予他特殊照顾，每天早晨额外给他一块小玉米饼，并叮嘱他不管多苦多难，都要安心复习功课，努力考上大学。

对于懦弱的人来说，清贫和苦难就是重重枷锁和铁链，会约束和限制其前进的方向。但在勇敢者面前，这两个"忠诚"的伙伴就会变成助他腾飞的一对"翅膀"。任正非每每回忆起这段辛酸往事，都不禁感慨万千："我能考上大学，小玉米饼功劳巨大。如不是这样，也许我创办不了华为这样的公司，社会上可能会多一名养猪能手，或街边多一个能工巧匠而已。"任正非对于亲人的亏欠之情，在那时达到了顶点。"这块小小的玉米饼，是从父母与弟妹口中抠出来的，我无以报答。"

任正非的父母无法给予孩子财富和事业上的帮助，但他们留给了孩子对知识的热爱，以及为人父母的舐犊之情。如果说长辈留下的基因只是传奇的基础，那么青少年时期的挫折和生存压力，就是任正非成才的第一课。他养成了一种独特的心性，不喜欢多话，常常一个人静心思考，思考自己的未来。

但精神上的充实仍然无法抵挡住饥饿的侵袭，在那个特殊的年代，饥饿给任正非留下了不可磨灭的印迹，使他无心读书，对未来一片迷茫。少年时期的任正非并没有鸿鹄之志，到了高三，他最大的愿望就是能吃一个白面馒头。而最终帮助他实现这个梦想的是毕业前夕一个家境不错的同学请客，那次他拿到了大半个白面馒头，这大半个馒头他吃了整整两天，每顿饭都吃上一口，然后再装进口袋。

物质与精神上的磨难，使任正非有了更强烈的改变现状的渴望，养成了坚韧的性格，懂得以身作则，不怨天尤人，自强不息，由此也激发了他的冒险精神和原始生命力。他曾经感慨："我能真正理解活下去这句话的含义！""华为最基本的使命就是活下去。""活下去"这个简单的念头，寄托着他不一样的追求。即使到现在，华为已经成为无可争议的中国IT企业老大，任正非依然念念不忘活下去："我没有远大的理想，我只想这几年如何活下去。"

第二章 落寞的岁月

当我们探究任正非的人生轨迹时,不能只关注他登上峰顶的光辉时刻,更需要了解他艰难的攀爬过程,他对希望的追寻以及对人生使命的理解。

1. 在困境中潜心苦学

人穷志不短,面对困苦的生活,任正非及其父母都抱持着知识改变命运的强烈信念。1963年,19岁的任正非考上了重庆建筑工程学院,这本是一件值得庆贺的喜事,但程远昭却发了愁。她为儿子穿针引线,缝制了两件新衬衣和一条拼接起来的被单。但上学还需自带棉被,她实在没有办法解决,恰巧赶上学校住读的高中学生毕业,她便将毕业学生丢弃的破棉被捡回来,拆洗干净再精心缝好。任正非一用就是5年直至大学毕业。

任正非拿着少得不能再少的生活用品,难过地哭了。任木生见儿子泪流满面,还以为他是嫌弃这些东西破旧,怕人笑话,便对儿子说:"面子都是给狗吃的。只要你努力学习,成绩不比别人差,就没有什么丢脸的。"

其实,任正非并不是嫌东西寒酸,而是想到为他上大学准备生活用品,家里的经济状况将更加捉襟见肘,弟妹的处境也会因他超了定额标准而更加艰难。但他不知道怎么跟父亲解释,哽咽着又是摇头又是点头。他告别满怀期望的父母,告别荒凉贫瘠的小村庄,踏上了对美好未来的不懈求索之路。

重庆是一座被长江、嘉陵江两江环抱的美丽山城,重庆建筑工程学院坐落于城北沙坪坝嘉陵江畔,于1952年10月建校,最初的校名是重庆土木建筑学院,1954年更名为重庆建筑工程学院。该校不但师资力量雄厚,实验设备齐全,而且是当时我国八所老牌的建筑名校之一。任正非读的是暖通专业,面对崭新的环境和陌生的同学,他没有自卑、没有消沉,相反,崭新的专业知识和良好的学习氛围使他有了一种遨游于知识海洋的畅快感觉。他渴望通过获得更多的知识来改变自己的命运,因此学习很用功,专业课的成绩都很好,而且还不断探索、总结好的学习方法。他认识了几位西安交通大学的老师,这几位老师经常给他看一些油印的课外读物。他还自学第二、第三外语。

一切似乎都走上了正轨,但就在任正非读大二的时候,"文化大革命"开始了,大、中学校的学生率先起来"造修正主义教育路线的反"。在很短的时间里,由学生成立的"红卫兵"组织蜂拥而起,到处揪斗学校领导和教师,一些党政机关也受到了冲击。这场运动很快从党内走向社会,各种高帽子漫天飞,如"顽固不化的走资派""现行反革命""反革命修正主义分子""历史反革命""蜕化变质分子""牛鬼蛇神"等。任木生谨小慎微,自知地位不高,从不乱发言,整天埋首于教学工作中,但在"文革"怀疑一切、打倒一切的浪潮中,他还是在劫难逃,被"揪"了出来,说他是"反动学术权威""走资派",遭到批斗。不久,他又因曾经在国民党的兵工厂里工作过,被扣上"历史反革命"的帽子,关进了牛棚。本来一个知识分子的家庭,穷归穷,起码在精神上是富足的,而现在在精神上也跌入了十八层地狱,眼前一片黑暗。任正非的母亲是普通教师,那个时候教师都是"臭老九",受人鄙视不说,工资也很少,任正非的家境之贫寒几乎到了难以想象的地步。多年来,家里两三个人合用一条被子,破旧的被单下面铺的则是稻草。当地的造反派到任家抄家时,本以为一个高级知识分子、专科学校的校长一定很富有,当他们看到任家的境况时,全都惊呆了。

任正非当时在重庆上学，没有亲眼看到过父亲被批斗的场面。他的父母也一直写信告诫他："要相信运动，跟着党走，划清界限，争取自己的前途。"他的弟弟妹妹则亲眼见证了父亲被一次次批斗的屈辱场面：任木生站在高高的台子上，头戴高帽，满脸涂黑，双手被反捆，被人拳打脚踢，甚至被踢倒在地。有时，他和几百个"走资派"挂着黑牌，被装在卡车上游街……基于这样的家庭背景，任正非在学校要求政治进步的权利都没有。后来他说："大学时代，我没能加入共青团，因为优、缺点太明显。"实际上就是家庭出身不够好。尽管如此，任正非仍在"文革"的"暴风骤雨"中潜心苦学。他想，是碌碌无为、虚度年华，还是踏踏实实、拼搏奋斗，这取决于自己。倘若不抓紧时间奋斗进取，拼搏出属于自己的一片天地，他将成为一个既可悲又可怜的人。

任正非原以为这样的动荡会很快过去，坚信知识能改变自己的命运，没想到这场悲剧愈演愈烈，学校里的教授们绝大多数都被打成"臭老九"，面对疯狂的批斗，他们没有心思也没有权利教书育人。红卫兵的文攻武斗成为家常便饭，随时都有可能把一个正站在讲台上讲课的教师拉出去批斗。在这场"火热"的"革命运动"中，重庆建筑工程学院的课堂里已经没有几个学生能坐得住板凳了。可任正非很少参加课外活动，只要有老师讲课，他就坚持去教室里听课；如果没有老师讲课，他就去图书馆看书。有一天，他正在图书馆看书，一个同学兼老乡跑来告诉他："你父亲挨批斗都生病了，你怎么还有心思坐在这里看书？"

任正非听了又气又急，再也坐不住了，丢下书就往火车站跑。到了火车站，他才想起自己囊空如洗，根本没有钱买车票，于是做了一个冒险的决定——扒火车。恰好当晚有一趟车去贵阳，任正非就斗胆按自己的计划攀上了这列火车。

当时的运输秩序非常混乱，扒火车的人不少。因为火车里超员太多，拥挤不堪，列车员也懒得在车厢里挤来挤去地查票。但红卫兵小将们比列车员更会管事，一旦查出没票的人，免不了要痛打一顿。快到目的地时，扒火车的人还得提前跳下车，不能走出站口。

任正非第一次扒火车就运气不好，中途被发现了。当红卫兵盘问的时候，任正非说："我是重庆建筑工程学院的学生！"

一个红卫兵小将继续追问："那你父亲是什么成分？"

任正非据实回答说："我父亲是老师！"

听说是"臭老九"的儿子，小将们立刻来劲了，把任正非揍了一顿，然后赶他下火车。被推下车后，任正非又遭到了车站工作人员的打骂。但为了回家，他只得再次扒火车。这次他吸取教训，巧妙地躲过查票，但他不敢直接在父母工作的城市下车，而是在前一站青太坡下车，然后步行十几里回家。当满身瘀青的任正非于深夜回到家里时，父母既惊讶又心疼。

父亲问："正非，你怎么半夜三更回来？你身上的伤是怎么回事？"

任正非说："我听说您生病了，回来看看，我身上的伤没什么事！"

"谁说我病了，这不好好的吗？是你自己想逃学吧？"

任正非一个劲地摇头。程远昭说："不管什么原因，你都不该在这个时候回来。要是被别人发现，会受牵连的。"她担心影响孩子的前途，劝任正非赶紧回学校去。

第二天，天刚蒙蒙亮，任木生便催促儿子回校。临走时，他脱下脚上的一双旧翻毛皮鞋交给任正非，语重心长地说："孩子，记住，知识就是力量，别人不学，你要学，不要随大流。"他将儿子送出门后，又叮嘱道："你的弟弟妹妹因为我的缘故，已经不能进一步求学了。你是长子，是任家唯一的希望，以后弟弟妹妹还需要你的帮助。"

父亲这两句话，令任正非刻骨铭心。他回到重庆，不随大流，硬是自学了电子计算机、数字技术、自动控制等专业书。他的一个朋友还开玩笑说，没什么用的东西也这么努力学，真是很佩服、很感动。任正非还把樊映川的《高等数学习题集》从头到尾做了两遍，同时又读了许多逻辑学、哲学方面的书；他还先后自学了三门外语。

在专心学习的同时，任正非也免不了为家人担忧，父亲处境艰难，但他又无能为力，唯一能做的就是收集传单夹在信中寄给母亲。其中一张传单上印有周恩来总理的一段讲话：干部要实事求是，不是的不要乱承认，事情总会搞清的。程远昭把周总理的这段话抄在纸上藏在饭碗里，送给关在牛棚中的任木生。任木生后来说，是这张条子救了他的命，有段时间他想着结束自己的生命，看了这张条子才没有自杀。他明白，自己一死，就成了自绝于人民的"罪人"，会让孩子们背上沉重的政治包袱，一辈子该如何生存？为了无辜的孩子们，他决定忍辱偷生。

心灵的磨砺，让人无法忘怀。每当回忆起这段心酸往事，任正非都格外动情。"文革"对国家是一场灾难，但对他则是一次人生的洗礼，使他在政治上越来越成熟，逐渐成长起来。

2. 军营生活的历练

1968年，任正非大学毕业了。他本应1967年毕业，由于"文革"造成的混乱，毕业分配晚了一年。任正非对未来满怀憧憬和热情，准备迎接毕业后的新生活。在等待分配的这段时间，由于控制不住对家人尤其是父亲的担心，他回了一趟家。

回到家后，他才知道家境越来越糟糕：由于父亲受审查的影响，弟妹们有的只念到高中和初中，有的只念到小学就被迫辍学，回家务农。

任木生仍在蹲牛棚，除了挨批斗，还被逼着参加繁重的体力劳动。

弟弟妹妹们不能继续求学，但这并不是最大的问题，穿衣吃饭活下去更要紧。任正非想起自己有个同学在街道办事处工作，于是便求同学给弟弟妹妹谋点事干。这个同学见任正非一家生活如此窘迫，便好心介绍他那四个岁数稍大的弟妹去挖沙子、修铁路、抬土方。这些活很苦，累死累活也挣不到多少钱，但当时能有一份糊口的工作已经很不错了。实在难以想象，四个未成年的孩子，站在冰冷的水里挖河沙，冒着塌方的危险抬土方，是怎样一种折磨？繁重危险的修路工作，又岂是十几岁的孩子干得了的？看到弟弟妹妹们遭这样的罪，任正非对家人的愧疚感更深了，他后来回忆说："我当年穿走父亲的皮鞋，没念及父亲那时是做苦工的，泥里水里，冰冷潮湿，他更需要鞋子。现在回想起来，感觉自己太自私。"他期盼自己能找到理想一点的工作，帮助家人脱困。都说读书改变人生，有的人发奋读书是为了改变自己的命运，有的人是为了改变家族的命运，而有大志者，则是为了改变天下更多人的命运。任正非也相信知识能够改变命运，但此时的他还没有什么远大的理想，只是一心想着改变父母的命运和帮助弟弟妹妹们活下去，让他们过上有饭吃有衣穿、不再被人欺侮的日子。

让任正非感到幸运的是，他被分配到基建工程兵，成了一名军人。基建工程兵成立于1966年，是解放军的一个兵种，担负国家基本建设重点工程和国防施工任务。刚成立不久的基建工程兵非常需要技术人员，他入伍后参加的第一个工程是建设辽阳化纤总厂。

这是从法国引进的一个具有世界先进水平的化纤项目，总投资28亿元。任正非主要从事自动化控制设备安装调试工作，实际上与他所学的暖通专业没有多大关系。当时有数百个法国专家在现场指导设备安装。一年多以后，化纤厂的基建基本完工，任正非所在部队又接到了一项新任务——参加代号为"011"的工程施工。他随一支从几个连队里抽调的技术骨干队伍一起奔赴大西南。

所谓"011"工程，就是在贵州西部高原修建一个军事工业基地，是三线战备建设的系列重点工程之一，包括几个机械厂、军用飞机发动机制造厂、飞机试飞机场等。基地总部在安顺，机场、机械厂则分散在另外几个县市。这一带虽然偏僻，但总部所在地正是任正非的老家，这使他非常高兴。他可以抽空去看望家人，还可以去看女友孟军。

不久，任正非与孟军结婚了。成家后的任正非就像一叶孤舟终于找到了可以停泊的港湾，心归于平静。不过，因为夫妻俩不在一个地方工作，他与妻子聚少离多，浓浓的相思之苦只能靠拼命工作来冲淡。那时011基地总厂已经建成，并研制出了用于飞机的首台涡喷-13发动机；1970年9月18日，011基地自行研制生产的第一架歼击机在安顺双阳机场飞向蓝天。任正非所在部队最初的任务是负责修建新的试飞机场和维护教练机场，以及新厂的基建施工及铺路架桥等。他们陆续完成了包括总装厂改建、飞机洞库、试验场地在内的几十个建设项目。

三线建设工程在当时都属于军事秘密，均承担了最艰巨、最危险的任务。任正非最深切的感受是"一把炒面一把雪"，三块石头搭口锅，帐篷搭在山窝窝，风餐露宿，肩挑背扛。艰苦的国防工程施工使他内心同样充满了英雄主义的悲壮情怀，虽然不是战场上的厮杀，但同样攻城拔寨、冲锋陷阵，这使他日后不自觉地将创业的艰辛与战争等同起来。十几年的军旅生活，除了使任正非得到经验、技术方面的锻炼外，最大的收获是让他明白了得失的内涵。

任正非虽然耐得住寂寞，却是个闲不住的人，工作之余他还努力钻研电子技术。知识的高峰是没有顶点的，对于20多岁的年轻人来说，激情是最宝贵的东西。任正非靠着自己的勤奋、吃苦耐劳和电信技术水平突出，被调到了通信连，主要从事通信装备的调试、维护等，还包括电子系统方面的研制工作。这时，他才真正用上了自学的通信专业知识。

面对大好的机会，任正非加倍努力工作，搞了很多技术革新，但因为父亲的"政治原因"，他多年与应得的表彰无缘，也不被批准入党。任正非在《我的父亲母亲》一文中称："我已习惯了我不应得奖的平静生活，这也是我今天不争荣誉的心理素质培养。"话虽如此，但羡慕是人的本性，对于一心报国、一心为家争光的任正非来说，恐怕内心也不能轻易释怀。这件事使他得出了一个基本经验，那就是"一个人再有本事，也得通过所在社会的主流价值认同，才能有机会"。

在艰苦的军营生活中，任正非还通读了马克思的《资本论》，对四卷本的《毛泽东选集》也有深刻的研究，《毛泽东选集》的精华已经深深印在了他的脑海中。

任正非的种种努力，虽然只换来一个象征性的奖励，但他毫不气馁，养成了宠辱不惊的心态。俗话说，机会总是留给有准备的人。因为没有荒废自己，在动荡中坚持钻研技术，他在部队中表现出了良好的科技素养，有多项技术发明创造，两项填补国家空白，得到了领导和战友们的一致认可。对此，任正非在他的一篇文章中说："因为我两次填补过国家空白，又有技术发明创造，合乎那时的时代需要，突然一下子'标兵、功臣……'部队与地方的奖励排山倒海式地压过来……"那时候的任正非是幸福的，任何人在自己的努力受到重视、得到肯定的那一刻心里都是甜蜜的。但是，长期的冷遇也使他无法完全开心起来，他甚至有些发憷，很多奖品都是别人去替他领回来的，最后他还将奖品分给了大家。

1978年3月，任正非出席了全国科学大会，在6 000多人的代表中，仅有150多人年龄在35岁以下，任正非时年33岁，同时也是军队代表中少有的非党员人士。

随后，在部队党委的直接关怀下，部队未等任正非的父亲平反，就直接派人对任正非的家庭情况进行外调，否定了一些不实之词，并把调查结论寄给任木生所在的地方组织。这之后，任正非终于入了党，晋升为某研究所副所长。后来，任木生的冤案也得以平反，并被任命为都匀中学校长。不久，任正非又出席了党的第十二次全国代表大会。任木生为儿子的成就感到高兴，专门做了一个相框，将任正非和中央领导人的合影镶起来，高高挂在自家墙上，全家人都引以为自豪。

任正非从军十四载，从技术员到工程师再到副团级干部，可以说，他得到的不仅是职位的升迁，更重要的是他的性格特征及后来华为狼性文化的形成，都与这段军旅生涯密切相关。

熬过了那些落寞的岁月，任正非的人生开始灿烂起来，他安然地享受着这段平静而又幸福的日子。然而高峰之后，时代却将他推到了十字路口，他再一次面临人生选择。他自己是这样讲述的："我有幸在罗瑞卿同志逝世前三个月，有机会聆听了他为全国科学大会军队代表所做的讲话，说未来十几年是一个难得的和平时期，我们要抓住这个难得的时期，全力投入经济建设。我那时年轻，缺乏政治头脑，并不明白其中的含义。过了两三年大裁军，我们整个兵种全部被裁掉，我才理解了什么叫预见性的领导。"

其实，早在1975年，邓小平在抓军队整顿时，就很有预见性地指出，军队问题的解决要从"消肿"切入。但那时的任正非并不了解这将与自己产生怎样的联系，更无法预知这次裁军会成为他人生的一个重要转折点。

1983年，基建工程兵撤销建制，人员集体转业。将近不惑之年的任正非面临着艰难的抉择，他已经将自己的青春都献给了他所热爱的军营，现在让他离开，他实在有些不舍。没有在最想做的时候去做自己想做的事情，这是人生的一大憾事。他最终转业去了深圳。

第三章　走上实业之路

在深圳遭遇人生的第一次"滑铁卢"后，任正非的婚姻也亮起了红灯，为了活下去，他义无反顾地走上了下海干实业的道路。目光远大的他，不满足于做"二道贩子"，决定另辟新路，研发属于自己的产品并取得了初步进展。

1. 遭遇人生的"滑铁卢"

1983年初夏，在深圳经济特区罗湖火车站，一个三十八九岁的中年汉子从人群中挤出来，他肩上搭着黄挎包，手提褐色行李袋，脚步匆匆。这个人就是任正非，因为要去总部设在南头的中国南海石油联合服务总公司报到，他急着赶罗湖去南头的汽车。

沿着深南大道走，两边是高低不平的洼地和丛生的灌木，原来这个被称为特区的城市只是一个贫瘠的边陲小渔村，一点也不比贵州的山区强多少，任正非的心都凉了。

从罗湖火车站到中国南海石油联合服务总公司有二十几公里，要过边检站，没有公交车过去。任正非不知道有这么远，事先也没有给妻子打电话，而当时附近也没有可以打电话的地方。望着阴云密布的天空，他感到有些不安。这时，一阵腥味的海风吹来，接着，豆大的雨点就掉了下来，打在地上噼里啪啦直响。乌云被阵雷炸开了，金箭似的闪电从密布的乌云中射向大地，令人心惊。任正非愣在路边，任由暴雨洗礼。没想到深圳特区竟以这种轰轰烈烈的方式来迎接他，真是出师不利，也许这预示着前路坎坷吧!

到了南海石油联合服务总公司总部,任正非才了解到这个公司是由招商局集团有限公司、深圳市投资控股有限公司、中国南油石油联合服务总公司和中国光大集团股份公司共同投资的大型合资企业,也将作为招商局集团和深圳市政府全面合作的一个重要平台,主营业务为地产、物流、高新技术、商贸等。任正非作为一个无关紧要的中层干部,被派到开发服务公司工作,主要任务是盖房子,但施工由专门的建筑公司负责,他只是个监工而已。这样一来,他在部队学到的电子技术和大学里学到的建筑知识都派不上用场了,在这个国有企业里,闲散生活的慢节奏与深圳的快节奏城市文化格格不入,他接下来的人生似乎只有可以想见的平淡无奇。

此时的深圳已经成为"冒险者的乐园"。20世纪70年代末,邓小平到南方视察,大手一挥,将广东宝安县这个小渔村变成改革试验田,一时间,深圳这个名字家喻户晓,人们说这里遍地黄金,把这里当成"下海"的首选之地,四面八方的"淘金者"汹涌而来。大家互不相识,却聚集在一起,操着方言味十足的普通话,奔波在已建或在建的高楼大厦之间,为的只是一个梦想——挣钱,成就事业。

短短几年间,深圳发生了翻天覆地的变化。1984年,邓小平又到特区来,看到深圳由过去"水草寮棚"的渔村变成"家家万元户、户户小洋楼",看到企业开发的计算机软件,看到国贸大厦建设工程中"三天一层楼"的"深圳速度",欣然题词:"深圳的发展和经验证明,我们建立经济特区的政策是正确的。"也就是在这一年,中国南海石油联合服务总公司重组成为深圳南油集团有限公司(以下简称"南油集团")。不甘平庸的任正非受到了极大的鼓舞,主动向公司领导请缨去主持集团旗下的一个电子公司(国有)。集团公司领导答应了他的要求,任命他为电子公司经理。

任正非认为这是一个不可多得的展示自己才华的机会,因而一走马上任便大展拳脚。为了适应新的工作岗位,他又开始学习。经过一段时间的适应，他对深圳这个正在飞速发展的城市有了新的认识和了解，并迅速融入这种快节奏的生活中。然而，就在这个重要的转折点上，他遭遇了人生的一次"滑铁卢"。

20世纪80年代是"下海"的第一个高潮期，各行各业的人纷纷"下海"，急于在"第一时间"捞到"一条大鱼"；20世纪80年代是淘金的时代，各行各业的人都想在最短的时间内淘到"第一桶黄金"。有的人胆子大，敢想敢做，抓到了"大鱼"，淘到了"黄金"，钱袋鼓起来了；也有的人"葬身大海""损兵又折将"。改革开放之初，商场泥沙俱下，充斥着尔虞我诈。任正非为人正直忠厚，对朋友极重感情，他诚恳待人的军人作风很不适合处处是陷阱的商场。这个爽直的汉子在某些奸商眼里，简直就是一个"傻子"。

急于有所建树的任正非很快就谈成了一笔200多万元的大生意。他既兴奋又慎重，从生产到发货都亲自把关，奋战了几个月，总算按照合同要求准时将货发了出去。他本以为大功告成了，可是发货后很长时间都没有收到对方的货款。一开始收货方还找理由推托，但到后来，对方连电话也不接了。那时的生意不做账期，任正非意识到自己被人骗了，200多万元打了水漂。

任正非后来说，自己栽过跟头，被人骗过，因为无处可以就业，才被迫创建华为。对于这一惨痛教训，他只是一言带过，其实他当时的处境十分不妙：由于对待家庭（任正非太看重父母与弟弟妹妹）和事业的理念不同，任正非与妻子孟军产生了矛盾。在这种情况下，将家庭维持下去已无可能；电子公司又要解除任正非的经理职务，任正非求集团领导让他留任或立"军令状"到其他下属公司任职，但均遭拒绝。43岁的任正非不但老了，最后还被一撸到底，被离婚、被炒鱿鱼，几乎成了孤家寡人，他怎能不备感辛酸凄凉？

已过不惑之年，生活却让人如此迷茫。此时任正非下有一儿一女要抚养，上有退休的老父老母要照顾，还要兼顾六个弟弟妹妹的生活。他担心两个孩子跟着自己受苦，便将女儿任晚舟和儿子任平送回老家去念书，已上高中的任晚舟将名字改成了孟晚舟，这多少跟任正非与孟军离婚有点关系。离婚后，任正非和父母、侄子住在深圳南头一个租来的十几平方米的棚屋里，每天只能买死鱼死虾，或晚间到市场买一些卖不掉的菜来吃。房内太拥挤，只能在阳台上做饭。任正非的父母不忍心给儿子增加负担，不久便回老家去了。

任正非身心疲惫，时常望着透得进阳光，也漏得进雨水的小棚屋沉思默想。英雄总是需要经过千锤百炼，直面最惨痛的现状，才能甩掉一切包袱重新开始。面对无情的打击，有人倒下，有人哭泣，有人认命，有人怨天尤人。任正非也曾感叹过命运无常，人生难测，认为所谓的人生理想、雄心壮志、家国情怀等都是如此的微不足道，如今活下去才是人生最基本的需求。他没有更多的时间去感伤，家庭的责任、生存的需要，促使他孤注一掷，走上了"下海"干实业的道路。

2. 交换机的"二道贩子"

1987年，在人生的转折点上，任正非义无反顾地选择了创业。要创业，首先要解决资金问题。他工作那么多年，多少有点积蓄，勉强够得上"万元户"（那个年代的"万元户"算是比较富有了）。这笔钱如果仅仅用来维持生活，在深圳还能支撑一两年，但用来创业，实在是捉襟见肘。所以，他想拉人入伙，在同事、朋友、熟人中一游说，还真找到了几个志同道合的人，纪平、张燕燕、郭平等人先后加入进来。纪平是任正非在南油集团的同事，也是最先支持他创业的人。而郭平与任正非结缘非常偶然，还留下了一段佳话。

当时，郭平在华中理工大学（今华中科技大学）读研究生，有一次，大学的一位教授带着郭平等几个研究生到深圳参观调研，遇上了正在物色人入伙的任正非。交谈一番后，郭平被任正非身上特有的气质、做大事的抱负、待人的热情和诚恳所吸引。任正非当即"拿下"郭平，邀他入伙，郭平爽快地答应了。

几个合伙人的热情很高，总共筹集了 2.4 万元，计划用这笔钱开办一家技术公司。

公司要注册，得先取个名字。在南方，给公司取名字有不少讲究，他们想取一个响亮点的名字，但思来想去，都觉得不是很好。对于"华为"这个名字，任正非后来这样解释："我们当初注册公司时，起不出名字来，看见墙上'中华有为'标语响亮就拿来起名字了，有极大的随意性。'华为'这个名字应该是起得不好。因为'华为'的'为'是闭口音，不响亮。所以十几年来我们内部一直在争论要不要改掉'华为'这个名字，大家认为后面这个字应该是开口音，叫得响亮。"

1987 年 9 月，华为技术有限公司以"民间科技企业"的身份获工商局批准，注册资本 2.1 万元，员工 14 人。43 岁的任正非为法人，与另外 5 人均分公司股权。办公场所是租用的南油新村杂草丛中的一栋楼，这栋楼的每一层都是在仓库的基础上改装的，仓库的另一头则是用砖头垒起的墙，隔出一个个单间，就成了员工的宿舍。这比租用写字楼要便宜好多。

华为初创时名为技术公司，实际上却是一家小型贸易公司，人们习惯称这种拎起包来就可走人的小公司为"皮包公司"。华为最初的业务主要是采购一些有点科技含量的电子产品，如火灾警报器、气浮仪等，转手卖出，赚点差价。这并不是任正非创业的初衷，但为了生存，公司什么业务都得做，除了电子产品倒卖（贸易），他们也卖其他紧俏商品，甚至卖保健品、减肥药。有一次，听说深圳有一家台湾人办的唐京公司，卖墓碑的生意很火，赚钱快，任正非积极性很高，专门派人去调研。公司的两个女将立即出动，结果发现对方经营的是存放骨灰盒的塔位，其经营合法性尚未得到认可，任正非这才打消了卖墓碑的念头。零敲碎打的小生意终非长久之计，为了让这个小公司存活下去，任正非百般尝试，费尽心思。

1988 年的一天，任正非出席一个老战友的酒宴，意外见到了一位熟人。经过了解，任正非得知这位熟人正担任辽宁省农村电话管理处处长。这位处长见任正非为人厚道、心诚，就介绍他做电话交换机生意。于是，华为成了生产用户交换机（PBX）的香港鸿年公司的销售代理。

尽管还是做转手生意（二道贩子），但公司的业务稍稍稳定了。他们从香港鸿年公司和珠海一家公司买（赊）来交换机，再卖给国内县级邮电局和矿山等单位。20世纪80年代后期供单位使用的小交换机市场，还是一个买家找卖家的市场，作为卖家日子挺好过。皮包公司有极高的毛利，"倒爷"们过着很舒适的"先富起来"的日子，大都"早上皮包水（喝早茶），晚上水包皮（泡澡堂）"。正因为钱好赚，仅深圳一地一个月内就涌现出几十家皮包公司，卖方市场很快变成了买方市场，代理公司的夭折率很高。

代理交换机数月后，任正非认识到，在市场对抗和竞争中，"没有什么只有你会做，别人不能做的，关键是客户给不给你做"。代理销售是一种主要凭关系、价格、服务而没有自身技术可言的行当，所以，任正非一再强调："客户是我们的衣食父母。""大家对客户再好一点，大家对客户的服务再好一点，客户给我们的订单就会多一点。"任正非对养活公司的客户始终充满感激，这与他做代理时打下的服务意识和服务基础是分不开的。"当得人下人，方为人上人"，任正非在客户面前的屈伸能力是超强的。这个40多岁的男人亲自跑市场、做销售，绝大多数时候，他出门都是孤身一人，可以想象，一个中年男人、曾经的副团级军官要跑到各地的偏远邮电局去点头哈腰给客户（其实真正打交道的大部分是20多岁的年轻人）说好话、拍马屁，个中滋味只有他自己才知道。

建立客户关系，说到底就是建立信任的过程。有些人通过做事或送礼来建立信任和感情，而北方人更喜欢通过喝酒来建立信任和感情。

有一次，任正非到北方某县城推销交换机，他跑了县局六七趟，好不容易见到分管局长，好说歹说总算得到答复说可以跟其手下谈谈。只要有1%的希望，任正非就不会放弃。他想拉近关系，于是请分管局长吃饭。但华为只是个小小的代理商，这位局长根本没放在眼里，叫了两位年轻的副科长去应付一下。吃饭的时候，任正非热情地给这两个年轻人敬酒，自己却不喝，因为他根本不会喝酒。两位副科长都不高兴了，说道："局长不来，是不是瞧不起咱俩？今天这顿酒不喝，生意也就别谈了。"任正非只得给他们赔不是，又讲了一大堆不能喝酒的理由，但都没有得到谅解，无奈之下，他只得端起酒杯舍命陪君子。没想到两杯酒下肚，他就醉了。回到宾馆，他稀里哗啦吐了一顿，又连夜做了一份技术建议书和报价单，第二天大清早就给客户送过去。自那以后，好长一段时间，任正非一闻到酒味就想吐。

面对创业初期那种艰难的环境，任正非能够坚持下来，应归功于他贫寒的出身和艰苦的军旅生涯所培养的坚韧性格和奋斗精神。

当时我国交换机市场被国外的公司垄断，跨国巨头们以傲慢的姿态，在中国市场上高价销售产品，并享受着某种市场征服者的快感。任正非没有实力代理昂贵的国际品牌，即使代理香港鸿年公司的产品，也付不起天价的供货费，只能采取赊账式交易模式，即先提货，卖完了再付款。为此，他说尽了好话。香港鸿年公司的老板被他非凡的气质、不俗的谈吐和忠厚坦诚的性格所感染，给了他2 000万元的赊货额度，连续两年，相当于给了华为1亿多人民币的无息贷款。因此，任正非对上家供货方也得十分客气，稍有不恭，供应商就可以"掐脖子"断货。那时，许多经销商、大客户都派采购人员在厂家门外排队等货。珠海一家台资企业的订单甚至排到了第二年。有的企业为了早日提到货，还会给厂方负责人送礼。

许多早年加入华为的人至今仍记忆犹新，每当有人在办公楼下喊"来货了"，从任正非到所有人一片欢呼，全都冲到楼下，忙着从大卡车上卸货——"像过年似的……"有时睡到半夜，突然到货，大家立即从床上爬起来，一起卸货，卸完再睡。如果不是任正非胸怀的梦想和一群人的"野心"，华为也许会跟其他皮包公司一样湮灭在历史的风尘中。

当代理赚钱，总会不可避免地遇到各种进出口政策的限制，以及来自原厂的各种风险。当时一些单位用户机（也叫小总机）市场紧俏，地方政府都很重视，如果一台 500 门的用户机开通，当地省级领导都会去现场剪彩。要想订货，单位用户至少需要提前半年下订金给华为，然后华为再下订金给香港厂家。但因为产品供不应求，香港厂家经常发不出货，或者产品出现问题，无法及时修理，备板、备件等也不提供给代理商，这些都使华为在为客户服务时非常被动。任正非意识到，没有自己的产品、没有自主研发，为客户提供优质服务就是一句空话。他深深体会到了产品、客户、订单、公司的现金流、公司的命运都卡在别人手上的痛苦。他坦陈："中国当时正面临着社会转型，我们这种人在社会上，既不懂技术，又不懂商业交易，生存很困难，很边缘化。"

由于用户小交换机的市场太火爆，一年之间，全国有 200 多家国有单位参与了用户小交换机的生产和销售，国家限制信贷控制设备进口，华为的代理业务越来越难做。

1988 年秋，任正非跟公司的业务员一样背着 40 台交换机到武汉联系客户，并特意到华中理工大学拜访了郭平的导师。这位导师是国内极少数研究程控交换机的专家，任正非向他请教程控交换机的发展前景。当然，任正非还有一个重要目的是将郭平带到深圳去。郭平这年正好研究生毕业，学校准备安排他留校任教，但在任正非的鼓动下，郭平的心早飞到深圳去了。从此，任正非与华中理工大学结下了不解之缘。

郭平是个才华横溢、很有点书生意气的人，但又很有商业头脑，他的到来，给华为增添了不少活力，更重要的是，他跟任正非的想法基本一致。科技公司不能长期当二道贩子，代理只是权宜之计，必须自己研制生产产品。这是一个很大胆的想法，对于因国家信贷政策收缩造成资金链濒临断裂的代理商来说，他们通常没有勇气冒更大的资金风险去研制交换机，但任正非却敢做他人所不敢做。

1989 年年底，华为的代理之路走到了尽头。其时通信设备业内烽烟四起，群雄争霸，进入了草莽英雄起家的年代。任正非想要研发产品，但一没有人才，二没有足够的资金。国内许多企业都知难而退，纷纷依附实力雄厚的外国大品牌，但代价是受制于人，而任正非偏偏想为华为另外开辟一条生路。他自己虽然懂些电子技术，但要开发产品，还得靠郭平这样的年轻人。经过一番盘算，任正非决定集中全部资金和人力，破釜沉舟，大干一场。他与几个创始人商量了一下，先成立两个组，一个是以郭平为首的研发组，另一个是以纪平为首的财务组（或者说是资金筹募组），分头去招人，去筹钱。

这天晚上，任正非亲自下厨为所有员工煮了肉丝面，然后对大家说："感谢各位同志过去为华为做出的努力，现在华为面临重大转型，也意味着面临更大风险和生存难题。如果你们谁对华为没有信心，吃完这碗面条，领了工资明天一早就可去另谋生路。而愿意留下来的人，则要过更艰苦的日子，可能会有好几个月甚至更长时间没有工资发。不过，公司不会欠你们一分钱，到了有钱的时候会一起发给你们，或者将你们的部分工资入股，让大家都成为华为的股东。"

大家听了任正非的话，都默不作声，慢慢地吃面条。第二天早晨，一个人也没走，大家仍各自做好本职工作。华为自此开始摸着石头过河，走上了一条全新的探索之路。

3. 走上研发之路

1989年，郭平在华为立下首功，那就是为公司挖得一"宝"，这个宝就是郑宝用。

郑宝用长得胖胖的，憨态可掬，一看就是值得信赖的人。他是福建莆田人，出生于1964年，比任正非小整整20岁。1984年，他从华中理工大学光学系本科毕业时才20岁，可见其天资聪颖。1987年，他从华中理工大学激光专业研究生毕业后，考上了清华大学的博士。1989年，他经不住老朋友郭平的再三劝说，还没拿到博士学位就奔赴深圳，加入华为这家成立还不到两年、工资都没有保证的小公司。任正非如获至宝，当即任命郑宝用为总工程师。

20世纪八九十年代，深圳的诱惑力是巨大的，可以说是中国年轻人最向往的城市。"时间就是金钱，效率就是生命"，那里有太多白手起家的奇迹和迅速致富的神话。人们从四面八方聚集到这里，奔波在这片新兴的热土上，为的只是一个梦想——开创事业，成就功名。也许郑宝用也怀着同样的梦想，一到华为他便开始日夜苦战。他工作勤奋，待人随和，与下属打成一片，没有任何架子，同事们都亲切地称他为"阿宝"。

研发产品必须进行市场调研。摆在任正非和研发组面前的，是美国AT&T（1996年4月，其网络系统与技术部门独立为朗讯科技）、加拿大北方电讯公司（1998年与海湾网络公司合并为北电网络公司，以下简称"北电"）、瑞典爱立信公司（以下简称"爱立信"）、德国西门子股份公司（以下简称"西门子"）、比利时贝尔公司（以下简称"贝尔"）、法国阿尔卡特公司（以下简称"阿尔卡特"），以及日本电气股份有限公司（以下简称"NEC"）和富士通集团（以下简称"富士通"）的产品，这八家公司几乎垄断了中国的通信设备市场，俗称"七国八制"。本土企业要想占有一席之地，必须有自己的核心技术。任正非后来解释华为这次转型的原因时，说："外国人到中国是为赚钱来的，他们把底交给中国人，他们转让技术的手段，都是希望引进、引进、再引进，最终不能自立。以市场换技术，市场丢光了，哪一样技术真正掌握了？"

郭平、郑宝用带领的研发组从1990年开始研制。因为各种条件的限制，最初他们只是开发用作配件的板件（SKD半散装），与买来的其他配件组装成整机，第一批产品型号是BH01。产品外壳上贴着华为标签，其实里面的配件大部分还是别人的，并没有太多的技术含量。任正非的出发点是先换掉二道贩子的身份，以低成本的改装产品攻占农村市场，在外国企业的夹缝中寻求生存。先活下来，再谋求发展。

这一年，研发组的管理层人员工资才330元左右，远低于外资企业的平均工资，但他们工作起来却很拼命。几乎每个开发人员都有一张床垫，卷放在铁柜的底层、办公桌的下面。午休时，席地而卧；晚上加班，整夜不回宿舍，就这一张床垫，累了就拿出来睡。四周老化的测试机架，设备上一闪一闪的信号灯，高频电流的振荡声，伴随着他们进入梦乡，醒了就爬起来继续干。整层楼都没有空调，只有吊扇，高温下作业，经常是汗流浃背。大多数员工以此为家，领料、焊接、组装、调试、质检、包装、吃饭、上厕所，一直到睡觉都在这一层楼上。除了到外协加工厂和公司生产部，不少人一连几天都没下过楼，有时连外面天晴天阴，有没有下雨都不知道。没有人强迫他们这样做，大家都是自觉自愿的，这就叫创业。

一张床垫半个家，华为人携着这张床垫走过了创业最艰辛的日子，但一张张疲惫的脸上绽放出希望和梦想。这种"床垫文化"说明华为人艰苦创业、坚韧不拔，努力把智力发挥到最大值，它成为华为人奋斗精神的一种象征。这种精神弥补了当时公司物质条件极差的劣势，使大家为一个美好的明天而齐心协力。没有艰苦创业经历的人很难理解这种精神，认为这是对人身心的摧残。但试想一下，在快速成长的城市里饿着肚子、生存受到威胁的时候，有几人能一觉睡到自然醒？任正非主导的单纯正向的企业文化氛围，如业绩优先、人才优先的战略导向，正是日后成就华为王者地位的基础。

任正非的办公室里也有一张简易床，他平时跟员工一样在工作间干活，有时甚至比一般员工干的时间更长，几乎每天都只睡五六个小时，而且经常是睡在办公室的简易床上。

1990年夏天，张建国辞掉大学教师的工作后，来华为应聘，面试当天天气格外闷热，他进了任正非的办公室，发现任正非满头大汗。听说是来应聘的，任正非对张建国说："我先冲个凉再说。"他出去后，张建国又打量了一下办公室，他从来没见过哪个老板的办公室如此简陋，也不知是什么原因让他对这家仅有二十几人的小公司产生了好感。过了一会儿，任正非穿着裤头，光着膀子走进来，他简单问了一下张建国的基本情况，又看了看简历，然后说："你下午来上班吧。"

张建国愣了半天，低声问道："老板您面试完了吗，这么简单？我去哪个部门上班？"

"你不是兰州交通大学电子通信专业研究生毕业吗？曾获得过省里的科研二等奖，在国家重点刊物上发表过几篇论文，是吧？当然是去研发组了。你当过老师，我还有一项重要工作交给你，在正式设置人力资源部之前，凡是来应聘的人都由你来面试。"任正非认真地说。

张建国就这样成了研发组的一名工程师，兼管人事。他第一次从这个土里土气的老板口中听到了一个新名词——"人力资源"。

1991年，华为租下了深圳宝安蚝业村工业大厦三楼。一层楼分隔为单板、电源、总测、准备四个工段，既是生产车间、库房，又是厨房和卧室。十几张床挨着墙边排开，床不够就用泡沫板加床垫代替。50多人吃住都在里面，无论是领导还是员工。华为的"床垫文化"在这里继续发扬光大。

工业大厦后面有一栋11层的大楼叫亿利达大厦，是中意合资公司深意压电技术有限公司的办公楼。刚来华为不久的张建国特别羡慕在亿利达大厦工作的人——深意压电技术有限公司的规模太大了，他甚至幻想自己也能到这样的公司上班，那该有多神气！为此，他悄声问任正非："任总，不知华为什么时候能有一栋这样的大楼？那样的话，什么人才都能到华为来。"

任正非看了张建国一眼，语气肯定地说："不出10年，华为就会有比这更高、更宽敞的写字楼。不过，你得先给我招揽足够的人才，然后才能靠我们自己的才智和双手来建新楼。"

张建国见任正非一点也不像开玩笑的样子，心里暗暗地笑了。

公司乔迁新址后，任正非带领的华为团队才真正开始研发局用模拟程控电话交换机。华为研发要跨越用户小交换机的"红海"到局用交换机的"蓝海"，首先得在技术上有一次大的飞跃。而华为业务员在市场上推销的真正属于"华为制造"的新机是BH03，仅为24口容量。随着电信业的飞速发展，这种小交换机即将被淘汰。任正非任命郭平为项目经理，技术突破的重担则交给总工程师郑宝用。当时研发组只有五六个人，郑宝用既要与技术人员一起设计电路主板，又要负责编写数控程序，还要进行整机调试，忙得焦头烂额。而且公司没有数控点焊机，没有中试检测设备。主板要拿到外面去请人加工，拿回主板后再对焊点一一进行检查，看是否有虚焊、漏焊或连焊，而这些全靠技术人员用放大镜目测。待交换机组装完成后，还要进行性能检验，人手不够，他们便把全公司的人集中起来，一人拿两部电话用耳朵试听，一旦发现问题，就要重新设计、反复修改完善，这是一个十分烦琐的过程。

尽管如此，为了兴趣，为了事业和理想，他们都拼了。研发组成员全力以赴，群策群力，克服重重困难，使新机型 HJD48 模拟空分式用户交换机（简称 HJD48）的各项技术参数都达标了，测试通过后，再将它拿到位于南头西乡翻身村胜邦大厦的生产部去生产。任正非几乎每天都到现场检查生产进度，遇到吃饭时间，他和公司领导就在大排档和员工一起吃工作餐。当然，费用由职位最高的人掏腰包。

年底，HJD48 模拟空分式用户交换机作为新产品正式推出。这虽然不算换代产品，但至少可以算是 BH03 的升级版，容量扩大了一倍，而且全部是华为自己的技术，大大降低了产品成本。任正非十分高兴，他一贯主张"败则拼死相救，胜则举杯相庆"，新产品研发成功当然要庆祝一下。他性子急，立马在南头西乡开会庆功并进行产品推广。

除了公司全体员工外，任正非还邀请了几个老客户。四川来的陈先生对任正非自主研发的战略和决心十分佩服，称赞道："当一家家小公司、小店铺正在为自己的销路一筹莫展时，只有任总长于预知未来，带着华为走出最大胆、最有远见的一步，所以只有华为最有成效，也最有前景。"面对客户的称赞，任正非谦虚地说："其实，我们现在就像红军长征，爬雪山过草地，拿了老百姓的粮食没钱给，只有留下一张白条，等革命胜利后再偿还。华为还面临着很多问题和困难，希望陈经理一如既往地支持我们。"

这一天淅淅沥沥地下了一场小雨，屋外冷风嗖嗖，屋里却热气腾腾，庆祝仪式极为隆重。当然，庆功宴只是简单的自助餐，加上啤酒，让每个人都放松一下。任正非在会上宣布，华为从下一年（1992年）开始实行工号制，这意味着工号越靠前的员工进入华为的时间越早，获得的股权越大。唯一例外的是郑宝用，他的工号是0002，这可能是任正非对这位有着突出功劳的总工程师的一种奖励。

开完庆功会从西乡回来的路上，他们遇到了一点小状况，乡下的路不好走，天黑又下着雨，公司的一辆车陷进了泥坑，进退两难。就在大家犹豫之际，只见任正非跳下车，脱掉皮鞋，挽起裤腿，走进泥坑里推车。众人见状也纷纷下车，合力将车子推出了泥坑。

任正非上车后，语重心长地告诉大家：当公司像这辆汽车一样陷入困境的时候，不能犹豫，更不能退缩，只有齐心协力帮助它，才能使它走出泥淖，继续前进。

4. 主攻电信设备

任正非信心满满地推出新产品HJD48后，市场的最初反响很不错。在华为这款自主研发产品的宣传手册最上方印有这样的广告语："祝您早日走上成功之路，电子通信是您发达的催化剂，一种优良的小程控交换机会使您的办公发生较大的变化。"图案中有几行小字："每月10—18日在深圳举办用户学习班，月月如此，不再另行通知。""生活费用自理，技术培训免费，无论是否订货，一视同仁！"

这种以技术为主导的推广策略产生了非常好的效果，因为华为的产品质优价廉，受到了很多单位用户的好评。1992年，凭借HJD48模拟空分式用户交换机系列早期的单位用户机产品，华为的销售额首次突破1亿元。自主研发的决策被证明是正确有效的。华为依靠"代理＋自主研发"两条腿走路活了下来，一直走了好几年。"生存第一"始终是任正非的第一要务。

尽管任正非善于把握时代发展的趋势，但时代列车前进得太快，市场的变化有时让人措手不及。其时，邮电部（1998年3月，信息产业部成立，邮电部正式撤销）下面有几家国有企业已经在生产34口和48口的单位用小交换机，华为的产品并非处于领先地位。任正非知道，要想保住华为的市场份额，必须不断创新技术，投入更多的资金进行产品研发。但这条路走得很辛苦，因为研发投入是个无底洞，而且胜败难料，就像赌博一样，运气占了很大成分。任正非后来说："当时我们不懂事，误上了电信设备这条贼船，现在想下都下不来了。如果当时我们开的是饭馆，现在利润可能更高，我也更舒服。"

的确，积累了不少原始资本的任正非有很多选择。而一个真正的企业家总是能在自然选择之上做出必然的选择。就在华为人为自己能够独立开发通信产品而群情振奋的时候，一股不亚于十级台风的经济风暴刮来了。1992年春，邓小平再次视察深圳并发表重要谈话，强调改革开放的胆子要大一些，敢于试验，看准了的就大胆地试，大胆地闯。没有一点闯的精神，没有一点"冒"的精神，没有一股气呀，劲呀，就走不出一条好路，一条新路，就干不出新事业。此后几年，中国经济进入恢复性的高速增长期。地产业、高新技术开发区火爆的投资、急剧的扩张，使得经济开始"发高烧"。上千亿的资金飞向南方的房地产和经济开发区，海南800亿，北海300亿，惠州150亿……迅速掀起了一场圈地狂潮。

做地产就是通过某种途径和方式找政府部门拿一块地，再找银行贷款盖房子，待房子盖好了就坐地收钱。当然，也可以不盖房子，直接转让土地。深圳作为特区样板，无疑成了一块投资热土。"到处都在开工，房子还没有盖，甚至还只有一张图纸就进行转让。项目转让了一手、二手、三手。开发的人还没有炒作的人赚钱快，开发的人可能赚500元1平方米，炒作的人一下可以赚1 000~2 000元1平方米。"一位亲身经历过这股地产热潮的地产商人回忆说，"那时候甚至国内各省的政府部门都筹集资金到南方来捞一笔，一个人能在一夜之间变成百万富翁。"

这时，有人想拉任正非入伙炒房地产，但任正非对这种傻瓜都能做的生意似乎兴趣不大，一口回绝了。他并非不想快速发财，而是有自己做企业的原则，他要做企业家而不是做老板，所以毅然选择了一条独自修行之路。他强调，未来的世界是知识的世界，不可能是这种泡沫的世界。因此，华为的基因与许多企业不同，敢赌却从不抱投机幻想，看准的事就要花血本投入，否则宁可放弃。任正非看准的下一个产品是开发局用交换机，主攻公用电话电信领域。

进入这个领域，不但技术要换代升级，而且市场竞争也升级了。竞争对手除了国际巨头外，还有国内的几位带头"大哥"。中国的交换机市场，大型局用机和用户机基本上被来自国外的电信企业及其在中国的合资企业所垄断。通信圈里的人都清楚，国外产品成熟、性能稳定、技术更新快速，国内企业做高端产品研发具有很高的风险性。华为起步较晚，无论是技术、经验、资金，还是研发方法和设备，都严重滞后，而且它的身份是民营，受到政策的不少制约，尤其是融资方面容易陷入瓶颈。从1992年第三季度开始，为防止经济过热，银行已经从严控制专业银行的贷款发放，信贷扩张的势头降了下来，任正非从银行根本贷不到款。

但是，人的坚韧往往是被恐惧磨炼出来的。电信行业竞争非常残酷，不发展就死亡，没有中间道路。死亡的恐惧使任正非只能选择往前走，毫无退路。他咬紧牙关坚持着，甚至向大企业借贷，利息高达20%~30%，实际上就是高利贷。他还制定了一个内部政策——谁能够给公司借来1 000万，谁就可以一年不用上班，工资照发。这是任正非最大的一次冒险，华为先后投入1亿元，是死是活全在此一举。这一役只能胜不能败，他要让全体员工都认识到这一点。

由于员工人数迅速增加，华为不得不租用更大的办公楼，不断地搬家。任正非在西乡租用了一栋六层的楼房作为生产基地，办公室则从蚝业村工业大厦搬到了深意工业大厦。就在这栋大厦的五楼，任正非召开了全体员工动员大会，号召大家发扬红军爬雪山过草地的革命精神，团结一心，全力以赴地打好这一仗。他说："处在民族通信工业生死存亡的关头，我们要竭尽全力，在公平竞争中自下而上地发展，决不后退低头。""不被那些实力雄厚的公司打倒。""为了点滴的进步，大家熬干了心血；为了积累一点生产流动资金，至今绝大部分员工都还住在农民房里，我们许多博士、硕士，甚至公司的高层领导还居无定所。一切都是为了活下去，一切都是为了国家与民族的振兴。世界留给我们的财富就是努力，不努力将一无所有！"

动员讲话后，他像带兵出征的将军一样，又带领大家唱军歌，鼓舞士气。此后，唱军歌成为华为动员会上的保留节目。

唱完军歌，任正非站在五楼会议室的窗边，严肃地对身边的管理人员说："这次研发如果失败了，我只有从楼上跳下去，你们还可以另谋出路。"言语间充满了悲壮。

华为全体员工都被任正非置之死地而后生的顽强拼搏精神所感染，心中燃烧起一股激情：一定要推出华为自己的数字交换机，为公司的生存和发展杀出一条血路来。尤其是开发人员，抱定了不成功誓不罢休的决心，开始研制大容量模拟空分局用交换机。任正非依然以郑宝用为总工程师，将研制的第一台局用交换机命名为JK1000。

因为没有研发大容量局用交换机的经验，研发组全体人员只能以勤补拙，刻苦攻关。当时空分模拟技术用于大容量机上有一定的局限性，必须采用数字技术，而国内只有上海贝尔公司（以下简称"上海贝尔"）拥有全数字式的局用程控交换机，需借用它的技术和经验，因此，研发组采取了折中的办法，将JK1000设计成模拟与数字混用机型。

第四章 群狼围猎战

任正非带领一批充满理想主义、献身精神、家国情怀,甚至清教徒精神的小人物,采取"群狼围猎"的方式,进则同进,退则同退,协同作战,初步奠定了华为的企业文化基调。

1. 培养"饿狼"

在研发组进行新产品开发的同时,任正非的销售队伍也在全国各地马不停蹄地四处奔波。

一天中午,任正非来到人事部问张建国:"这段时间人事部招了多少人?新产品研发出来了,急需大批销售精英。"

张建国回答:"任总,我们现在已经有200多个销售人员,从公司目前的产能来看,这支队伍已经足够大了。"

任正非听了不客气地说:"答非所问。我是个老业务,知道多少人才够用。我们需要几倍于现在的销售人员,甚至可以做到来者不拒,只要这个人勤勉、不怕吃苦又有头脑。"

张建国听了不由得有点紧张,结结巴巴地说:"对不起,任总。您知道我是学电子通信的,本应该在研发部学习,您却让我来人事部,我的工作没有做好。"

"那你的意思是说我用人不当了?在我们这个公司,没有哪个人是天生该干什么事情的!搞开发,管生产,英雄儿女上前线,这是我们的口号。如果你在这个岗位上做不好,那你就上前线去试试(做销售)。"

任正非平日朴实随和，但脾气一向火爆，一旦骂起人来，一般人可受不了。

张建国了解任正非的个性，便低头不再搭理他。上前线就上前线，做销售总比闷在这里强。

当然，任正非并不是来问责的，他在考虑两个问题，想从侧面听听下属的意见：一是新产品如何定位及保持怎样的研发节奏；二是销售人员应该采取怎样的方式快速切入市场。他见张建国不再说话，便缓了缓语气，说："难道我不知道你是学电子通信的？既然如此，那你说说，你对我们现在开发的JK1000有怎样的评估和预期？"

土狼突击涉及专业性的问题，张建国的胆子大了起来："据我所知，目前国外厂商多采用数字程控交换机技术，我们研制的模拟技术的空分交换机市场前景不容乐观。我国的电信业相对落后，这种机型还能派上用场，但只能低价快销，作为一个过渡产品，不可有太大的依赖。"

任正非点头道："你说得对，我们的技术还不够强，新产品刚开发出来就有过时的风险，现在只能以勤补拙，以快补短。所以，请你记住，招销售员要不限名额，招技术天才要不惜代价！"

他们正说着话，从外面走进来一个陌生女子，只见她30岁左右，穿着西装套裙，显得精明、干练、洒脱和成熟。任正非觉得她初看像职业女性，细看又不乏女性所独具的韵味和优雅。他愣了一下，问道："你找谁？有什么事吗？"

"我找人事部经理，我是来华为学习的。"女子说。

"是来华为参加培训的客户吧？"任正非转身对张建国说，"你给这位女士安排一下。"

没等女子开口，张建国就迎上前去，连声说："欢迎，欢迎！"

女子一下子满脸通红，解释道："对不起，我不是客户，我是来应聘的。我叫孙亚芳。"

任正非对孙亚芳的第一印象很不错，本想多问她一些基本情况，但想了想又觉得不妥，便对张建国说："这件事还是由你来处理吧。"说完便转身走了。他完全没有想到，这个女人对华为日后的发展起到了不可估量的作用，后来被《财富》杂志评为中国最具影响力的 25 位商界女性之一。

孙亚芳毕业于成都电讯工程学院（后更名为电子科技大学）无线电技术系通信专业，1982 年在河南新乡的电子工业部一个下属厂（燎原无线电厂）当技术员，1983 年在中国电波传播研究所附属学校任教，1985 年在北京信息技术应用研究所任工程师。她原本是想到华为应聘市场部工程师（产品经理），但因为只是本科学历又没有研发经验，结果去了培训部。

华为最初的入职培训分为两部分：客户培训和销售人员培训。客户培训主要是通过对客户进行基本技术培训，与客户建立更紧密的联系。实际上，华为最让竞争对手胆寒的是其严密的市场体系，而不仅仅是技术优势，在与对手技术相差不大的情况下，华为能通过市场获得更大的优势。而华为的市场几乎完全依赖销售人员拓展，市场一线销售是企业中最辛苦的岗位，销售人员每天忙于开发新客户，维护老客户，一个月下来不仅经常遭遇白眼与闭门羹，还可能完不成任务，导致身心俱疲。任正非想通过对销售人员的强化培训，提升他们的市场开拓能力和客户维护能力。在这方面，孙亚芳很有天赋。她的聪慧、干练以及对任正非的脾性、思想的领悟，是其他人所不能比的。另外，她极好的英语水平，也是任正非所倚重的。任正非的意图，说得专业一点，是建立一个强大的人力资源管理系统；说得通俗一点，就是要培养一群在饥饿中依然能顽强战斗的狼群。任正非阐释道："企业发展就是要发展一批狼。狼有三大特性：一是敏锐的嗅觉；二是不屈不挠、奋不顾身的进攻精神；三是群体奋斗的意识。"做市场开拓，尤其要如此。"每个部门都要有一个狼狈组织计划，既要有进攻性的狼，又要有精于算计的狈！"

为了实现这一目标，孙亚芳对销售人员的培训十分严格，几乎搬用了军营的管理模式。培训基地设在西乡，因此被戏称为"西乡军校"。

华为的半军事化训练包括两大内容：

第一，灌输企业文化，如自我潜能发掘、诚信、价值观、责任感、团队意识、服从组织和敬业精神，重点培养销售人员的纪律性（服从命令）、执行力、归属感和统一性。

其中最为突出的是狼性企业文化，辅以极具吸引力的激励措施。通过企业愿景或使命的提出，为华为建立一个充满责任感和企业道德的公共形象，提升品牌说服力，大力提倡以客户为中心、以奋斗者为本的核心价值观。通过这种文化的提倡，使公司的薪酬体系向一线的市场和研发部门倾斜的导向性得到广泛认可，保障客户与产品这两端的强大执行能力；而核心价值观的反复强调，又让客户与华为进行交易时产生高度信任感，并让运营商相信华为具备可持续发展的意愿和能力。

第二，专业技能培训，包括通信技术、市场开发、客户维护等内容。相对而言，专业技能培训比较烦琐。培训新员工时，华为先进行营销理论与知识的培训，其中有一条铁的纪律：皮鞋、西裤、衬衫、领带，一样也不能少。从进入公司的第一天起，所有新员工都将被仔细检查，不合格者立即改正，否则就有可能被辞退。孙亚芳认为，这一规定是促成新员工完成学生向职业人转变的标志。

所有新人在培训的第三节课上，还会进行两天的扎线练习。这是一种将机器设备内部的大量连接线，按照一定规则捆绑，从而使其整齐美观、便于检测。这种培训和考核看似简单，实则不易。新员工必须严格按照流程，将电源线、告警线和半波线等分别插上，再按照一定的顺序捆绑整齐，彩色线在外，不能有交叉。有的员工按照流程，一个小时就搞定了；有的员工不遵循流程，白费了一上午时间还弄不好；还有许多老员工按照自己的习惯想当然地进行处理，结果总是出错。通过严格的培训，可以增强员工按流程办事的意识。

对技术一窍不通的新人则要从通信原理学起，还必须参加车间实习和组装操作培训，去生产一线装机实习，拧螺丝、调设备、放话线。培训的内容很多，密度很大，考试又严格，要是不努力就会被淘汰，很多人一个深刻的感受就是——比高考更折磨人。

培训结束后，公司还会给新员工搞一次"实战演习"，主要是让员工在深圳的繁华路段高价卖一些生活用品，规定销售价格必须比公司规定的价格高，不得自行降价，做到理论与实践相结合。以上培训可以去除员工的书生气，为被派往市场第一线做好心理和技能上的准备。

这些被派往"前线"的销售人员，在相互配合方面效率之高让客户惊叹，让对手心寒，因为华为从签订合同到实际供货只要四天的时间；国外电信运营商需要一年甚至更长时间才能完成的开发工作，他们加班加点一个月就能干完。

孙亚芳在培训部的时间虽然很短，却为华为后来建立的人力资源系统打下了基础。

由于JK1000是一个过渡产品，必须利用好时间差，所以这一年招收的销售人员特别多。孙亚芳在培训中发现，并非每个员工都与公司的目标一致，尤其是新来的员工，没有经历过创业初期的艰苦，也没有共同创业的远大目标，只是想着以工作赚取薪水，养家糊口。如果用华为的愿景目标激励他们，作用并不大。恰在这时，华为因货款回收太慢，现金流出现严重问题，不但新产品研发要被迫停止，而且连续几个月发不出工资，员工士气低落，不少人提出辞职。

危急时刻，任正非再次动员公司干部融资。孙亚芳也展示出她在公共关系方面的超群才能和广泛的社会人脉资源，极力帮助任正非解决燃眉之急。不久，华为收到了一笔货款。公司高层一起研究这笔款项应该怎么用，任正非一时拿不定主意。最后，培训部经理孙亚芳站出来说："各位领导，作为培训部的一员，我认为培训就是将老板的理念转化为下属的行动，独一无二的理念体系是成功的企业战略所需的要素，但并非全部。对于员工的激励方式还是要因人而异，一群饥饿的狼，有的可能不顾一切地扑向猎物，有的可能会因为没有力气而直接倒下或者另谋生路。根据眼下的实际情况，我建议先发放员工的工资！"

孙亚芳说话干脆，毫不拖泥带水。任正非很佩服她的胆识，这个相貌秀气文雅的女子竟然具有这样的决断力。他深知，凭华为现在的实力参与跨国集团在中国市场的竞争,就像一个刚刚离开母亲的孩子要与狼搏斗。要想胜券在握,只有让孩子迅速成长为战斗力很强的狼。他当即表示同意孙亚芳的建议。于是,等待多月的员工们终于领到了拖欠的工资,一支庞大的销售队伍迅速奔赴全国各地。

2. 打造华为技术新星

尽管华为的销售人员一直在努力,但 JK1000、CT2 及其他小型交换机带来的效益却十分有限。

推出 JK1000 才几个月,一向特立独行的任正非又做出了一个惊人的决定:投资上亿元研制 C&C08 数字程控交换机(简称 C&C08)。

人们之所以惊讶,是因为任正非既没有足够的研发人才,也没有足够的研发资金。但是,他非走出这一步不可。狼具有敏锐的嗅觉,距离 2 000 米就可以嗅到被捕猎动物的气味。任正非就像狼一样,对市场的血腥争斗异常敏锐。电信市场的竞争比任何一个市场都激烈,一是技术进步很快,硬件更新换代周期短,软件更是日新月异;二是市场越来越狭窄,几乎没有了蓝海地带。不过,信息产业在高速发展中的不平衡,也给弱小公司留下了许多机会。

任正非是一个酷爱学习、胸怀远大、眼界开阔的人,他知道功能、性能、成本都占优势的数字程控交换机更有优势,启动 C&C08 2 000 门数字程控交换机的开发项目刻不容缓。他从 1992 年年底开始大量招兵买马,人事部除了培训销售人员外,还有一个重要任务是挖技术骨干。

技术骨干应聘时要先过人事部这一关,然后再由总工程师和相应的部门主管面试。有一个工程师来华为应聘,面试时总工程师郑宝用和任正非都在场。郑宝用说:"华为公司是没有任何背景的,一切都靠自己奋斗。在这里工作,不需要拍马屁、拉关系,只要你好好干,公司就会给你回报。"郑宝用之所以这样说,是想让对方下决心选择华为。而这是他的亲身经历,最具有说服力。他靠自己在公司的业绩,成为华为的技术负责人之一（人们谑称他为"二号首长"），尽管没有明确他是二把手，但在华为，他的权力和影响力都不小，并在很短的时间内积累了人生中的一笔财富。

其实，不仅人才不需要拍领导的马屁，任正非还经常拍人才的马屁。任正非笑着对应聘的工程师说："阿宝（指郑宝用）是1 000年才出一个的天才。我们需要上千个这样的阿宝，欢迎你加入华为。"

"谢谢！"这位工程师重重地点了点头，满以为老板还会鼓励他几句，让他好好干，没想到任正非却说："但我要告诉你，进了华为就是进了坟墓。"

这位工程师一头雾水，不明白任正非的意思，但他还是坚定地选择了华为。

资金和人才是企业发展的两个轮子。在资金方面，任正非通过转卖电源技术，通过与邮电系统成立合资公司、与商业银行开展"买方信贷"业务来解决眼前的困难，为搞活现金流可谓不遗余力；在人力资源方面，专业人才的职业发展一直是困扰任正非的一个难题。

为此，任正非召开了一次中层以上干部会议，专门讨论不拘一格挑选人才和公司发展策略问题。过去，他一再强调"活下去"就是华为的发展策略，而在这次会议上，他一反常态地说："有些企业，它们的经营模式是规模和服务，因此市场需求前景是受限制的，发展是有极限的。而且，同质化竞争，别人也可以挤进来分杯羹，缩小你的发展空间。我们这个行业是高速成长、拼实力的行业，技术是企业最核心的竞争力。如果今天你拿不出来先进的东西，没有前瞻性的策略，明天你就垮了。像我们这样的企业，垮了多少？我不知道华为能否存活20年……10年之后，世界通信行业三分天下，西门子、阿尔卡特和华为。"许多人闻言报之一笑，因为社会上正流行着企业早衰症，或破产，或勉强维系，那么，任正非这番豪言壮语是否会因此变得滑稽可笑呢？

任正非把自己三分天下的"梦"卖给自己的下属，你信，这个梦就叫"愿景"；你不信，这个梦就只是个笑料。他相信，只要通过卖愿景，能团结一班有着相同价值观的人建立一个团队，形成一种文化，企业离成功就不远了。

这次会议的重点是寻求高级技术人才进行各种形式的合作。会后没几天，公司来了一批实习生，一个身材瘦削、满脸稚气、鼻梁上架着高度近视眼镜的小男生引起了任正非的注意。他叫李一男，是华中理工大学二年级硕士研究生。求才若渴的任正非对李一男"一见钟情"，而初来乍到的李一男对任正非诸如"华为鼓励人人当雷锋，但决不让雷锋吃亏"等管理思想和见解也感到非常新奇。双方都互有好感。任正非慧眼识珠，注意到了李一男所具有的潜质，没有顾忌他的实习生身份，竟然委任他主持研究开发一个技术项目。按照李一男的要求，华为需要为此购买一套价值20多万美元的外国设备。此时华为正处于产品开发的最艰难时期，财力相当有限，20多万美元不是一个小数目，但任正非力排众议，同意了李一男的要求。没想到几个月后，由于市场形势急转直下，李一男主持的项目意外搁浅，刚买来的设备也因此成了废品，20多万美元打了水漂。

曾经因200万元损失而被单位炒鱿鱼的任正非对自己过去的那段经历刻骨铭心，所以，他对这笔20多万美元的损失虽然心疼不已，但对李一男却没有半句责怪，反倒对有意见的人说，这可能就是培养年轻人必然要付出的学费吧。这并非任正非财大气粗，而是表明他对人才、对科研的重视和开发新产品、赶超国际水平的决心。

任正非的宽容大度让李一男内心充满感激。1993年5月，李一男研究生毕业后便到华为研发部上班，恰逢C&C08机项目上马，任正非任命他为项目组组长。跟李一男前后脚来到华为的还有余厚林、刘平等人，余厚林是从武汉一个研究所过来的，是个很有经验的硬件工程师，负责该项目的硬件；刘平来自北京，负责软件。

C&C08型万门数字控制交换机的研制成了华为成败的关键。所谓万门数控机，就是先开发2 000门的交换机，然后再搞一个中央数字控制模块把多个2 000门的交换机连在一起，形成万门交换机。任正非在这个项目上几乎押上了整个公司。在研发过程中，他几乎每天都过去看望李一男，甚至直接用"干儿子"来称呼李一男。他还经常和项目组的人一起睡午觉，亲自为研发组提供后勤服务。此时的李一男还是个二十几岁的毛头小伙子，开会讲话都显得很紧张，好像下面坐着的那些比他年纪大的人都是他的领导似的，让他感到了不小的压力，生怕讲错一句话。第一次主持会议，他说话的声音很小，显得有气无力，要很仔细才能听清楚。他说话的时候，手甚至有点发抖。不过，他的眼神很厉害，所有的威严和自信都在眼神中表现了出来。任正非常亲切地称呼李一男为"红孩儿"。

由于开发人力紧张，任正非在全力支持做万门数控机方案的同时，也继续安排2 000门交换机的开发。刘平在2 000门交换机里兼任单板软件项目经理，开发主节点软件。2 000门交换机的开发人员大部分是年轻人，最小的只有19岁，毕业于中国科技大学少年班。这群年轻人在一起，合作非常融洽。

当时开发组认为2 000门数字控制交换机的容量已经足够，不看好万门数字控制交换机的前景。为了提高大家的干劲，总工程师郑宝用给各个部门都立下了军令状，并对万门数字控制交换机的开发人员说："你们研制吧，开发出来我保证卖出去10台、8台的！"

万门数字控制交换机项目组成员都投入紧张的研制之中。一天，刘平在公司吃完午饭，刚想回宿舍休息，却被李一男带到万门数字控制交换机开发办公室。此时万门数字控制交换机的软、硬件关键技术都已经解决，就等着联合调试了。李一男急于要听到万门数字控制交换机的第一次通话。忙碌一通后，李一男从一个模块上的电话拨号，另一模块上立刻有了电话振铃。刘平提起话筒，通了！几个人高兴得跳了起来。"且慢，"李一男突然想起了什么，"刚才做实验时，是不是设置了'永久连接'？"刘平赶紧检查，果然如此。这说明刚才的通话是假的。去掉"永久连接"后，电话又不通了。看来软件还是有问题。大家白高兴一场，只得继续调试。又经过几个小时的测试和修改，电话才真正打通。这时,时钟已指向凌晨1点,他们连续工作了13个小时。

为了解决各种电波(雷电干扰、高压感应、交流电源等)对交换机的干扰,研发组查阅了大量资料,并认真分析了系列防护标准。他们深入维修工段,分析市场返回的失效用户板,对过压保护器件的失效机理做了大量的模拟实验,在此基础上提出了几套防护方案备选。他们还把实验室搬到广东省邮电科学研究所,与邮电专家一起进行测试,终于研究出了一套有效的防护方案。这是国内首次开发这类过流防护器件,技术难度很大,工艺要求复杂,研发组与硬件试制厂家的技术人员一直忙到大年三十晚上。

在开发C&C08的两年时间里,开发人员同吃同住,全身心地投入工作中。任正非让他们享受了一点特权:上下班不用打卡,完成任务就行。他们常常晚上工作到很晚,早上睡到十一二点才起来,吃了午饭接着干。大家的目标很明确,就是尽快把交换机做出来。为此大家自觉自愿地加班加点,半夜两三点回家是常有的事。而任正非也没有闲着,他一有空就和大家聊天,时不时还讲一段精彩的故事。讲故事是他激励下属最拿手的好戏。有时他也请研发人员去吃夜宵,搞点物质刺激。

任正非是一个很好的鼓动家,每次他讲话,下属都不由得热血沸腾。这成了支撑华为员工全力以赴干下去的精神力量,同时也是吸引外部科研人才的魔力所在。一到下班或周末,大型国企的技术人员,也带着各种资料来到华为,以十倍的干劲热火朝天地鼓捣起来。任正非鼓励"外援"说:"以市场换技术的代价太大了!"他始终坚信:技术自立是根本,没有自己的科技支撑体系,工业独立就是一句空话;没有独立的民族工业,就没有民族的独立。只有自己才能救自己,从来就没有什么救世主,也没有神仙,中国要发展,必须靠自强。跟很多领域一样,在通信行业,最尖端的科学家不是在国企,而是在为军队服务。不仅是中国,即使在美国,芯片、计算机、互联网等一系列科技成果,都是由军方先研发出来,然后才逐步民用。军事强,则科技强。若非如此,凭乔布斯在车库里组装一下电脑零件就能改变世界,岂不是天方夜谭?前解放军信息工程学院院长邬江兴就是交换机行业研发的佼佼者。早在1991年，年仅38岁的邬江兴就主持研制出了HJD04（简称04机）万门数字程控交换机。这使他成了任正非的"狩猎"目标，在任正非的鼓励下，他给华为研发组提供了一些技术指导。

为了吸引更多有远大志向的年轻人给华为效力，实现自己"做一个世界级的、领先的电信设备提供商"和三分天下的宏伟目标，任正非刻意将李一男打造成绝顶聪明、个性刚烈、年少得志的天才。23岁的李一男迅速成为华为的一颗耀眼新星：两天时间里，李一男升任工程师；两个星期后，因为解决了一项技术难题，他又被破格聘为高级工程师。

1993年年底，在深圳蛇口的一个小礼堂里，华为召开了年终总结大会，有270多名员工参加。大家第一次目睹平时满脸沉重的任正非流露真情。会议开始后，任正非说了一句"我们活下来了"，就泪流满面，再也说不下去了，双手不断在脸上抹着泪水。

这一年，任正非意欲三分天下走出了最为关键的一步。

3. 狼性销售，重点突破

在研发团队日夜奋战的同时，华为的销售队伍也在四处奔波，不舍昼夜。

没有政府背景的华为，在中国每一寸土地都印上了销售人员"集体奋斗"的足迹。他们按照任正非的战略思路，从跨国公司无暇顾及的县城做起。在东北，1993年年初，爱立信派了三四个人负责盯黑龙江的本地网络，而华为则派出200多人常年驻守，对每个县电信局的本地网络项目寸土必争。狼群围捕猎物，往往会追逐很久，在头狼的带领下，进则同进，退则同退，协同作战，无往不利。

这一时期，华为主要依靠打"野战"和"群狼围猎"的方式来争夺市场。任正非制定的销售策略是"以农村包围城市"，采取人海战术，覆盖农村市场。它也体现了任正非的"压强原则"：在成功的关键因素和选定的战略生长点上，以超过主要竞争对手的强度配置资源，要么不做，要做就最大限度地集中人力、物力和财力，实现重点突破。外国公司的办事处一般设在省会城市，一年接一个大单也就够了，由于它们的产品较为高端、售价昂贵，销售一般集中在大城市，在县级城市和乡镇则比较少。另外，农村市场线路条件差、利润薄，国外厂商没有精力或者不屑于去拓展，这给国内通信设备厂商提供了机会。

在这场围猎战中，张建国、孙亚芳这两个管人事的技术干部都成了头狼。任正非派张建国去福州，孙亚芳则去了长沙。

张建国到福建后，天天乘一辆破旧的吉普车在各个县城和乡镇跑，三年下来，他对各个县城的分布了如指掌，可以随手画一张福建省的县级区位地图。福建是最早使用国外交换机产品的省份。全国第一台进口程控电话交换机就是在福建安装使用的。张建国来到福建的时候，省内凡是已经装了程控电话交换机的地方，都是使用日本进口的F150机型以及上海贝尔的产品。上海贝尔是上海程控交换机市场的领航者，在中国市场占有很大的份额。华为面临的市场压力很大，任正非心里产生了赶超上海贝尔的念头。

日本进口的机型性能稳定，但是由于装机年数久了，除了通话功能外，很多新功能都不具备，更重要的是技术服务跟不上，技术升级难。任正非决定以及时周到的技术支持和服务与日商争夺市场。福建泉州市清一色是日本进口的F150机型，使用几年后，需要技术升级了，泉州市电信局通过省、市政府与远在日本的厂商协商，前后等了一年也没有人来。这时，华为凭借自身开发的交换机比日本的机器功能多、技术升级方便的优势乘虚而入，最终，泉州市全部改用华为的机器。

张建国在跑客户的时候，他的妻子临产，但他并没有请假回去照顾，直到拿下客户，孩子已经满月了，他才匆匆回去看了一眼。

孙亚芳在长沙也发挥了华为狼性销售的特长：对客户，你一天不见我，我就等你一天；一个星期不见我，我就等你一个星期；上班找不到你，我节假日也要找到你。她紧盯目标，穷追不舍。这也难怪人们后来给华为取了一个绰号叫"凶猛而难缠的土狼"。

由于工作拼命,华为的销售员升迁很快,所谓"乱世出英雄",为了开拓市场,先封你个团长,手下没有兵你可以招;又是"以成败论英雄","攻占一个山头,活捉一个师长,立马被提拔成排长或连长"。当然,销售员的辛苦也是不言而喻的。一个月之内可能数次南下北上,东奔西走,风餐露宿也是平常之事。销售员不仅要跑客户,有时收发货也得自己干。有一个新来的硕士生做销售,第一天上班打包,一上来就被铁皮划破手指,血都喷到了旁边的墙上,幸好备有止血胶布,他包上又接着干。

1993年秋,销售人员在新疆某地跑了半个月,终于敲开了电信局领导的大门。他后来这样描述自己的经历:"我第一次见电信局局长,是因为有个资料要递给他。早上8点钟我就去他的办公室了,他说要开会,'你等等吧'。他一边说一边走进会议室。于是,我就站在能看到会议室的位置等着。他出来两次,我都迎上去,他说还要继续开。中午,他出来了,我连忙走上前去,他告诉我:'现在要去吃饭,你改天再来吧。'他走了,我还站在那里,一个小时后,电梯门打开,从里面出来的局长抬头看到我,一愣:'你怎么还没回去啊,到我办公室来吧。'聊天时,电信局长颇为感慨,说几年前你们华为就有人来过这里,那个人背着军绿色旧书包,我刚开门,他就问我要不要买交换机……"

这名销售人员带着订单和故事回到总部,把故事讲给几位老同事听。同事们也一阵感慨,然后告诉他说,当年那个背旧书包去卖交换机的,可能就是我们的老板(任正非)。

确实,不仅销售人员在不顾一切地打拼市场,任正非本人也跟普通员工一样尽一切努力赢取客户。1992年年底,四川客户陈先生陪同一位地区电信局局长及几名科长到深圳华为参观考察,住在深圳华强北附近的格兰云天大酒店。任正非白天在酒店向客人介绍情况并谈到晚上11点多才告辞。当时从任正非住的深圳南头到华强北(深南大道还在改造中），只有一条两车道、弯弯曲曲的土路，路边还是荔枝林和农田，开车要一个多小时。大家原以为任正非第二天会晚点到，结果第二天早上7点多，任正非就已经来到酒店大堂，陪客人去吃早茶。这意味着他早上5点多就得出发，晚上休息了不到五个小时。任正非对客户如此热情和诚挚，令所有在场的客人都非常感动。

"有这样的人做老板，公司一定会得到客户的认可，一定会有大发展。"陈先生这样想。那个地区本来已向国内另一厂家订了一台200门的程控交换机，但一直没有到货。考察华为后，局长决定跟那个不重视客户、违反协议的厂家取消合同，改订华为的程控交换机。

1993年9月，任正非邀请几十个地区县市电信部门的有关负责人到深圳开了一次研讨会，专门探讨农村通信技术和市场问题。

商丘地区邮电局农村电话管理科张科长在会上说："商丘地区也上了一些用户机，但是使用起来不尽如人意，尤其雷击问题更是令人头痛。这几天看了华为的机器，觉得华为交换机的性能比较完善。"接着，他又问任正非："我们国家的通信正在发展，今后可能会采用数字微波，而现在我们用的是模拟中继板，到时不知可否换板？这样既可以更新我们的设备，又可以降低成本。"

任正非听了风趣地说："对于使用一两年之后的元器件已经老化完毕的，正好是进入青壮年时期，又可以半价转让给其他地方，何乐而不为呢？或者也可以通过整个农话局的维修中心，在全省范围内调剂。另外，根据我们的市场预测，JK1000到2000年是不会落后的。目前日本1/3的交换机还是纵横制的，英国也有将近1/3如此。"

就这样，任正非通过多种方式反复地、锲而不舍地宣讲，利用一些市场关系，在1993年下半年到1994年上半年共卖出200多套JK1000。

任正非心怀感恩，非常朴实地告诫员工："天底下唯一给华为钱的，只有客户。我们不为客户服务，还能为谁服务？客户是我们生存的唯一理由！"

由于C&C08 2 000门交换机到1992年10月份仍迟迟生产不出来，

任正非十分心急。因为销售人员在数字交换机还没开发出来的时候，就已经为它找好了开局的地方——浙江义乌。原计划1993年5月或6月供货，结果因产品出不来而一拖再拖。一向不拘小节的任正非好像一下子老了10岁。项目经理毛生江每天见到负责软件开发的刘平都会嘟囔一句："再不出去开局，老板要杀了我。"

项目组人员在公司实在待不住了，机子还不稳定，他们就将第一台C&C08 2 000门交换机搬到浙江义乌开局了。但第一台交换机的问题非常多，呼损大、断线、死机，经常发生打不通电话，或者电话打到一半突然中断，或者干脆就断线等现象。开发组的20多人几乎全部出动，带着开发工具去了义乌，把开发的战场转移到了义乌市电信局。

在义乌，各方面的条件自然比不上华为研发部，交换机只有一台，既要测试又要调试，时间特别紧张，开发人员只好24小时两班倒。这年冬天，义乌的天气很冷，凌晨时气温在零摄氏度以下，而机房里没有任何取暖设备，许多工程师穿着两层袜子、两件夹克。烧开水的电水壶也坏了，大家连杯热水都喝不上。有的工程师累得实在扛不住，就在机房的地板上躺一会儿，起来又接着干活。清早收工回旅馆，旅馆老板常常搞不清他们是上班还是下班。对于义乌的情况，华为上下都很重视。总工程师郑宝用亲临现场指挥；任正非也多次不远千里来到义乌看望大家，与工程师同吃同住，给他们以极大的鼓舞。

义乌电信局也诚恳地反映了一些问题，提出了一些改进建议，如机架不够美观、安装固定方式有待改进、需支持远端用户等。

试用、改进、调试花了整整五个月时间，最后终于达到了组合要求。万门数字控制交换机的开通，在华为发展史上、中国通信产业发展史上都具有里程碑意义。经历了数次失败后（曾经的失误导致了6 000万~1亿元的损失），华为终于正式推出了2 000门网用大型交换机设备——C&C08组合机型（万门数控机）。这标志着华为拥有了自己的技术积累，企业的发展上了一个新台阶。

研制出万门数字控制机以后，华为的实力明显增强，开始挑战上海贝尔。任正非采取了迂回包抄战术——先攻占上海贝尔最薄弱的农村市场，以及东北、西北、西南的落后省市。在这些"穷"市场上，华为大造 V5 接口的宣传攻势，以综合接入设备对抗上海贝尔的远端接入模块（制式与华为不同），同时以盈利利润为补贴，以低价为策略，用上海贝尔无法达到的低价占领农村市场，然后再争夺城市的市场份额，逐步压缩上海贝尔的利润空间。很快，华为和上海贝尔两种制式便呈并驾齐驱之势。正是依靠 C&C08 万门数字程控交换机，华为才在与上海贝尔的激烈搏杀中后来居上、一战成名。

1994 年初夏，华为迎来了一个发展的关键时期。此时，华为刚刚完成了上海市话局增值业务平台系统，正好赶上全国各地的电信管理局高层会议在上海召开。显然，这是一个向全国运营商展示华为技术和设备、进行自我宣传的绝佳机会。任正非决定立即将万门数字控制交换机设备运到会议所在地，在现场搭建一个展示平台。不过，会期只有短短几天，留给华为的时间并不多。任正非动员全体员工，在不到五天的时间里，必须完成从设备运输、环境搭建到设备调试、机器开通的全部工作。现场会那天，凡是观摩了华为产品的专家、政府官员，无不对华为开发、生产的具有自主知识产权的产品感到震惊。他们几乎不敢相信，这台性能优良的设备竟然是由国内一家小小的民营企业开发和生产的。华为第一次充分显示了国产技术的实力，同时展现了华为人快速反应、勇往直前、来则能战、战则必胜的能力。

C&C08 机推出后，华为产品在市场上的竞争力大大提高。除了满足运营商的各种组网功能需求外，还可以提供各种专用通信网（如铁路、电力、军队、公安、石油、煤矿）中的 C&C08 数字用户交换系统设备，加上销售人员的艰苦努力，华为终于化险为夷，渡过了难关。

"败则拼死相救，胜则举杯相庆"，这是华为的市场工作原则。1994 年 6 月 5 日，任正非召开了华为成立以来最盛大的一次庆功会，并在会上发表了热情洋溢的讲话：

"胜则举杯相庆，败则拼死相救"的市场工作原则，几年来感召了多少英雄儿女一批一批地上前线。商场如战场，却比战场更加持久残酷与艰苦，苦难的历程又抚育成长了多少市场营销干部。没有他们一滴汗、一滴泪的奋斗，就不会有今天月销售额突破12万线的好成绩。我代表公司向市场部全体成员表示衷心的祝贺。在全国多个市场上，各省管局都较大幅度地接纳了C&C08，预计6月份的市场将上升10%。这些与科研人员日夜的辛劳、计划生产系统优良的管理、公司各部门的努力服务是分不开的。我代表市场部向他们表示深深的感谢。

……

几年的时光一晃就过去了，华为从一个小公司逐渐变为一个有实力的公司，更有机会向市场提供良好的服务，售后服务的成本也在降低。在当前市场外患内乱、不正当的竞争几乎把国内厂家逼到临近破产的状况下，我们一定要坚持提升技术的先进性，不惜代价提高产品的可靠性，建立及时良好的售后服务体系。在当前产品良莠不分的情况下，我们承受了较大的价格压力，但我们真诚为用户服务的心一定会感动上帝，一定会让上帝理解物有所值，逐步缓解我们的困难。我们一定能生存下去，为中华民族的通信产业，发出光和热。历史给了我们巨大的压力、危机，也给了我们难得的机遇。处在民族通信工业生死存亡的关头，我们要竭尽全力，在公平竞争中生存发展，决不退步、低头。

马克思在100多年前就告诉我们一条真理，我们要深刻地去理解它。从来就没有什么救世主，也没有神仙皇帝，中国要富强，必须靠自己。我们从事的事业，是为了祖国的利益、人民的利益、民族的利益。相信我们的事业一定会胜利，也一定能胜利。

同年11月，华为又将C&C08机搬进了北京展会。这次与上海展会不同的是，华为已经小有名气，引起了一些媒体的极大关注。

4. 绩效考核：把游击队转变为正规军

任正非带领华为在短短的时间内取得如此重大的进展，营销团队和研发中心功不可没，华为由此成长为一家名副其实的由"营销团队＋研发中心"构成的高科技公司。在研发和打拼市场的过程中，一批素质较高、德才兼备、顽强拼搏、业绩突出的年轻人进入了公司领导层。对于研发团队，任正非认为："对核心技术的掌握能力就是华为的生命。华为的目标是，把技术作为核心竞争力去赢得超过10%的制造业利润率，逐渐取得技术的领先和利润空间的扩大。"任正非还决定增设一个部门——中央研究部，这是从研发部独立出来的。李一男担任这个重要部门的副总经理。

在销售队伍中，孙亚芳的升迁是最快的。1994年下半年，她担任市场部总监，管理一支庞大的销售队伍，而张建国完成第一次"群狼突击"后，又回到人事部门，担任市场部考评办公室主任。华为后来的人力资源部就是以考评办公室为基础设置的，自此，张建国开始了与华为人力资源近10年的不解之缘。

一天，任正非召集孙亚芳、张建国、郭平（项目经理兼总办主任）等人一起开了个小会，正式提出对全体员工的考评、定级、薪酬奖金及市场组织架构构建和管理问题，并要求对华为过去的方方面面进行一次总结。

这次开会只是征求意见，并不形成决议，任正非让大家尽量畅所欲言。张建国首先说道："华为已有近千名员工，一一考评难度很大，不一定定得准，而且我们也不知道该从哪些方面进行评定。"

任正非说："你不懂，我更加不懂。我们的游击队要转变为正规军，这一步是必走不可的。你们是不是组织几个人去香港考察一下，借鉴一下大型公司的经验？"

"华为过去完全采取军营封闭式管理，我们几个人都埋头在技术和市场里面,现在老板让我们去学习,是个好机会。"郭平说。

孙亚芳一向快人快语,但这一次却迟迟没有发言。任正非催促她说:"孙经理谈谈想法吧,销售队伍中的大队人马可都是你培训的。"

其实,孙亚芳一直在思考更换系统的问题:如何将文化传承与构建组织架构,以及考评、薪酬奖金等紧密联系起来,形成华为独特的市场组织体系。她见任正非催促她发表意见,便说:"在通信供应领域,研发技术与竞争对手相差无几,很难凭借技术而遥遥领先于竞争对手,严密的市场体系才是企业制胜的秘密法宝。所以,我们要先建立完善的组织,然后向组织灌输企业文化,这是对员工进行绩效考核的基本前提。"

任正非听了连连点头:"说得很对。狼文化是华为基因,这个东西不能丢。之前我已经几次讲过狼的优点,最突出的三点我还得重复一下:第一个就是有非常敏锐的嗅觉,有危机感、远见与设计感,并知道机会在哪里;第二个就是有很强的进攻性,会扑上去抓住这个猎物,也就是进取精神;第三个就是团队,因为往往不是一头狼去捕猎,而是一群狼去捕猎,这是华为文化最底层的东西。当然,华为文化还包括奋斗精神、务实精神、敬业精神、乐观精神以及谨慎、敬畏、精进、纯粹、广大、包容,等等,都是我们必须传承下去的。"

会上,任正非把让华为基因发酵的任务交给了孙亚芳,而他自己也时不时地向员工宣传,给员工讲故事,激发他们的斗志。华为讲求"集体奋斗",也讲个人业绩。员工要想得到提升,得拿实实在在的业绩说话。华为从来不讲逐级提拔规则,从来不讲媳妇熬成婆。一个普通的销售人员,只要绩效突出,贡献特别大,两三年就可以升任市场总监;相反,碌碌无为,即使熬白了头也不可能成为骨干人物。

任正非建议把员工分为三类,一是普通劳动者,二是一般奋斗者,三是有价值的奋斗者。对三类不同的群体有不同的管理要求,并给予不同的薪资待遇。任正非明确提出华为重视的是那些有价值的奋斗者,认为他们是华为事业的推动力量。但是,他并不排斥前两类人员在华为的存在。对于一家生产型企业来说,涉及人财物、产供销各个方面,需要方方面面的人员去完成不同的任务。有些岗位需要高投入、高学历、高智慧的人才，那就安排想奋斗的人去做；而有些简单的勤务岗位，普通的劳动者完全可以胜任。对于前两类人员，任正非给予稍高于当地水平的薪资待遇；而对于第三类人，任正非不仅给予很高的薪资待遇，还提供华为的内部股权，共同分享企业发展带来的利益。个人收益与贡献大小几乎严格对等。销售人员更是如此，可以年薪达数十万元。

对于任正非这套管理办法，孙亚芳十分赞同，但有一点却让她有些不满：任正非经常撇开部门主管，直接给基层员工派活。对此，她多次给过任正非一些暗示，但任正非已经习惯了与基层员工直接接触。

某个毕业于名牌大学的员工个性十足，也很有创造力，经过市场部三个月的考查后，孙亚芳决定对他委以重任。有一天，任正非心血来潮，将他叫到自己的办公室，想让他一个月内在某省建立10个重要的客户关系。该员工担心自己能力不够，最后委婉地推脱了。他自认为很谦虚坦诚，但是任正非并不这么想，随即将工作交给了与该员工同时进公司的另一个员工，这个员工不像前者那样在公司风头强劲，但工作勤勤恳恳，对此，任正非都看在了眼里。后者对任正非分派的任务，一开始也有些犹豫，但他表示自己会尽全部努力，虽然不一定能完成任务。

一个多月后，公司要派一个市场部员工到香港去学习，这意味着回来后会得到晋升。市场部的人都认为前一个员工是最有希望赢得这次机会的。但是，过了几天，公司里传出后一个员工要去香港进修的消息，对此，前一个员工感到不能理解，也不能接受，就在同事面前发了些牢骚。

他还来到任正非的办公室，问他香港进修为什么派别人去。面对激动的员工，任正非认真地说："当时我分配给你的任务确实有难度，我也没指望你能全部完成，但你遇到一点困难就退却了，可见你不是一个敢于承担压力的人。而接受挑战的那个员工在一个月内和七家著名企业建立了客户关系，虽然没有完成任务，但我看到了他的勇气和进取心。原来预计以他的能力联系到五家客户就不错了，结果出乎我的预料，我非常满意。"听到这里，这个员工的脸一下子红了。接着，任正非又说这个员工得知自己去不了香港后愤愤不平，经常发牢骚，缺乏承受挫折的能力。这件事使他在同事面前失去了往日的光辉，不久，他便辞职离开了华为。

孙亚芳也通过此事意识到任正非对自己不够信任，公司要进行规范化管理，很多规矩草根老板自己都受不了，何况任正非并不是一个沉默内敛、严肃无趣的人。他做事雷厉风行，言谈直抒胸臆，实为性情中人。有时性子一上来什么都不顾，该耍赖就耍赖，想骂人就骂人。整个公司只有两个人能当面向他提意见，一个是总工程师郑宝用，另一个就是孙亚芳。

1995年的一天，市场部高层开会讨论市场策略以及人力资源的相关事宜，孙亚芳也在座。几位副总正在讨论之中，任正非突然从外面走进来，不管三七二十一，站着就开始发表意见："你们市场部选拔干部应该选那些有狼性的干部，比如说某某（某地办事处主任），我认为这样的干部就不能晋升。"任正非话音刚落，孙亚芳就不客气地说："任总，他并非你说的那样，你对他不了解，不能以这种眼光来看他。"任正非一时语塞，好像是串门的外人不受欢迎一样，转身就往外走，嘴里喃喃地说："我只是随口说说，你们接着讨论吧。"

可以说，任正非时刻都在提醒下属，一个不具备华为基因的员工是不可能成长的，也得不到晋升。其实，他的担心是多余的，孙亚芳无时无刻不在思考如何理顺管理层次和关系。华为并不是任正非一个人在战斗，而是一个注入了华为基因的强有力的团队，都朝着一个明确的目标而奋斗。孙亚芳在全力以赴地帮助华为打造一个能赢的团队。

有人说，诞生于变革年代初期并从民企脱胎而来的华为，注定了一开始就打上了旧体制的边缘者和"私生子"的烙印。它在夹缝中追随体制演进的每一个动作、每一个脚印，都充满了艰辛和磨难，以及无法预判的风险。孙亚芳知道，任正非用锻造军队的方法打造华为的团队，自然拥有超强的战斗力；他用毛泽东的军事思想制定战略，在商界中攻无不克，战无不胜。商场如战场，企业似军队，在某种意义上，任正非的理念是成功的。但军队要求的无条件服从、推崇的牺牲精神，与高科技公司、高素质人才的特性能吻合吗？孙亚芳几经思考，想到了一个方法：基因移植。一旦组建了团队，就要创造一个确保大家走向成功的氛围。相互尊重、对胜利的信念、互补的技术、不同个性的包容、健康而稳定的发展节奏、360度的反馈和信任，所有这些都很重要。

在她的理解中，作为华为的核心基因，最先被传承的应有以下几点：

一是加班文化。任正非本人对加班情有独钟，他经常教育员工：世界上著名的IT企业都有加班的传统——IT行业技术更新那么快，市场变化那么迅速，你不拼命干就会落后，只会死路一条。于是，加班文化雷打不动地保留了下来。公司则尽可能地为加班者提供后勤服务，比如晚上9点提供免费夜餐。而且这种加班是无偿的。如果有人一段时间没有加班，就会引起别人的疑惑——这人工作怎么这么不投入，都不加班？上级可能会认为他工作态度不好，进而影响其奖金。华为实行的是单双周工作制，但相当一部分员工连着四个星期只能休息一个星期天，还是在实验室里打一天地铺。加班文化正是对"床垫文化"的传承。

二是群狼文化。体现华为人的奋斗进取精神，对市场的敏锐与攻击性，体现群体（团队）的力量，也强调工作效率，不论采取什么方法，快速达到目的是关键。尤其是在创业阶段，这种速度和激情是必需的，而且具备"狼性"的组织生存能力会更强，更有生命力。

三是核心价值观。华为需要"简单"的员工，这个简单不是说好欺负、懦弱，而是踏实肯干、始终朝着一个目标努力。华为的核心价值观蕴含着华为的愿景、使命和战略。其中最重要的一点是：为客户服务是华为存在的唯一理由，也是销售人员存在的价值。华为一般不给销售人员提成。孙亚芳认为，对销售人员来说，销售提成是一种"刺激"方式，可以提高他增加短期收益的积极性，但无助于他与客户建立长期稳定的关系。华为的销售是没有提成的，只有奖金。它有许多相应的制度与之相配套：工资高，目标管理体系完善，执行人员自我管理水平相对较高。在这种制度下，销售人员的销售压力与收入水平，都不亚于以提成作为激励的企业。据中关村一家著名 IT 企业的市场人员说，我们根本"打"不过华为的营销人员。任正非对营销人员的刺激办法令人惧怕：在桌上码上像小山一样的现金，如果想拿走，就走出门去，卖更多的产品。这个市场人员把华为的销售称作"用现金砸出来的"，但是他不知道要让普通人变成"土狼"，产生与"狮子"撕咬的勇气，一定得有让人舍生忘死的办法。对此，孙亚芳想到的不是单纯地砸钱，而是基因移植。

第五章 远大前程

一群思想简单的年轻人,满怀着建功立业的热情和期望,从内地南下特区闯荡。而任正非则用自己的领导能力把这群年轻人打造成了一支目标简单又充满激情的铁军,所有人的智慧和创造力都空前爆发出来。所有人都从内心相信自己从事的是前程远大的事业,只要华为能生存下去,每个人都将拥有无限美好的未来。

1. 加强合作,追求多赢

就在任正非一心想把自己手下的游击队打造成正规军、强调基因移植的时候,华为遭遇了本土的强大对手。

1995年下半年,由原电子工业部第五十四研究所和华中理工大学联合研制开发的EIM-601大容量局用数字交换机(简称EIM-601机)通过了部级鉴定。凭借EIM-601机的技术,广州金鹏起家了。加上1993年12月从邮电部邮电科学院分拆出来的电信科学技术研究院(大唐电信科技产业集团前身),国内电信设备厂商以"巨大金中华"为主力,渐渐与国外通信巨头形成了对抗之势。

一天,郭平前脚刚走进办公室,任正非后脚便跟了进来。他一进门就大声嚷道:"郭经理,我们终于遇上土狼对手了!"

郭平不明白任正非说的是什么意思,愣愣地看着他:"您是说我们在市场上的对手吗?那些对手早就存在啊。"

任正非递给郭平一份刊物,解释道:"实际上,过去我们是没有对手的，国内的巨头、霸主还不屑于把华为当成对手，因为我们太弱小。现在有媒体把华为与其他国内通信企业并列为'五朵金花'，它们不把华为当成对手都不行了。你看看吧！"任正非很善于学习，是个科技知识的信徒，而且嗅觉敏锐，时刻关注着市场上的风吹草动，一见到"巨大金中华"这几个字，他便警觉起来，开始考虑应对之策。

郭平匆匆看完那篇报道，高兴地说："这是好事啊，终于有眼球关注我们华为了。我们在细分的狭小市场和夹缝中生存得够久的了。"

任正非说："你说得很对。但是，凡事皆有两面性，过去我们主要对付的是'外敌'，是'八国联军'，技术自立是根本，我们重视技术，不惜血本搞开发，现在已经拥有了核心技术，但我们从来不以技术先导为目的，而是以在市场上迅速削弱、打击、消灭竞争对手为目的。现在遭遇了本土的强大对手，我们应该怎么做呢？"

郭平说："过去我们在进入C4（电信市场细分为5级）传输市场时，针对不同的地区、不同的网络占有情况，确定相应的销售推广策略，这是非常具有针对性且十分有效的，所以国外厂商对我们构不成事实上的威胁。但现在国内厂商与我们开发的产品是一个层级的，是我们强有力的竞争对手，同时我们还面临着C4级运营商投资、决策等方面的限制，我们'从下往上'的策略（由乡镇县渐次进攻到市级、省级，直到国家级的骨干网市场）必然遇到阻力，同室操戈是必然的了。"

"产品层级的提高，会促使我们将主力从'游击战'转变为'巷战'。我们是不是开个专门会议一起讨论一下呢？"任正非问道。

确实，调整战略已成必然之势。郭平按照任正非的吩咐，通知中层以上管理干部开会。会议讨论的核心问题是，对于规模实力、研发能力与华为旗鼓相当的"国内主要竞争对手"，在决定成功的关键技术和既定的营销战略上该做怎样的调整。

当时华为研制的C&C08落后于主要竞争对手中兴（即中兴通讯股份有限公司）等，但是1994年下半年推出的大容量的万门机C&C08C却领先于其他对手。因此，有人主张以技术超前来制胜。

任正非提醒道，在技术上，"不要做先烈，要做先驱"。他还给先烈和先驱作了一个注解：领先一步是先驱，领先三步是先烈。眼下要量力而行，一款产品做好，成功了，赚钱了，再多做几款试试。

这时，宣传部经理站起来说："现在国内几家大公司向电信局提出的是'通信网建设一步到位'的思路，也就是说，即使在广大农村，也开始逐步采用光缆进行传输，要求交换机（数字化万门机）与传输（光缆线路）的改造同步，避免重复投资，以赶上通信业迅猛发展的潮流。这些国际型大企业的超前建设观极具煽动力和影响力，迎合了多数地区特别是发达省份的建设思路。'一步到位'的观点逐步波及全国，各地家用电话的通信网设备选型的首要标准也是要满足'一步到位'的建设思路，如果我们在技术上不能与之同步，将很难与国内对手进行'巷战'。"

这种在技术上对竞争对手形成的攻防意识，完全属于战略上的考虑，但任正非依然强调说："没有什么只有你会做，别人不能做的，关键是客户给不给你做！华为决不在技术上对国内同行进行阻击。技术是用来卖钱的，卖出去的技术才有价值。因此要先做市场后做技术，没有市场就没有研发，没有稳固的客户关系就没有稳定的产品研发。而在具体战术上，只有一个标准：客户需求。"任正非这一战略成为华为战胜国内外电信设备供应商的一项"独门绝技"，也成为华为争占市场的一个基本原则。

会后，华为多次组织电信局相关人员（主要是农话的）来公司举行技术讨论会，并在内部刊物《华为人报》上发表文章，宣传电信网络建设"一步到不了位""综合到位要量力而行"等思路。

当然，任正非并没有放弃对产品技术的追求，到1996年，华为又推出了容量可达10万门的C&C08B型机，在既定战略（群攻市场）上拉开了与竞争对手的差距。

尽管如此，任正非认为华为的整体实力仍不能与国内几大电信企业相抗衡。作为电信设备巨头中唯一的民营企业，华为在资金、人员、政策扶持等关键资源上都处于劣势，因此应坚持运用毛泽东"集中优势兵力打歼灭战"的军事思想，在"敌强我弱"的情况下，在企业内部资源的配置和成本上做文章，才能由整体的"弱"变为局部的"强"，在某一个阶段、某一个方面领先对手，占领市场，形成竞争力。华为的竞争优势是低廉的研发费用、低成本的智力型人力资源，但是，华为没有强大的资金实力，成本优势再明显，也难以做大市场，这样一来，规模经济之下的成本优势就体现不出来。所以，只有在自己占有的市场中更新和推进技术，作为一种狙击新进入者的手段。同时通过自我否定和自我淘汰，强迫产业进步，提高进入者的"门槛"。对电信系统而言，这是用自己的资金在自己的地盘做市场，让自己获利，自然全力以赴。

通过这种方式，华为与电信局客户之间形成了资金和市场的紧密联盟，就像硬币的两面，一面获得资金，另一面获得市场。任正非的目的很明确，宁愿与所有人利益均沾，也要让合作伙伴、员工和自己一起把企业做大。

不久，任正非与国内多家省会城市电信系统联合成立了合资公司——莫贝克公司。华为的交换机通过莫贝克公司的渠道，迅速以低价冲击全国市场，到1995年年底，迫使交换机行业的销售价格从200～300美元/线下降至80美元/线，电信系统也因全行业交换机采购价大幅降低而实现了将电信业务向全国迅速推广的目标，最终实现了全社会、消费者、电信系统和华为的多赢。资金解决了，市场打开了，华为终于走过了生死关头。

在此之后，华为进一步以客户需求为导向进行创新，这种创新更强调对成熟技术的继承。1996年，任正非在华为引入国际商业机器公司（以下简称IBM）的研发管理流程，为华为的产品开发注入新的动力。

IBM的集成产品开发思路，给华为带来了一种跨团队的产品开发和运作模式：市场部、采购部、供应链、研发人员、财务部门、售后部门等在产品立项阶段就开始参与，确保产品从立项到实现，整个过程都是依照客户的需求而产生；与此同时，成本竞争力的考核也贯穿始终，系统地分析通过购买、自主开发两种方式获得的技术对产品竞争力的影响。

任正非的市场逻辑其实很清楚,那就是打造"利益共同体",有钱大家一起赚。他认为,现代企业的竞争已不是单个企业之间的竞争,而是供应链的竞争。企业的供应链就是一条生态链,客户、合作者、供应商、制造商同在一条船上。只有加强合作,关注客户、合作者的利益,追求多赢,企业才能活得长久。

经过几年的努力,华为在国内建起了业界最为完善的客户服务体系;在国内 29 个办事处设立技术支援中心和备件中心,各分支机构通过各种数据专线互联;同时,客户问题管理系统、培训认证系统、客户信息系统、备件管理系统、经验案例系统等技术支持管理系统也趋于完善,给客户服务以有效的 IT 技术支撑。此外,为了进一步加大对客户网络的支撑能力,华为已将服务体系延伸至本地网,在本地网设立服务经理,负责协调公司资源,及时响应客户需求。

任正非全力推动建立以客户需求为导向的相对稳定的国内市场组织结构和销售网络,同时开始与国际市场接轨,向香港和记电讯国际有限公司提供了 C&C08 机。华为专门设计了壁挂式的远端模块,以适应较小的机房;并且提供号码携带 NP 功能,以满足号码迁移需求。

这是华为成为一流国际硬件供应商迈出的重要一步。

2. 先下岗,再竞争上岗

华为要"做一个世界级的、领先的电信设备提供商",相应的公司的品牌、团队、供应链、客户关系等配套规程也变得重要起来。市场部总监孙亚芳认为,在通信供应领域,研发技术与竞争对手相差无几,很难凭借技术遥遥领先于竞争对手,严密的市场体系才是企业制胜的法宝。为此,她开始统筹规划,酝酿着一个大动作。

1996 年 2 月的一天,孙亚芳来到任正非的办公室汇报工作,直截了当地说:"华为成长很快,产品的更新换代,客户层次的提升,对营销队伍也提出了更高的要求,简单地说就是从领导到员工,从制度到理念都要有所变革。"

任正非其实也正在思考这个问题,听了孙亚芳的话,他又惊又喜,这个女人还真跟自己心有灵犀一点通,常常能跟他想到一块去。"快说说,你想如何变革?"任正非认真地说。

"华为初期的主要产品是小型用户交换机,每台300多块钱,型号陈旧、功能单一,采购决定权掌握在县级电信局科长、处长、局长一类的领导手上,决策部门的层次很低,我们采取群狼式围攻,总有一个人能把他们搞定。但从去年开始,随着一批高新产品的推出,销量逐渐增大,经常出现一单合同高达几千万元,县级主管部门已无决定权,逐渐向招标采购发展,决策权也掌握在更高一级的领导手里。这对营销队伍提出了更高的要求,现在以主任为首的各地办事处的营销队伍大大限制了市场的开拓,市场要求我们必须提高各地办事处主任的领导水平,并建立更高素质的营销队伍,原来的办事处主任和管理干部大多不适应这一形势的变化,必须退出!"孙亚芳滔滔不绝地说。

"你是说全部?"任正非深感意外,心想,这个女人还真有魄力,办事处主任这一级差不多有30人,加上各省市的客户经理、产品经理、客服经理、销售代表等,涉及面很广。任正非经常挂在嘴边的一个词语是"沉淀"。在他看来,一个组织尤其是销售团队,时间长了,老员工收益不错、地位稳固,就会渐渐地沉淀下去,成为一团不再运动的固体,拿着高工资却不干活。因此,使团队保持鲜活状态非常重要。不过,他的原意是将那些缺少技术知识、缺乏进取精神、业绩不佳,已经"沉淀"下来的冗员裁掉,没想到孙亚芳提出的却是市场部全体人员辞职!

"是的,包括我在内。"孙亚芳语气坚定,没有半点含糊。

任正非说:"那些高管过去几个月业绩好,一个月挣5万多……现在不再有冲劲了!我的团队犹如一潭死水,大家都在聊QQ、上网看八卦新闻……危险啊！可全部辞掉后该怎么办呢？"

孙亚芳答道："让人力资源部重新考评，然后根据公司的需要再返聘一部分人回来。"

任正非做事历来雷厉风行，毫不拖泥带水，在孙亚芳的感染下，他当场拍板道："那好，我明天一早开会就这样宣布。"因为他也很想"搞一次群众运动"。

就这样，任正非与孙亚芳两人一拍即合，导演了一场惊人的戏码——召开市场部员工集体辞职大会！

会上，孙亚芳代表市场部作了集体辞职演说。市场部代表郑重宣读了辞职书："1996年是市场大决战的一年，市场的发展势不可当……"大厅里的空气似乎凝固了，唯有那铿锵洪亮的声音在回荡。半晌，大家似乎才清醒过来，报以热烈的掌声。任正非也发言表示："为了明天，我们必须修正今天。他们（市场部管理干部）的集体辞职、接受组织评审，表现了他们大无畏的毫无自私自利之心的精神，他们将光照华为的历史，是全公司员工学习的楷模。"

紧接着有人大喊："前进，华为！"

随后又有几个人自发走上主席台，抒发自己的感想。他们回顾过去，展望未来，豪情满怀。这些长年奋斗在市场第一线的市场人员，一个个像诗人般大抒情怀！

"为了公司的整体利益，牺牲个人，我毫无怨言！"

"华为的企业文化是团结、发展，作为一个华为人，我愿意做一块铺路石。"

"身为华为人，我很自豪自信，我无愧于华为，我等待着新的挑战。"

一位已被降职的干部慷慨陈词："我的羽毛被烧掉了，但它发出的光芒能照亮后来的人！"

……

许多人眼里含着泪花，说到动情处，声音哽咽，眼泪禁不住掉落下来。

朴实的语言,感人肺腑的表白,让人回想起华为多少市场人员放弃舒适的环境,放弃与家人在一起的机会,一批又一批地奔赴前线的情景。他们含辛茹苦,全身心地投入工作,始终以最大的热诚和优良的服务感动客户,为华为的发展开拓出一片生存空间。没有一批又一批市场人员的呕心沥血,华为不可能会有今天的成绩。如今,他们又以大无畏的精神,坦然接受公司的挑选。

其他部门的员工也纷纷发言,诚心表示要学习市场部的精神。

来自全国各地办事处及市场部本部的几百人参加了这场"运动"。在大会上,29个办事处主任同时向公司递交了两份报告:一份辞职报告,一份述职报告。华为新成立的人力资源部门将决定接受哪一份报告。任正非在会上宣称:"我只会在一份报告上签字!"

面对这次残酷的人员调整,新任人力资源部总监张建国受到了极大的震撼,所幸考评制度已经比较完善,他才没有手忙脚乱。整整一个月,他废寝忘食,投入紧张的考评工作之中。他在"前线"战斗过,知道营销人员最重要的是要有活力,有不服输的精神,有抱负去干一番事业。市场开拓是很辛苦的一个过程,很容易令人迷茫。最后的投标更是充满了风险和残酷,没有坚定的信念和渴望胜利的激情,是很容易放弃的。他称这次"运动"为"再创业运动"。这次"运动"后来也被一些人当作保持华为"狼性"的一个英雄壮举。在这次"再创业运动"中,市场部有1/3的干部黯然离开了华为。

6月30日,任正非在市场销售业绩庆功及科研成果表彰大会上,发表了题为"再论反骄破满,在思想上艰苦奋斗"的讲话,他说:

今天我们庆祝市场部改组后,持续三个月均创造了历史最好成绩,5月份达3.15亿(含莫贝克公司的3 500万)的销售额。同时庆祝深圳商业网合同签订、广东视聆通多媒体通信合同签订、天津HONET综合接入系统备忘录签订并开始实施、中国联通深圳公司与深圳市邮电局使用08机做专用接口局合同签订、广州市话2万门局（新业务的试验）合同签订；同时庆祝08机5月份一举进入两国和一个发达地区，出口实现零的突破。每一个项目都意味着我们在新的领域、新市场的机会点上，取得了战略性的突破。

……

为了争取市场，8年来近千名"游击队员"，在通信低层网上推广华为技术并不高的产品，呕心沥血地维护这些产品的品牌效应，为我们的新产品进入通信网提供了资格证。我们的产品产生了这么大的覆盖，是办事处人员用他们的青春铺筑的。在转轨的今天，他们远离公司机关的文明，受培训的机会也少得多，因此各级干部对办事处人员的培养与帮助都负有责任，任何一个员工落伍，我们都问心有愧。市场部正在从游击队转向正规军，从人自为战、村自为战的麻雀战转向阵地战，大量的员工正在转训的时期，大量的外来优秀人员加盟这个队伍，许多受过外国公司正规训练的骨干，带来了他们科学且有效的新思维、新方法，充实我们的队伍。这些新的血液，正在与传统进行融汇，相信两年后市场部一定会起飞，市场部集体辞职带来的深远内涵，也会越来越显示出来。为了这个目的，我们已艰苦奋战了8年，同你们一样，我也是兴奋的。但能否永远兴奋下去，这是我们需要共同研究的课题。

任正非在讲话中提到的"深远内涵"是什么呢？其实就是建立一支年轻的充满活力的队伍，反骄破满，在思想上艰苦奋斗，使那些具有敬业精神、高度责任心及丰富理论知识的员工，拥有更多的机会，逐渐从基层向中层、高层引入职务竞投机制；同时提出要引入外国工程人员到华为工作，为两三年后进入世界市场做好准备。在管理上，建立多层、多级、多专业的责任中心，通过有限授权，将推动业务运行的权力与责任下放到对事情最明白的机构和人手中。

2000年，在市场部"集体辞职"4周年纪念讲话中，任正非高度评价了这一历史事件。他说："市场部集体大辞职，对构建公司今天和未来的影响是极其深刻和远大的。任何一个民族、任何一个组织只要没有新陈代谢，生命就会停止。如果我们顾全每位功臣的历史，那么就会葬送公司的前途。如果没有市场部集体大辞职所带来对华为文化的影响，任何先进的管理、先进的体系在华为都无法生根。"

其实，这种做法很可能对公司产生致命的危害，但任正非认为此事势在必行，因为市场部有一个严重的问题，那就是公平。进入公司较早的老员工，获得了更多的股权收益，工资和奖金也很高，但是他们在享受高待遇的同时，并没有做出与收入相符的成绩，而新员工虽然工作积极，贡献很大，但收入却远低于老员工，也无法享受股权收益。这就使新员工产生了不满情绪，工作也变得消极起来。任正非明白，新员工的工资并不算低，他们真正在意的是公司能否建立一种合理的分配机制。

任正非一向很看重跟着自己创业的老员工，希望能够给予他们更多的回报，但他没想到这会引起公司内部的争议。他知道如果不能合理分配员工收入，公司的管理体系也会受到冲击，影响员工的工作积极性和归属感，于是就有了市场部的"二次创业"行动。

任正非认为，公平是一个企业必须具备的特质，它表明企业在管理、沟通、分配等方面的成熟。而且，一个团队能够向前发展，是因为全体人员的努力，所以管理者不能厚此薄彼。

当然，公平不是说要平均分配，它取决于员工的付出。为了消除公司内部的质疑声，任正非建立了一套合理的绩效考核制度，规定业绩好的员工才能得到更多的利益，而没有贡献的员工则面临淘汰出局的风险。这样一来，分配的主动权回到了员工手中。任正非说："公司内部的口号很实际，不空洞，因此常有人说是灰色的。但员工听了很亲切，能实现，慢慢地就做起来了。但把这些灰色的口号叠加在一起，就会发现它与国家的精神目标是完全一致的，比如各尽所能、按劳分配。怎么使员工各尽所能呢？关键是要建立公平的价值评价和价值分配制度，使员工形成合理的预期，他相信各尽所能后你会给他合理的回报。那怎么使价值评价做到公平呢？这就要实行同等贡献、同等报酬原则。不管你是博士也好，硕士也好，学士也好，只要做出了同样的贡献，公司就给你同等的报酬，这样就把大家的积极性都调动起来了。"

在任正非的努力下，华为逐渐确立了公平体系，不过，任正非也坦率地说："我们的价值评价体系不可能做到绝对公平。如果用曹冲称象的方法来进行任职资格评价的话，那肯定是公平的。但如果用精密天平来评价，那肯定公平不了。我们要想做到绝对公平也是不可能的。"

3. 反幼稚运动：深入生产第一线

销售业绩的提升与产品研发密不可分。不过，任正非并没有在产品研发队伍中开展"再创业运动"，而是搞了一次"反幼稚运动"——纠正片面追求技术进步，变技术开发为玩技术，导致技术研发严重脱离市场的现象。他将所有因设计失误造成的坏板材堆放在主席台上，指出很多设计人员的幼稚病导致的危害后，将这些坏板材作为"奖金"发放给造成失误的设计人员，要求他们将这些坏板材摆在自家的客厅里，不时看看，提醒自己。他对研发和生产人员提出了新的要求："技术人员不要对技术宗教般地崇拜，而要做工程商人。"

1996年年底，任正非在听取生产计划、销售计划工作汇报后，认为研发团队有闭门造车之嫌。他鼓励技术人员继续走与工农兵相结合的道路，走与生产实践相结合的路线。他还表示要送给主管生产计划的葛才丰和主管销售计划的王智滨每人一双新皮鞋，希望他们以及公司所有的干部职工继续深入实际，到生产第一线去，到群众中去，仔细调查研究，尽心尽力做好本职工作。任正非告诫说，群众路线、与工农兵相结合的道路，我们的革命前辈已经走了几十年，甚至是穿着"小鞋"走过来的。今天，我们千万不能忘记这条路线，我们工作在第一线的博士、硕士、工程师就是我们新时代的"工农兵"，我们要深入其中，身临其境，调查研究、发现问题、总结规律。第二天，两位老主管果真接到了总裁办公室送来的皮鞋。

1997年年初，华为召开了"机关干部下基层，走与生产实践相结合道路"欢送会，一批中高层管理干部和工程师被派往基层工作。任正非在会上说，所有工程师都必须是"商业工程师"。工程师要去做市场，市场人员要回来搞研发。"华为没有院士，只有院土（商业工程师）。要想当院士，就不要来华为。"

同年1月23日，在市场前线汇报会上，任正非发表了题为"不要忘记英雄"的讲话，他说：

什么是英雄？人们常常把文艺作品、影视作品中的人物作为参照物。因此，他们在生活中没有找到英雄，自己也没有找到榜样。英雄很普通，强渡大渡河的英雄到达陕北后还在喂马，因此，解放初期曾有团级马夫的称谓。毛泽东在诗词中说过"遍地英雄下夕烟"，他们是农民革命军，那些手上还有牛粪、风起云涌投入革命的农民。他还说过"数风流人物还看今朝"，在20世纪50年代公开发表时，是指当时社会主义建设时期的积极分子。什么是华为的英雄，是谁推动了华为的前进？不是一两个企业家创造了历史，而是70%以上的优秀员工，互动着推动了华为的前进，他们就是真正的英雄。如果我们用完美的观点去寻找英雄，是唯心主义。英雄就在我们的身边，天天和我们相处，他身上就有一点值得你学习。我们每个人的身上都有英雄的行为。当我们任劳任怨、尽心尽责地完成本职工作，我们就是英雄。当我们思想上艰苦奋斗，不断地否定过去，当我们不怕困难，愈挫愈勇，你就是你心中真正的英雄。我们要将这些良好的品德坚持下去，改正错误，摒弃旧习，做一个无名英雄。

历时8年的市场游击队，锻炼了多少英豪。没有他们含辛茹苦的艰难奋战，没有他们的"一把炒面，一把雪"，没有他们在云南的大山里、在西北的荒漠里、在大兴安岭风雪里的艰苦奋斗；没有他们远离家人在祖国各地，在欧洲、非洲的艰苦奋斗；没有他们在灯红酒绿的大城市，面对花花世界而埋头苦心钻研，出淤泥而不染，就不会有今天的华为。喝水不忘挖井人，我们永远不要忘记他们。没有他们"一线一线"地奋力推销，没有他们默默无闻地装机与维护，哪有今天的大市场？随着时代的发展，我们需要从游击队转向正规军，像参谋作业一样策划市场，像织布一样精密管理市场。去年他们为市场方法的大转移而集体辞职，又让出权力，开创了制度化的让贤。他们能这样做，十分难能可贵。他们的精神永远记载在我们的发展史上。

……

可以说，华为内部运营机制的变革，既解决了短期利益分配的问题，也解决了企业长远发展的目标问题。具有正向激励政策的人才机制，解决了企业持续发展驱动力的问题。像华为这样的高科技企业，如果没有了人才，跟空仓库一样毫无区别。正是科学的"选、育、用、留"的人力资源体系，使华为在人才队伍的建设上取得了相对于竞争对手的明显优势。华为的人力资源配置大致形成了一个哑铃式结构，"两头重，中间轻"，很适应市场发展快、变化快的特征。其中，研发占40%，市场营销占35%，生产占10%，管理占15%。与外界接触最多的是营销人员，所以华为的营销人员数量之多、素质之高、分布之广、收入之高，在电信企业中是绝无仅有的。

在"再创业运动"和内部运营机制变革中，一部分人走上了公司领导岗位，孙亚芳、郭平、郑宝用、李一男等人晋升为副总裁，刘平、徐直军、余厚林、孙洪军、郑树生等人晋升为重要部门的总监。其中权势最显赫的是女将孙亚芳，身兼副总裁、人力资源委员会主任、变革管理委员会主任多职。

常言道，女人能顶半边天。此时的孙亚芳正一步步地撑起华为的半边天。

任正非本人不喜欢与人打交道，大多数时间是在他自己的思想王国里驰骋，但为了华为的生存，他只能不停地出访、接待客户，哪怕是很小的客户，因为他们是华为的衣食父母。而任正非不俗的谈吐，也令一向倨傲的电信客户们深为折服。不过，任正非比较讨厌各种媒体的访谈，甚至不喜欢与非业务关系的政府官员接触，所以很多公开场合的活动都是由孙亚芳代劳。孙亚芳留给人们的最深印象是举止优雅、说话"和风细雨"。事实上，相当多的人认为，孙亚芳口才非凡、风度颇佳，不喜社交的任正非能够保持一贯的低调，与孙亚芳的对外协调有很大关系，所以有人说非、芳二人一个主内，一个主外。这虽然是一种误解，但在某种程度上也反映出孙亚芳在华为的地位正稳步上升。

4. 华为的精神纲领

从1994年到1996年，在孙亚芳、张建国、郭平等人的协助下，任正非对华为的各项管理制度进行了认真的总结和梳理，公司的战略方向、治理架构已经确立和搭建完成。任正非公开表示："华为公司要把朦胧的文化变成制度性的文化，文化的实质是制度性建设。"

随着华为规模的不断扩大，管理层级也越来越复杂，而任正非又是喜欢与基层员工打成一片、爱亲躬小事的人，一贯主张让听得见炮声的人决策，因此，他觉得自己忙不过来了，企业高层包括自己在内，与中基层接触的机会减少，无法及时了解下属的工作状况和想法，而员工也越来越难以领会他的意图。他觉得需要解决管理层面和企业文化内涵相关的很多问题：组织、文化、管理怎么建设？公司的长远战略、企业文化（制度、价值观）如何与操作性很强的系列流程结合起来？各个部门和岗位的职责、权限如何定位？又以什么为标准拟定薪酬制度？高管与基层员工通过怎样的方式沟通、贯彻领导意图？

任正非想把自己纷繁的思维片段有逻辑地串接起来，把零散的制度、政策、公司的成长（愿景）、人力资源、权与利的分配、流程等，集中做一次梳理、提炼、汇集成华为的"精神纲领"。

哪些东西可以作为"精神纲领"呢？这要由变革管理委员会主任孙亚芳、几位副总裁及各部门总监共同讨论，具体编写工作由总裁办公室负责。任正非首先提出：这个纲领要提出企业处理内外矛盾关系的基本法则，确立企业共同的语言系统即核心价值观，以及指导华为未来成长发展的基本经营政策与管理规则，最终目的是要在总结过去得失的基础上开创未来。

总裁办公室多方征求意见，并参照北京专家发来的提纲草案，用了两个月时间进行修改完善，终于拿出了"精神纲领"的基本框架，其中包括华为公司价值观体系和管理政策、制度系统。但任正非看了以后并不满意，毫不客气地说："这不是我要的精神纲领！"总裁办公室主任小心翼翼地问道："那您要什么精神纲领？"任正非生气地回答道："我要是知道还用你来做吗？我自己就干了。"他认为，企业管理是一门哲学，代表着顶层的"形而上"设计，仅有方法论是不行的，它只体现企业制度的建设与架构（像人的躯壳），真正的上层管理者（或者说企业家）应该拥有进行哲学思考的头脑。而这个纲领必须使企业领袖的哲学思考具体化、技术化以至于固化。简单来说，就是这个纲领的具体条款里要体现他的哲学思想。

任正非的管理哲学思想可以用三个词来概括：开放、妥协、灰度。但是，因为这套理论还没有对外宣传，没有几个人能悟透，不可能在"精神纲领"中体现出来。

1997年5月，任正非带着孙亚芳等人飞往北京，在北京新世纪饭店的咖啡厅里与体制改革专家组座谈。任正非指出，提纲只强调了约束，没有解决动力问题。有规则无动力，企业就会是死水一潭；而有动力无规则，企业内部又会形成布朗运动。他想要达到的效果是让员工领悟"精神纲领"后，就像经过炼狱的苦练，灵魂得到升华。

任正非的话，不知道专家们听懂了没有，孙亚芳是懂了：任正非的管理哲学可以理解为"道"，其形成的过程就是悟道、参道，而他现在要充当一个布道者。专家们提出的那些放之四海而皆准的条条框框，只是"术"的东西（企业的激励机制、决策流程、规章制度等）。所以，"精神纲领"的拟定要寻求"道"与"术"的统一和平衡，要建起一个平台和一个框架，使技术、人才和资金发挥最大的潜能。

总裁办公室的一个员工后来回忆道："在那次谈话中，我第一次听到任总的许多重要观点。"比如，任正非认为，马克思的劳动价值论会再度复兴。在高度发达的信息社会中，知识资产使金融资产显得苍白无力。按劳分配要看一个人劳动中的知识含量，按资分配正在转向按知识分配。再如，他认为保守有时是个好东西，不能总是变革与创新，一个组织的成长一定要保持行之有效的东西不变，也许它的效率略低一些，但稳定的总成本也会低一些，总是折腾的企业随时都会垮掉。华为自成立以来没有出现过大的转型，就是因为任正非一直保持企业基本的东西不变，包括方向、核心价值观等。

经过沟通后，华为"精神纲领"起草小组重新开始草拟工作。通过高层访谈和阅读文字资料，专家组发现华为是一家与众不同的企业，思想丰富、见解独到是其领导层的共同特点。他们感到华为人对"精神纲领"的要求绝不是解决管理的技术层面问题，而是要提出中国企业管理的哲学性命题。中国自洋务运动以来，100多年的工业化历程，还没有产生一个世界级的领先企业。这100多年来，中国不知引进了多少西方企业的管理思想和方法，不知走了多少弯路，但至今仍没有形成一套具有中国特色的先进管理体系。

1997年圣诞节前夕，任正非先后访问了美国休斯公司、IBM、贝尔实验室和惠普公司。

在IBM，任正非听了整整一天的管理介绍，详细了解了IBM项目从预研到寿命终结的投资评审、综合管理、结构性项目开发、决策模型……他听得津津有味，还认真地做笔记，如同一个谦虚的学生。他说："我们只有认真地向这些大公司学习，才能少走弯路，少交学费。IBM的经验是付出数十亿美元的直接代价总结出来的，他们经历的痛苦是人类的宝贵财富。"

任正非对贝尔实验室的历史了如指掌，他在参观时称赞说："贝尔实验室对人类有着伟大贡献，这里产生过7位诺贝尔奖奖金获得者。"

一向低调的他一反常态地在那里合影留念。

考察结束后，华为开始全面引进国际管理体系，包括"职位与薪酬体系"、英国国家职业资格管理体系（NVQ）、IBM的集成产品开发体系（IPD）及集成供应链管理（ISC）体系等。任正非不惜重金聘请了200多位美国IBM公司的资深咨询专家，耗时一年多，根据IBM公司的运作经验以及华为自身的行业特点，为华为量身定做了一系列流程（几乎所有部门和骨干都参与了这项浩大的流程再造工程），建立与国际接轨的基于IT的管理体系。

任正非在集成产品开发动员大会上激昂地说："世界上还有很多非常好的管理，但是我们不能什么都学，那样的结果只能是一个白痴。因为这个往这边管，那个往那边管，综合起来就抵消为零。所以我们只向一个顾问学习，只学习IBM。"

当时华为每年将销售额的10%投入产品开发中，但是研发费用有很大的浪费，产品开发周期也比较长，尽管销售额年年增长，但是产品毛利率却逐年下降。要解决这些问题，必须优化产品开发流程，缩短产品上市时间，提升产品质量，提高华为产品的赢利能力。

与此同时，任正非还重整了华为的供应链，对信息流、物流和资金流进行设计、规划和控制。他在内部会议上表示，集成供应链解决了，公司的管理问题也就基本上解决了。在重整供应链之前，华为的管理水平远低于业内公司，订单及时交货率只有50%，而国际同行的订单及时交货率为94%；华为的订单履行周期为20~25天，而其他供应商的订单履行周期为10天左右。在这种情况下，任正非引入国际管理制度，设计与建立以客户为中心、成本最低的集成供应链体系，为华为日后成为世界级企业打下了坚实的基础。

为了完善华为的财务体系，任正非聘请普华永道、毕马威两家会计师事务所，针对性地设计了财务体系，实现财务制度与账目统一、代码统一、流程统一和监控统一的"财务四统一"目标。

在建立生产工艺和质量控制体系方面，任正非请来德国应用科学研究机构FHG（弗劳恩霍夫协会）的专家，进行专门的设计和指导。

当然，这种全盘西化使得华为内部在员工情感、内部管理关系、对外销售流程、中西方文化磨合等方面出现了一些不适。2001年，在集成产品开发流程推广的过程中，大批研发人员和管理干部因为不适应这套管理体系而离职。但任正非毫不动摇自己的决心，强令所有员工无条件接受西式流程。按照他"先僵化、后优化"的实施步骤，事情一旦确定便没有回头路可走。适应不了的员工要从岗位上下来理清思路，抵触的员工要立即撤职，绝不能成为公司改革的障碍。在经历种种阵痛之后，改革终于出现了成效。华为的一个核心研发人员在接受媒体采访时表示："我们很快建立了一套可以与国际客户，以及同行对接的'语言'。"

与此同时，任正非还聘请国内名牌大学教授到华为讲管理课。彭剑锋、包政等人讲授的"企业二次创业""市场营销"和"人力资源管理"等课程引起了他的格外重视，他向彭教授请教说："彭老师，你所讲的中国民营企业二次创业的问题，也是华为在发展中所面临的问题，是我们现在正在思考的问题。你们可以为我们提供咨询服务，可以把华为作为试验田；你们天天讲理论不行，讲理论会脱离实际，因此必须把企业作为你们的试验田。如果你们这辈子能长期跟踪一个企业，在你们的咨询帮助下，把一个小企业做成一个大企业，这将是一个巨大的学术与实践成就，我们之间可以实现双赢。"任正非把这个咨询任务交给了张建国，又召集华为的高层干部专门讨论，认为二次创业问题正是华为在高速成长和发展的过程中急需思考的问题，值得大家认真研究。

任正非想把这套理论灌输给各级管理干部，又倡导了修正企业管理哲学与实践的一门"工具哲学"——自我批判。他指出，变化是永恒的，所以观念也要随之改变，思考一刻也不能停息。换个角度讲，华为的成功在很大程度上也源于任正非多年来所倡导的自我批判文化，从上到下，无一例外，任正非本人就是自我批判的表率。

在任正非的敦促下，华为的干部们将自我批判扩大化了，各部门主管在1997年年底向员工发放红包的时候,还送给员工一件"神秘的礼物"。新员工都十分好奇这个神秘礼物是什么?老员工则抿嘴偷笑,心照不宣。部门主管手里拿着红包,笑眯眯地走过来。新员工心里扑通扑通直跳,心思完全没有放在红包上,只想尽快一睹"神秘礼物"的模样。部门主管分别把员工叫到一个幽静的地方,坐下来,然后心平气和地送上"神秘的礼物",并嘱咐道:"好好珍惜送你的'神秘礼物'!"这个所谓的神秘礼物,其实就是告诉员工他的缺点及改进意见,也就是任正非提倡的自我批判。任正非本人在年底也送给所有员工一份礼物——陈惠湘写的《联想为什么》。

"精神纲领"经过三次大的修改,直到1998年3月才讨论通过。正式公布的时候,这个纲领被称为《华为基本法》,内容包括基本宗旨(价值观念、基本目标、公司的成长、价值的分配),经营政策(经营重心、研究与开发、市场营销、生产方式),组织政策(基本原则、组织结构、高层管理组织),人力资源(管理准则、义务和权利),控制政策(控制方针、保证体系、预算控制、成本控制、业务流程、项目管理、审计制度、事业部控制、危机管理),修订法规(修订法、诞生背景、流行原因、作用意义)六个部分,共103条。每个部分之间都有着紧密的内在联系,都经过了严密的逻辑思考和逐字逐句的推敲。

第一章基本宗旨讲的是核心价值观,将"核心价值观""价值的分配"和"主要人事制度的规范"结合起来,使人比较容易理解"价值创造"(哪些因素创造了价值)、"价值评价"(这些因素创造了多少价值)、"价值分配"(创造的价值按什么原则进行分配)等问题。这些内容容易理解,但为什么要有"技术"这一条(第三条)呢?如果联系到华为是一家高科技企业,技术是其立身之本,是其生命力,未来华为要依靠先进的技术发展,这一条放在这里就顺理成章了,这是华为的技术观;接下来,"核心技术"一条(第十条)讲的是华为的技术目标,也就是华为要成为一流的电信硬件供应商的制度保障;后面的"研究开发系统"(第二十七条)、"中间试验"(第二十八条)讲的是如何实现公司的技术目标，由此形成了"技术观、技术目标、技术手段"这样一条主线。

《华为基本法》总结、提升了华为成功的管理经验，确定了华为二次创业的观念、战略、方针和基本政策，构筑了华为未来发展的宏伟架构，后来被誉为华为成功的"葵花宝典"。

《华为基本法》公布后，全体员工随之展开了学习活动，但目的不是让每个人都倒背如流、死记硬背，而是让每个人去领会、感悟。《华为人报》的社论讲得非常明确："'基本法'真正诞生的那一天，也许是它完成了历史使命之时，因为'基本法'已经融入了华为人的血液。"

5. 招兵买马，快速扩张

在任正非确立华为"精神纲领"的同时，华为的业务也在继续扩张。

1997年，华为的产品开始多样化，除了原有的电话交换机，还介入了传输线路（光缆）、数据业务、无线通信、GSM（全球移动通信系统）等领域的主导产品，国内外的业务扩张都很快。

伴随着"宽带城域网"的推出，华为开始大举进军数据通信市场，把自己定位为"宽带城域网"的倡导者，在运营商心目中成功地树立起更加高大的形象。此时在这一领域，上海贝尔已没有能力与华为相抗衡了，所以华为又将矛头对准了北电网络公司（以下简称"北电"）。

北电是加拿大久负盛名的一家通信设备制造商。它生产的大型排队机（寻呼台所用的大型呼叫设备）的市场占有率为世界第一，其产品技术成熟、性能稳定，多年来在中国市场上的地位可以说是稳如泰山。1997年，华为开始与北电正面交锋。很快华为便发现了北电的软肋：北电的技术研发全部设在国外，而从国外进口的设备出现问题、客户需要技术支持时，技术专家往往很难及时赶到。于是，华为决定专攻对手这个弱点。任正非在华为建立起为客户服务的灵活快捷的反应机制，客户有什么紧急需求，华为的技术人员会在最短的时间内赶到现场，第一时间为客户解决问题。

1997年3月末，华为开发的新产品第一次在北方某地架设，当地办事处向华为总部求援，研发部的四个开发人员立即乘飞机赶过去。他们刚进办事处，就被告知有台设备出了点小故障，用户很着急，办事处的技术员已经去了别处。办事处主任希望他们能够先去现场把设备恢复了再说。但是，那台出问题的设备是旧产品，华为的技术人员不太熟悉，办事处的秘书找来说明书，又拨通用户的电话，经过详细询问，终于大致知道故障所在。时间紧急，他们在办事处旁的一个小饭馆匆匆吃了份快餐，两个技术员就乘坐办事处的车出发了。天色逐渐暗了下来，技术员们在颠簸的车上商量着维修方案。由于目的地是在一个偏僻的县城里，司机只能看着地图走，晚上9点多钟，北方人都已经钻进了被窝，冷冷清清的道路上只有他们的车子在行驶。在一段崎岖的小路上，司机迷路了，凭着感觉走了好长时间才发现一个有几处稀疏人家的村子。三人轮番敲门，想找个人问路，但村民以为有人打劫，纷纷闭门关灯，他们好不容易找到一位老人，才问清楚了道路，在凌晨1点多钟赶到了县城。这时，早已等候在那里的当地技术人员告诉他们故障设备在一个小镇上，距离这里还有60多公里。大家顾不上休息，继续赶路，出县城不久，天就下起了鹅毛大雪。凌晨2点多钟，他们终于赶到了现场。这是一个没有几户人家的小镇。睡眼惺忪的邮电所所长把他们带到设备室，经过仔细检查，他们找到了问题所在，把带去的备件换上，终于使设备恢复了正常。三人连夜返回，没想到车子却在路上爆胎了，赶到县城已经是凌晨5点多钟。等他们躺到一间小旅馆的床上，已经睡意全无。

华为就是这样通过为客户提供高效的售后服务，迅速提高了自己的产品在国内市场的竞争力。

在海外，1997年4月，华为与俄罗斯成立合营公司，加快了进军国际市场的步伐。这是华为的一次重要的海外合作。事实上，这次合作的准备和谈判在几年前就开始了，华为组织了数十个代表团访俄，前后数百人次。

1996年，副总裁徐直军和几名高管一起去了俄罗斯，希望能见到客户，以便推广产品。但他们在那里待了两周，连客户的影子都没有见到。一位负责软件业务的俄罗斯某大型企业负责人见到徐直军，说的第一句话就是："俄罗斯根本不会用任何新的交换机，所以不可能与华为合作。"

1996年6月，第八届莫斯科国际通信展开幕。这一次，任正非亲自出马，不料正好赶上中国假冒伪劣商品充斥俄罗斯，莫斯科大街上几乎所有商店门口都竖着一个牌子：本店概不出售中国货。一听说任正非他们是中国人，展台前的客户便扬长而去。华为又一次无功而返。

多次碰壁之后，很多人对华为打开国际市场失去了信心。但任正非开拓海外市场的决心很大，他说，要拿出毛泽东时代中国科学家搞"两弹一星"的气魄和决心，响应党中央"科教兴国"的伟大号召，跟随五中全会跨世纪的宏伟规划，在改革开放的基础上，独立自主、自力更生地建立和发展华为的产品体系，并要尽最大的努力，以最短的时间实现国际市场的大突破。

1997年年初，华为的一个员工奉命去俄罗斯，先花了半年时间熟悉环境，解决生存问题，再慢慢摸清客户在哪里，这一年他几乎一无所获。1998年，俄罗斯经济陷入低谷，卢布大幅贬值，西门子、阿尔卡特、NEC等公司纷纷从俄罗斯撤资，俄罗斯的电信市场投资也几乎停滞。该员工找到了几个客户，但一单生意也做不成，他只得继续等待，"由一匹狼变成了一头冬眠的北极熊"。俄罗斯的这个冬天在该员工心里格外的寒冷，就在他快要撑不下去的时候，任正非去参加日内瓦世界电信大会，他找来该员工并告诫道："你已蛰伏3年，现在是出击的时候了。如果有一天俄罗斯市场复苏了，而华为却被挡在门外，你就从这个楼上跳下去吧。"该员工有苦难言，硬着头皮答应："再苦再难也要完成任务！"

之后，他又花了几个月时间，努力寻找拜访客户的机会，但他向俄罗斯客户介绍华为的时候，对方总是疑惑地问道，有华为这样一家公司吗？从来没听说过！从技术到产品到公司，客户对华为一无所知，他们只知道阿尔卡特、朗讯、西门子、爱立信、摩托罗拉等品牌，所以，即使他们有这方面的业务，也轮不到华为来做。面对这种情况，这个员工只能死缠烂打，软磨硬泡。他拿出交换机上用的两块电路板和华为设计的芯片，摆在客户面前。客户见华为的水平大大超出他们的预期，而且超过了俄罗斯本国的水平，都很震惊，渐渐对华为有了一些兴趣。后来，这个员工又想办法与这家机构（俄罗斯国家电信局）取得联系，经过数次沟通和谈判，终于把华为的交换机卖给了第一个俄罗斯客户，实现了零的突破。

相对来说，华为在国内的形势比较好。1998年，华为先与铁通（即中国铁通集团有限公司的前身铁道通信信息有限责任公司）成立了北方华为，又与各地电信管理局、政府，以共负盈亏、共担风险为原则，分别成立了沈阳华为、河北华为、山东华为、四川华为、北京华为、天津华为、成都华为、安徽华为、上海华为等合资公司27个，遍布全国。

由于业务成倍增长，各部门都向任正非反映"兵力"不足。任正非对主管们说："我没兵派给你，先封你一个团长，没有兵可以招嘛！"这样一来，招聘和培训工作量大增，人力资源部的员工忙得团团转。

过了一段时间，任正非到北京出差，抽空到李一男负责的北京研究所去视察。视察完后，他对新业务部总工程师说："刘平，你这里怎么才这么一点人呀，我不是叫你多招一些人吗？"刘平小心翼翼地回答："任总，数据通信下一步做什么产品还没确定下来，招那么多人来没事做呀。"任正非生气地说："我叫你招你就招。没事做，招人来洗沙子也可以。"这以后，刘平在北京研究所的一个重要工作就是通过各种手段招人。连续几年，所里的研究人员都是成倍增加。后来，这里成为研究各种通信协议和宽带数据传输的重要基地。

以前因为没有人事代理权，华为主要是到人才市场去招聘员工，每次都要事先在报纸上打广告，然后派人去现场面试。当时电信人才异常缺乏，往往面试了几十上百人，最后只有五六个符合要求。

尽管如此，华为对人才的要求仍然很高。当时流传着这么一种说法："去华为办事千万不要轻易提起你的学历，因为门口让你登记的门卫很可能就是硕士，公司里打扫卫生的可能就是一个本科生。"华为能把人才优势提升到其他企业无法企及的高度，其令人生畏的"秘技"有两个：垄断和锻造。

当时我国改革高等教育制度，开始向学生收费，而配套的助学贷款又没跟上，华为向教育部捐献了2 500万元作为寒门学子基金。此后，华为把招聘对象扩大到全国重点高校毕业生，定下日期，集中招聘。1998年，华为一次从全国招聘了800多名毕业生，这是华为第一次大规模招聘应届毕业生。

人招来后，首先要培训，面对这么多的新员工，培训人员有点力不从心，工作出现了混乱。任正非急了，将培训部主管大骂了一顿，随后又召开总监以上的干部会议，讨论新员工培训与干部提拔问题。为了活跃气氛，他开玩笑说："以前一直不知道自己在部队里为什么很难得到晋升，现在终于弄明白了。"他的话还没说完，宣传部总监朱建萍接过话头说："怪不得你在部队里得不到提拔，像你这样坏的脾气肯定很难跟领导处好关系。华为人之所以能够容忍你火爆的脾气，只是因为你是老板而已。"任正非听了哭笑不得，尴尬地说："像朱建萍这样耿直的人，就应该得到提拔。"

会后，任正非向培训中心推荐了一本书——美国西点军校前校长拉里·杜尼高所写的《西点领导课》，书中主要介绍了美国西点军校如何培养军队的领导者。军队的领导哲学与企业管理是息息相通的，这也是很多西点军校的毕业生后来成为美国商界领袖的原因。任正非还特别将麦克阿瑟将军在演讲中要求西点军人始终坚持的三大信念"责任、荣誉、国家",修改为"责任、荣誉、事业、国家",以此作为华为员工必须永远铭记的誓言。这也可以看作任正非自己一直在坚守的价值观。

而华为之所以能够吸引一批批青年才俊投到麾下,并为之倾倒、为之奋斗、为之奉献,其中一个重要原因是,作为企业家的任正非在信念中加入了"事业",那就是实现"成为世界级企业"的追求。军人为了国家利益可以不惜生命,企业家为了这种"事业"的追求也可以舍弃其他任何东西,包括个人的财富和安逸的生活。而一批批大学生正是因为和任正非一样抱着"事业"梦想,加入华为。任正非在一次研发会上,以"希望寄托在你们身上"为题发表讲话,用毛泽东在20世纪50年代访问苏联对中国留学生所讲的这句名言,鼓励华为的年轻研发人员要对未来充满信心,相信华为经过努力一定能够发展壮大,成为与国际巨头比肩的企业。

《华为基本法》公布后不久,孙亚芳交给任正非一份报告,提出了三个观点:

(1) 知识经济时代,社会财富的创造方式发生了变化,主要由知识、管理来创造,因此要建立知本经济体制,"知识资本化"以突出知识技术的价值。

(2) 让有个人成就欲望者成为英雄,让有社会责任感的人成为管理者。

(3) 一个企业持续发展的基础是接班人承认公司的核心价值观,并具有自我批判能力。

这是孙亚芳学习"基本法"后的体会,谈的是企业接班人的问题,实际上也是干部的选拔标准和激励机制。任正非很赞同孙亚芳的看法,他表示:"基层不能没有英雄,没有英雄就没有动力。"

在一次全体员工动员大会上,任正非提问道:"2000年以后华为最大的问题将是什么?"大家都摇头表示不知道。任正非说:"是钱多得不知道如何花,你们家买房子的时候,客厅可以小一点,卧室可以小一点,但是阳台一定要大一点,还要买一个大耙子,天气好的时候,别忘了经常在阳台上晒钱，否则你的钱就全发霉了！"任正非鼓励基层出英雄，甚至鼓励员工消费，他说："不会花钱的员工不是好员工！"华为要求所有办事处都从民房搬到当地的星级酒店里去。同样是到北京出差，华为鼓励销售人员住北京饭店，而中兴的销售人员住的是核工业招待所。任正非一再强调："我们要建立一个吸取国际营销精髓的、符合中国国情的、具有国际水平的市场营销系统。我们要在5年内达到与国际接轨。在跨越这个世纪的时候，我们要超大规模地跨出国门。"

员工和干部队伍的扩充是任正非意欲向内向外快速扩张的前奏，然而，事情并没有他想象的那么顺利。华为不是孤立的单兵作战，它后面尾随的，将是一大批类似的中国高科技企业，一部分是老牌巨头，一部分是后起之秀。一方面，它们将共同改变整个高科技产业的面貌，为世界的繁荣和发展做出巨大贡献；另一方面，它们又像一群在一块草地上吃草的羊，处在同一食物链上，相互之间的矛盾和竞争也会凸显出来。

1998年华为大规模招聘人才时就在清华园遭遇了中兴，双方展开了一场惊心动魄的人才争夺战。20世纪90年代，在电信行业知名度最高的"五朵金花"中，中兴有国企背景，对人才更有吸引力。中兴先下手为强，首先在清华研究生院举办了一个"见面会"，并与研究生院的领导商议好11月份举行正式招聘会。华为不甘示弱，10月27日就派招聘团"杀"进清华园，迅速做好了招聘准备。

一个民企要想与国企、外企争夺人才，除了待遇好之外，更需要有强烈的感召力。为了给招聘人员打气，任正非在华为内刊上发表了一首豪情四溢的诗。这首诗是针对外企，尤其是日企的，但因它正好发表在这次招聘会之前，给了招聘人员很大的鼓舞，招聘人员决心与中兴一争高下。他们以最快的速度布置好招聘会场，10月31日就开始与学生见面，然后对有意愿的学生进行初试、复试。

当中兴的招聘人员于11月初来到清华园时，发现华为已捷足先登，连忙加派人马，到学生宿舍进行宣传，并紧急召开招聘会，宣布3日初试，4日复试，5日签约，三天工夫就签下40多人。

然而，到了 11 月 7 日，华为公布的录用学生名单上，竟然有不少已经与中兴签约的学生。中兴被激怒了，扬言要与华为打官司。华为的招聘人员辩驳说，学生此前与中兴签署的协议，因为没有单位的公章，没有法律效力，学生有权重新选择。中兴的代表则声称："如果与我们签署的协议没有法律效力，我们明年就不再来招聘了。"

华为与中兴的矛盾由此公开化。双方围绕这次招聘展开了一场口水战，但最终还是有八九个学生倒向华为。为什么本无胜算的华为取胜了呢？一是"梦想"（华为是实现梦想的地方）加高薪的人才激励机制；二是任正非的感召力，他在扩充技术队伍上可谓下足了功夫。此后，华为与中兴一直保持着"爱恨交织""亦敌亦友"的关系。

第六章　成功背后的危机

口才卓越的任正非，每次开会的言谈总是充满了战争术语，充斥着激情、煽动和诱惑，口号、誓言、决心鼓舞了无数华为人。进入 21 世纪，华为不可避免地遭遇了全球电信投资的大萧条局面，但华为员工的身心始终处于亢奋、狂热状态，不知疲倦、不计条件地投入随之而来的厮杀中，以至于有人说进入华为的人都被洗脑了。

1. 设立华为董事会

从 1993 年到 1999 年，可以说是华为发展的黄金时期。在此期间，任正非完成了华为管理体制的变革、技术突围和技术人才储备、市场组织架构调整以及流程规范化、产品质量管理体系认证等基础工作。

到 1999 年第二季度，华为的内部改革告一段落。孙亚芳这个变革管理委员会主任也将工作重心转移到人力资源管理上来。人力资源管理分为五个层级，委员会主任是公司副总裁级，二级委员会由业务部门主要决策层的经理们（总监）组成，如此往下，直到由事业部的主任、副主任、业务经理组成的五级委员会。委员会是决策和评价的机构，让每一个人都可以发出声音，通过集体决议来贯彻公正、公平的理念。

华为人力资源常规管理的最大特色是行政与业务关系分离。各级干部的行政隶属关系归各自所属的事业部或职能部门，个人的业绩考核、工资与奖金由其所在部门直接负责，而人力资源业务管理归人力资源治理总部直接领导。简单地说，就是职务和报酬并不是对等的，当多大官属行政管理，拿多少薪水则属业务部门管理。在这种治理模式下，各级部门的人事专员和人力资源部的人是"一伙"的，而人力资源治理者也必须懂业务，必须"沉"到战略决策过程中去。整个人力资源管理工作可以用四个字概括：选、育、用、留。这四个字紧密相连，不可分割，比如"选"字，贯穿了招聘、调配、任职资格标准、绩效考核；而一个"留"字，则从新员工培训到职业生涯设计、薪酬、荣誉激励等，实施过程还包括"掠夺毕业生"的招聘策略……华为的人力资源治理体系形成了一个结构复杂的框架，当各级人力资源部门真正成为战略伙伴后，这个机构便开始发挥自己这一级的功能。公司层面的人力资源部则包括招聘配置部、薪酬考核部、任职资格治理部、员工培训部这四个支柱，此外还有荣誉部和人事处等。

有了这样的人力资源治理结构，意味着华为的管理工作走向规范化，但新的矛盾也随之而来：职业化与个人英雄主义起了冲突。对于华为这样一个处处充满锐气、以狼性起家的公司而言，最大的阻力还是来自任正非与生俱来的江湖气质，因为江湖讲的是情和义，职场讲的是秩序和理性。任正非强调说："管理者应该明白，是帮助部下去做英雄，为他们做好英雄、实现公司的目标，提供良好的服务。人家去做英雄，自己做什么呢？自己就是做领袖。领袖就是服务。"孙亚芳不得不发出这样的感慨："在管理过程中，我们正逐步地抛弃单纯的感性管理，逐步地转入理性管理，市场部将会涌现出一大批'职业经理人'。"

职业化还直接影响到原干部、员工的经济收入。比如，原有研发技术核心人员的理念受到冲击，过往研发策略和方向更依赖个人和资金，而新IPD流程更强调决策的流程化和组织化，强调研发为市场所主导。个人英雄情结向流程和组织妥协，没有英雄可当，不少当年的核心研发人员离开了华为。市场部也遇到了同样的情况，考核不单单以销售业绩为标准，销售业绩只是对销售人员考核的一个方面，而市场开拓难易度、客户满意度、人员努力程度、渠道建设等都成为考核的重要标准。原来业绩好的人，按新标准进行评核就变差了。这样一来，不仅市场部的"逃兵"增多，不少管理干部也开始动摇，最为典型就是李玉琢三辞任正非。

1997年11月1日，李玉琢以身体欠佳和顾全家庭为由，正式递交了一份辞职报告。李玉琢知道任正非的脾气，一般没有耐心听完下属的解释，为了避免见面的不快，他给任正非发了一份传真说明辞职的原因。他原以为事情很简单，因为公司正在搞清理减退干部，辞职应该会得到批准。出乎他意料的是，任正非并没有理会他的辞呈。

当时李玉琢已经在北京利德华福（北京利德华福电气技术有限公司）找好了工作，11月5日就要去报到，他正在犹豫怎么办的时候，郭平来电话问他是不是闹情绪了，是不是对最近的任职有意见。李玉琢回答说不是。郭平说："你不能走，你是华为唯一外来的副总裁，你走了影响不好。"

但李玉琢去意已决，在第二封辞职信被拒之后，11月3日他又写了第三封辞职信，内容和前两封一样，大致是说：身体有病，家在北京，需要有人照顾；在华为4年多时间，该做的事情都做完了，想要落叶归根；华为是一个高节奏的企业，自己老了，不愿拖累公司。

11月4日，李玉琢终于等到了任正非的回音，约他下午1点谈话。李玉琢猜不出与任正非面对面的谈话会出现怎样的尴尬场景，便请郭平和他一起到总裁办公室去。他们进去时，任正非正在埋头批阅文件，等他们在沙发上坐下来后，任正非开门见山地质问道："李先生，你的辞职报告我看了，你对华为、对我个人有什么意见？"

李玉琢解释说："我没什么意见，华为给了我很多机会，你也对我悉心培养，我感谢都来不及呢。只是我这样的身体，病了都没人给我一口水，突然死了都没人知道。"

"假话，我不听！"任正非生气地大声说道，然后又回到自己的办公桌前去批阅文件了。李玉琢与郭平尴尬地坐在那里，不知道该说些什么，气氛十分严肃。

李玉琢好不容易才忍住拍案而起、拂袖而去的冲动，他想，不管怎么说，老板毕竟是想留住自己，忍住气好好说，也算是领了他的一番好意。

过了一会儿，另一位副总裁进来了，见他们三人都不吱声地坐着，也识趣地坐下来不说话。又过了五六分钟，任正非走到李玉琢对面，拉了一把椅子坐下来，口气也缓和多了："李先生，如果你觉得生产总部不合适，咱们可以再商量。"

接着，任正非又跟李玉琢谈了一通华为的未来发展以及个人的想法，并对李玉琢的人品和工作评价道："我们对你的人品和能力是肯定的，你在华为还有许多工作可以做。"

任正非讲了大约半个小时，李玉琢忍不住打断他说："任总，非常感谢你谈了这么多，但是我不想拖累华为。另外，我爱人也不在身边，我已经7年单独在深圳了。"

任正非说："那你可以叫你爱人来深圳工作嘛！"

李玉琢说："她来深圳待过几个月，不习惯，又回北京了。"

任正非立刻说："这样的老婆你要她干什么?"

李玉琢有些火了，质问道："她跟了我20多年，没犯什么错误，我有什么借口不要她?"

双方沉默了几分钟，李玉琢看着高大威严时不时语出惊人的任正非，心里颇生感慨：做个企业真的这么难吗，要抛家舍业，牺牲健康？他脑子里突然冒出任正非说过的一句话："为了这个公司，你看我这身体，什么糖尿病、高血压、颈椎病都有了，你们身体这么好，还不好好干？"言下之意，恨不得大家都累病了他才舒服。李玉琢当时就想："任总，你终于如愿了，我现在得了冠心病，莫非你还想让我把家也丢了不成?"

任正非前前后后说了一个小时左右，见李玉琢毫无回心转意的可能，便说："好，李玉琢，那你先养病去吧！"也就是同意他辞职了。

李玉琢走了，但干部队伍的激活与稳定问题一直困扰着任正非，他发表了一篇名为"华为的红旗到底能打多久"的文章，第一次也是最后一次在文章中阐释狼性原则。他的一个信念是："通过5%的落后分子促进全体员工努力前进。"跑得慢的会被吃掉。华为人并不是生来就是狼。"要把一群食草动物转变成一个狼性组织，必须有狼的出现，也就是必须有被狼'吃掉'的个体！"他想再搞一次大的运动，但没有得到一直很支持他的孙亚芳的响应，于是又向张建国暗示，希望他能牵个头。

1999年年初，市场部召开常委会，其中一个重要议题是讨论市场部的干部问题。大家认为市场部的部分中层领导安于现状，缺乏斗志和狼性，关键原因是压力不足，缺乏忧患意识，于是，常委们一致同意在市场部再搞一次类似1996年的中层干部竞聘活动。现场的气氛激昂不亚于上次。会议结束后，张建国拿着会议决议向孙亚芳汇报。孙亚芳听后斩钉截铁地说："不同意！竞聘是我们那几年的特殊做法，是无法准确判断一个人的不得已行为，是小公司的做法。华为通过这几年人力资源体系的建设，评价系统已经比较完备，我们应该通过体系的运作来考查干部，压力不足是因为我们没有执行评价体系而不是因为没有发起竞聘。"

当时华为有一个非常独特的决策原则——民主决策，权威管理，从贤不从众。所谓"从贤不从众"，就是不遵循少数服从多数的原则，而是实行"民主决策、权威管理"。孙亚芳一票否决，任正非感到有些郁闷，把自己关在办公室里想了好久。他还没理清思绪，财务部总监纪平敲门进来，说是有重要事情向他汇报。

纪平一向老成持重，现在却一反常态的惶急，说："我刚把几个离职员工的股份问题处理完，中央调查组的人又来了。"

"什么？前年他们不是查过了吗，怎么又来了呢？"任正非问道。

"据说我们又被人举报了，私自集资，搞内部职工银行是非法行为。老板你得亲自去见见那些领导。"纪平强调说。

"龟儿子，王八蛋，不干正事，尽在背后捅刀子！"任正非骂道，但他想到当着纪平的面这样骂人不好，便缓和了一下语气说，"我当然会去见上头的那些领导,但这个问题怎么解决还得由你们财务部和宣传部想办法。"

纪平说:"老板,有个很现实的问题我不得不跟你反映。我们最早的员工持股快10年了,很多离职员工想将股权兑现,能不能兑和怎么兑,公司要拿出具体的政策来。作为全员持股的股份制公司,持股人众多,需要成立一个董事会来制定相关规则和进行管理,这涉及公司和员工的直接经济利益。"

纪平这么一说,让任正非想起了三年前朱镕基来华为视察时与自己的谈话。朱镕基视察华为时,随行的有包括招商银行在内的四大银行的行长。华为刚刚跻身国内电信设备四巨头行列,任正非在谈话中提到融资是最大的难题。朱镕基当场要求政府各部门积极支持华为和像华为这样的民营企业发展,并表态说,你们华为要什么条件我支持你,"只要中国的程控交换机打入国际市场,一定提供买方信贷;在国内市场与外国公司竞争,一律给予支持,同样给予买方信贷"。

任正非当着朱镕基的面连连点头,不过,事后他除了与招商银行合作外,并没有向其他银行贷款。1997年华为按照《深圳市国有企业内部员工持股试点暂行规定》进行员工持股制度改制,完成了一次巨额增资。这一年华为在册的2 432名员工股份全部转到深圳市华为技术有限公司工会的名下,占61.86%;其余的股东为华为新技术有限公司工会(33.09%)和华为新技术有限公司(5.05%),其中,华为新技术有限公司以现金出资。这立刻引来了外界的质疑和抨击,竞争对手也背地里向中央告状。

"是啊,这还真是一件大事。我们是不是先把几个老元帅集中起来开个会,先议一议如何设立董事会,由哪些人加入?"任正非见纪平不吭声,接着说道,"今天我们还是先去伺候领导吧。"

几天后,调查组带着华为的问题回北京去了,任正非心里一直忐忑不安,希望中央尽快给个结论。这个时候,国际金融技术与设备展在北京展览馆开幕,华为有部分产品参展,由华为北京研究所所长刘平负责展会工作。开展的第二天早晨，刘平得到组委会的通知，说晚上要加开一场领导专场，有中央领导要来参观。刘平闻讯立刻着手准备。当晚6点多，安检人员仔细检查完会场，不久，一群人走了进来。刘平眼尖，发现走在前面的是朱镕基总理，他的心不禁怦怦直跳。朱镕基、温家宝等中央领导缓缓走过前面几个展位，没有驻足，也没有说话，不一会儿便来到华为的展位。朱镕基总理站到华为展台前，对陪同人员说："这家公司我去过。"刘平急忙走向前去，向几位领导敬礼问好，朱镕基向刘平伸出手。刘平激动不已，简要地把展出产品的特点向总理做了汇报。听完刘平的汇报，朱镕基说："你回去转告你们老板，在技术上要创新，在经营上要稳健！"刘平大声说："谢谢总理的鼓励！"朱镕基一行走过去的时候，一个随行人员拉住刘平说："总理参观展位一般都不说话，今天给你们说的话很重要。"

刘平从展会出来，马上把这个消息告诉徐文伟，不一会儿，刘平接到副总裁费敏的电话，要他马上给任正非打电话。任正非在电话中非常兴奋，要求刘平马上把朱总理的讲话一字不漏地写下来，因为朱总理的讲话无疑透露了中央对华为的态度，说明华为没有多大问题。随后，华为又作了一些改进，包括取消内部职工银行、工资发到员工的建设银行卡上。这次风波过后，任正非终于可以定下心来考虑成立董事会的事情了。

1999年的最后一个月，华为在深圳麒麟山庄召开了股东代表大会，选举董事长和董事。说是股东代表大会，实际上只有几位副总裁和几个懂财务的专业人士与会。任正非在会议开始时作了一个简短的发言，他说："华为发展到今天的规模，早期创业时的'持股模式'功不可没。近两年华为每年的销售额几乎以翻番的速度增长，员工的股权回报率最高时达到100%。从1994年开始，员工每年固定分红高达每股0.7元，投资回报率达70%。但凡事皆有两面性，持股人收益高，有人就眼红了，闹了不少事情出来。因此我们要加强股权管理，理顺利益关系，今天这次会议的目的就是推举一位董事长出来抓这项工作。我年纪比较大了，没有精力去处理社会上的各种关系。孙亚芳同志年富力强，善于处理各种复杂的社会关系，我提议将她列为第一候选人。请大家不要把我作为候选对象，我将集中精力做好公司内部的管理工作。"

任正非的意思很明白，董事长是专门负责应付外界的麻烦事的。没等大家提出其他候选人，他便开始介绍孙亚芳的简历和工作成绩，最后补充道："孙亚芳同志能否当选公司董事长，请大家投票表决。"

其他几位高管没想到任正非会剥夺他们的提议权，而且不少人对孙亚芳的领导管理才能还是颇有微词的，因此都沉默不语，会议出现了冷场。为了打破僵局，任正非突然问道："大家是不是还没想好？要不谁先来讲个笑话？"大家被他问愣住了，一时不知该怎样回应，干脆继续保持沉默。任正非对着刘平说："刘平，你先来一个。"刘平的口才和幽默感都不怎么好，见老板点到自己，慌忙说："我不会说话，还是徐直军来说吧。"任正非笑了笑说："不叫的狗会咬人。"这一句倒是把大家逗笑了。任正非自己也笑了，然后开始讲"狼狈组织"的故事。他强调说，"狼狈组织"是一种优化的组织结构，狼狈为一体，配合默契，高效率行动，才能让公司成长更快。讲完故事后，他没有再要求大家投票表决，而是宣布休会，然后利用上午的剩余时间，私下与几位副总裁交谈，征求他们的意见，统一思想。

下午进行了无记名投票，最后全票通过，由孙亚芳担任华为的董事长。这样一来，孙亚芳就有了三个头衔：董事长、高级（后来改称常务）副总裁、人力资源管理委员会主任，也意味着华为开始形成"左芳右非"的格局。

当天晚上，任正非非常开心，在宴会上频频向大家敬酒。一些常年在任正非身边的文秘人员说："任总今天很反常，平时他从来不敬酒，也从来没见过他喝这么多酒。"

显然，华为设立董事会在很大程度上是迫于内外的压力。此后，人们在许多公开场合见到的都是孙亚芳，很少见到任正非的踪影。孙亚芳的真正作用，也许并不像她所担任的职务董事长那样规划企业或决策指挥，大多数场合是助手、参谋、政委，尤其是对外，任正非不愿出面或不便出面的场合，都由她充当特使。对内，任正非在文章和内部讲话中也多次引述孙亚芳的话和观点……孙亚芳对任正非思想的影响和理解，在华为恐怕无人能出其右。

2. 冬天来了：成功而不忘形

随着外界对华为的种种质疑言论渐渐消弭，任正非的心情也开朗起来，他准备在千禧之年到来的时候去昆明探望母亲，开开心心地过几天。

过去几年，任正非每年都会回母亲居住的城市，但每次回去没多久就会被公司办事处的人接走，说这个客户很重要要拜见一下，那个客户很重要要陪他们吃顿饭。他忙来忙去，忙到要返回深圳，快上飞机时才回家取行李，与父母匆匆一别。父母也总说工作重要，让他先忙工作。

在创立华为的头几年，任正非根本无暇顾及父母的生活，以致母亲糖尿病很严重的时候，他还不知道。华为规模发展后，管理转换的压力很大，任正非不仅照顾不了父母，连自己也照顾不了，他在那段时间也累垮了。后来，他的父母到昆明与他的妹妹一起生活。1995年，任正非的父亲在昆明街头的小摊上买了一瓶塑料包装的软饮料，喝后拉肚子，一直到全身衰竭去世。

1999年12月31日，任正非总算抽出时间，在公务结束之后，买了一张从北京到昆明的机票，去看望母亲。然而，他刚到昆明就接到通知，让他于2000年1月3日随国家领导人去访问伊朗，因此，他在昆明只能待一天，然后就要赶回北京。他告诉母亲："首长说了这次我随访是他亲自点的名，目的有三个：一是鼓励和肯定华为，并让随行的各部部长也正面地认识和了解华为；二是了解一下我们公司的运行与管理机制，看看对别的企业有无帮助；三是看看政府对华为开拓国际市场能否给予一些帮助。"任母听了高兴地说："政府信任就好，只要企业干得好，其他都会随时间的证实而过去的。"

回北京之前，任正非与母亲约好，春节他不工作，跟几个弟妹陪母亲到海南过春节，痛痛快快地聊一聊，没想到这个约定却成了他永远也兑现不了的承诺。

2000年1月8日，任正非结束对伊朗的访问，在机场刚送走国家领导人就接到纪平的电话：任母出车祸了。事故发生在8日上午10点左右，任母提着菜从菜市场出来，被飞驰而过的汽车撞成重伤。孙亚芳已前往昆明组织抢救。

任正非闻讯心急如焚，从伊朗乘飞机几次中转赶往昆明，当他风尘仆仆地到达昆明时已是深夜，任母处于弥留状态。任正非再也没有跟母亲说话的机会了，没过多久，任母溘然长逝。

母亲就这样离去了，任正非悲痛万分又后悔不已。他在《我的父亲母亲》一文中说，当天没有给母亲打电话，如果打了，拖延她一两分钟时间再出门，也许母亲就躲过了这场灾难。这是他一生中最大的憾事。事情过去很久以后，他回想起来，依然悲从中来："我也因此理解了要奋斗就会有牺牲，华为的成功，使我失去了孝敬父母的机会与责任，也销蚀了自己的健康。"

刚刚进入21世纪，任正非就遭受了一次重大打击，接踵而来的还有很多磨难，最明显的是优秀人才的结构性流失、公司人员臃肿、人力成本不堪重负、市场销售停滞不前、管理层出现重大决策失误……这一切都需要他去面对，他没有多少时间感伤、消沉。

此前两三年时间，C&C08机是华为打天下的主要产品，随后华为又研发出STP（信令网核心设备）产品抢占制高点。在窄带电话网中有电话网、信令网、同步网和管理网四大块，其中，信令网是最重要的，处于制高点。用户拨号后，程控电话交换机有一个交换信令的过程。以前都是在电话网中搞一个时隙，用的是随路信令。采用这种方式，信令容量很小，很容易忙音，因此在这样的电话网中拨号过程很长，经常会出现接不通的现象。后来，电话网中广泛采用了信令网，即专门建立一个信令运行的网络。

信令网关系到电话网络的可靠性、接通率和接通速度，如果有一个端口出现故障，就可能影响成千上万的电话用户的正常使用。因此，各地电信局对信令网的稳定性要求很高。当时，中国大陆普遍使用的是北电网络、上海贝尔的 STP 设备（实际上是阿尔卡特的设备），国内骨干网上指定用的是阿尔卡特公司的设备。由于 STP 用量很小，不一定能赚钱，而且技术难度相当高，华为本来不打算涉足，但是，考虑到 STP 是电话网中的制高点，可以极大地提升华为的品牌知名度，任正非最后还是决定做。

相关产品主要由华为北京研究所研制。他们借鉴了邮电部数据通信技术研究所的经验，并接受其核心研究人员的技术辅导。研制成功后，华为首先找了两个切入点进入市场：一个是在宁夏银川试运行，另一个是在海南。由于华为是国内唯一开发 STP 产品的厂家，所以得到了宁夏总局领导的支持，银川的市场形势一片大好。

但在海南，华为遇到了老对手上海贝尔，双方第一次展开了公开较量。上海贝尔比较轻敌，在评标会上，该公司的一位博士评标人员说："华为的设备和我们的根本就不在一个档次上。"其实他根本没有认真研究华为的设备，完全是凭主观臆断。而华为的技术人员对上海贝尔则非常重视，他们详细比对了上海贝尔的设备，找出其劣势，在答标的时候专门针对上海贝尔设备的不足之处大做文章，通过揭敌之短，扬己之长，一下子就把上海贝尔比了下去，在海南一举制胜。

接下来，几家有实力的公司为将 STP 用在移动网中展开了角逐。中国移动刚从中国电信中分离出来，要建自己的信令网，华为、西门子、北电、上海贝尔等都瞄上了这块大馅饼。

相对其他公司，华为既没有技术优势，更没有资金优势，但任正非却志在必得。这个项目由副总裁杨汉超负责，在毫无胜算的情况下，项目组人员不得不全力以赴，拿出撒手锏。他们先打出民族产业牌，初评会开了好几轮，华为终于得以入围。在竞争最激烈的时候，任正非亲自出马，带着手下几员大将去拜见相关部门的几位领导，向他们递交了华为这个唯一由国内厂家开发出来的 STP 产品的资料，并做了积极宣传。复评到第三轮后，华为使出了最后一招，在价格上占绝对优势。最后，华为和西门子各中一半，而华为的价格只是西门子的一半。

之后，华为推出了第一款路由器 Quidway 2501，但市场反响不是很好，数据通信产品线仍处于亏损状态，直到 Quidway A8010 投放市场，才真正显示出华为的实力。

尽管脚步很沉重，但华为一直在前行。2000 年，华为的核心产品已经进入中国所有发达省份和主要城市。在传统交换机市场，华为超越西门子和朗讯，与上海贝尔并列为国内最大的两家供应商，市场份额达 22%。在接入网市场，华为在国内的市场份额超过 50%。智能网、接入服务器等产品在国内的市场份额超过 30%。以 SDH（同步数据体系）为核心的光网络产品的市场份额为 10%。而且，华为全套 GSM 设备已经通过信息产业部第二阶段测试，开始向移动通信领域扩展。这一年华为的销售额达 152 亿元，以 29 亿元的利润位居全国电子百强首位，初步具备面向未来转型发展的先发优势。这样一份成绩在业界人士眼里可圈可点。

然而，此时任正非却大谈危机和失败："10 年来我天天思考的都是失败，对成功视而不见，也没有什么荣誉感、自豪感，只有危机感。"任正非说，也许正是因为这样，华为才存活了 10 年。

正如任正非感受到的一样，2000 年是科技股暴跌、互联网泡沫破灭的一年，国内的"五朵金花"中，金鹏（广州金鹏集团有限公司）已显得十分"落魄"，巨龙集团也是奄奄一息，大唐电信科技股份有限公司在国家的支持下还活着，只有华为、中兴双雄并立。国际上，随着北电、爱立信数以万计的裁员、思科 26 亿美元的巨额亏损、朗讯差点被并购，网络和电信设备供应商的冬天终于到来了。

前几年大家都在喊"狼来了"，狼却一直没有来；现在狼真正来了，大家反倒不出声了。为了引起华为人足够的重视，任正非将自己的观点和感受诉诸文字，这就是震惊了全国许多企业的《华为的冬天》，文中写道：

公司所有员工是否考虑过，如果有一天，公司销售额下滑、利润下滑甚至破产，我们该怎么办？我们公司的太平时间太长了，在和平时期升的官太多了，这也许就是我们的灾难。"泰坦尼克"号也是在一片欢呼声中出的海。而且我相信，这一天一定会到来。面对这样的未来，我们怎样来处理，我们是不是思考过？我们好多员工盲目自豪，盲目乐观，如果想过的人太少，也许就快来临了。居安思危，不是危言耸听。

任正非在文章中重点阐述了化解危机的 10 个措施，包括改进管理，要抓薄弱环节，找最短的木板，要坚持均衡发展，不断地强化以流程型和时效型为主导的管理体系的建设，不断优化工作，提高贡献率。

另外，他要求：全公司通过已经建立起来的统一考评体系，促使干部在内部流动，推行以自我批判为中心的组织改造和优化活动；干部要有敬业精神、献身精神、责任心和使命感，不要把创新炒得太热；不要随便创新；要保持稳定的流程、规范化管理等。

据说联想集团总裁杨元庆对任正非的观点十分赞同，将这篇文章转发给所有的副总裁，要求他们认真学习。东软集团董事长刘积仁在公司成立 10 周年大庆之前，也向下属推荐阅读《华为的冬天》。

任正非的第一次冬天预警，本是他针对华为内部"沉淀"状态而做出的训导，却让整个中国 IT 业界感到阵阵寒意。

3. 内外交困，探索"度冬"之道

在向 IT 业界发出严冬预警后，任正非并没有收缩战线，在家里躲避风霜雨雪，而是逆势而行，踏雪而歌。

当时，由于 IT 业泡沫破灭，给业界的融资造成了很大的困难，加上华为过去的融资方式受到质疑，阴影刚刚散去，任正非对资金的筹措

更加谨慎。面对全球电信投资几乎停滞的大萧条局面，任正非斥巨资在瑞典首都斯德哥尔摩设立研发中心，随后又在美国硅谷和达拉斯设立研发中心。这是他加快跨出国门步伐的又一举措。他告诫研发人员说："我们没有像朗讯等公司那样有雄厚的基础研究，即使我们的产品暂时保持领先，也是短暂的，我们必须趁着短暂的优势，尽快抢占一些市场，加大投入来巩固和延长我们的优势，否则一点点领先的优势就会稍纵即逝。不努力，就会徒伤悲。"

遗憾的是，在海外市场，华为连续几年只见投标、不见中标，只见投入、少有产出。

不过，任正非在发出冬天预警之前，已经开始着手做越冬的准备。从1998年开始，总工程师郑宝用便不再兼任战略规划部主任，而将主要精力花在资本运作上，主导将华为子公司圣安电气有限公司出售给艾默生电器公司的交易，以帮助华为度过眼前的危机。当然，其中还有一个原因就是避免他与负责中央研究部的副总裁李一男在某些方面发生冲突。

但是，让任正非备感失望的是，他最为倚重的"红孩儿"李一男在华为内外交困的关键时刻突然离他而去，这是他在千禧之年承受的又一重大打击，简直令他痛心疾首。

李一男是郑宝用名副其实的学弟，平日不修边幅，经常会将衬衫纽扣系错位置，但他对待产品技术却有着令人想象不到的严谨，而且对新技术的追求近乎狂热。华为最初开发万门机项目的时候，因为要将几个千门机模块并组，各模块间需要采用光纤连接，但是项目组在实验过程中发现，任何一种光纤传输或光纤网络技术均无法满足要求。李一男经仔细分析后提出了一个大胆的设想：采用准 SDH 技术（一种基于时分复用的同步数字传输技术）。他和研制组的其他工程师一起查阅了大量的相关资料，在没有成熟的技术可供参考的情况下，不舍昼夜地反复实验，终于实现了该项技术突破，达到了高端水平。正是这次研发的产品，让华为起死回生。

接下来，华为又开发 STP 和开源的 TCP/IP 协议软件，在李一男的主持下，华为研发出光网络、国产 GSM 商业化网络设备、智能网、接入服务器等几十项具有世界先进水平的产品，在 20 世纪末期相继推向市场，大部分获得了成功，取得了巨大的经济效益。因为对华为的贡献突出，李一男成为公司最年轻的常务副总裁兼中央研究部的总经理（总监）。

有才之人往往个性强、脾气大，李一男就是如此，他的性格和任正非十分相似，在管理风格上更是与任正非"一脉相承"。1995 年，李一男从美国参加展会归来，带回了许多国外同行企业比较珍贵的产品技术资料，他的一位秘书在整理文件的时候，误将这些资料当作垃圾给清理掉了，他听说后，气愤的程度如同原子弹爆炸，拍桌子摔板凳，恨不得将整栋房子放把火烧掉，他的秘书吓得几天都不敢说一句话。还有一次，李一男参加公司内部的一个部门聚会，聚会期间，一位员工平常与李一男没有过接触，不了解他的脾气。轮到这位员工给在座的领导敬酒时，其他领导都一一应付过去了，最后敬到李一男，李一男以身体不适加以推脱。这位员工已略带醉意，借着酒劲说："其他领导都喝了，李总给点面子，也请务必把这杯酒喝了。"李一男顿时脾气就上来了："该给你什么面子？你有面子吗？"他当着大家的面大骂这位员工，然后拂袖而去。

李一男少年得志，脾气大一点下属尚能忍受，但最让下属不能忍受的是他经常为一些不值一提的小事而骂人，让人下不了台。而且，他骂人的时候经常不看场合不分对象，华为许多高管都挨过他的骂。

李一男醉心于产品和技术，对电信网络技术的发展有着惊人的预测和感知能力，但是对人际关系的处理和把握则不太成熟。也许正是因为这一弱点，他和郑宝用的关系并不融洽。任正非把产品研发分成两个部分，即产品战略与产品研制，分别交给他们负责，显然是希望通过这一新一老的组合以"中研总部"与"战略规划部"的配合来确保华为技术方向的正确性。李一男的知识结构更前沿，在依靠知识创新的华为，负责研发合乎常理；而郑宝用经验丰富，跳出眼前产品的开发而考虑三五年的产品战略，也是其职业发展的必然结果。

然而，愿望是美好的，现实往往不尽如人意。如果说狼与狈可以很好组合的话，那么两匹狼，而且是两匹狼王组合，还能达到完美的效果吗？郑宝用在"二把手"的位置上待了六七年，早已习惯了决策者的角色，现在让他从一直负责研发的"务实"到负责产品战略的"务虚"，他本人也需要一个心理调整的过程。他觉得自己的权力被虚化了，闲到有时间兼任"太子"任平的老师。而李一男并不需要像郑宝用这样跟他平起平坐且资历比他老的高参和指导者，只需要令行禁止、绝对服从的下属。在这种情况下，他们两人的关系一直很微妙，有时还会因为对新产品的看法不一致而产生冲突。以无线产品为例，李一男主张以GSM为重点，郑宝用却认为未来CDMA更好；在微蜂窝无线设备方面，李一男看重欧洲制式的DECT（即数字增强无绳通信），郑宝用则倾向于日本制式的PHS（即个人手持式电话系统，后来中国电信的小灵通就基本采用PHS）。1997年年初，邮电部在北京举办了一个数字集群技术高级研讨会，发函要求华为派人参加。中研部总体办指定了三个人，两个来自中研部，还有一个名额给了规划部，但李一男在审批的时候却将规划部的人选划掉了。规划部对此意见很大，最终事情闹到了任正非那里，经任正非批示，规划部的人员才得以参加会议。通过这件事可以看出，规划部是一个空架子，有人还戏称规划部为"鬼话部"：只说空话，没有实权。

郑宝用和李一男的冲突大都因工作而起，这就直接影响到产品研发的决策，无法保证华为技术方向的正确性。在解决郑宝用和李一男之间的冲突时，任正非显然偏袒了李一男，并承认自己在协调两人关系方面的失误，让郑宝用脱身出来搞资本运作。

李一男独掌研发大权三年，成绩斐然，就在他希望继续朝下一个目标冲锋陷阵的时候，任正非却将他调离研发部门，去市场部。任正非这样做也是因为他多次强调技术卖出去才有价值，开发人员只有经过市场的体验，才能开发出客户真正需要的产品，才能在技术上更上一层楼。正是出于对李一男的信任和喜爱，甚至把他看作华为未来接班人的心理,任正非才会如此鞭策这个年轻人迅速成长。但李一男对任正非为他设计的这个上升通道并不理解,反而心生不满。没过多久,任正非又让李一男去担任安圣电气总经理和华为美国研究所所长。

与此同时,任正非预感到华为的冬天即将来临。为了应对电信业的冬天,他迅速做出决定,把华为的分销、培训、软件开发、终端设备等业务外包给华为的创业元老。这样一来,华为就可以把全部精力集中在核心竞争力的提升上,但结果却事与愿违。李一男在安圣电气总经理和华为美国研究所所长的位置上,屁股还没有坐热,就做出了一个让所有人都震惊的决定——辞职创业。

任正非接到李一男的辞职信后,既惊讶又气愤,还有几分无奈,他苦口婆心地对李一男加以挽留。但说话极有诱惑力的任正非,经过大半年的沟通和劝说,也没能打动李一男的心,对方去意已决。任正非无奈地叹道:"该走的没走,不该走的如李一男这样的技术尖子却跑了。"

任正非这句无心之语使一个人极为不满,他就是总工程师郑宝用。他非常生气地跑到郭平的办公室,当着另外两位高管的面说:"老板是什么意思?他倒是把话说清楚,谁该走,谁不该走?在很多事情上,我已经做了最大限度的让步,难道他心里不清楚吗?我希望他给我一个解释!"

郭平从未见过一向温和的郑宝用会发这么大的脾气,连忙劝道:"郑总你先消消气,老板虽然说了这样的话,但肯定不是针对你。你知道,他早说过要再搞一次清理运动,清除那些'沉淀'下来的人,只因孙总反对才没有搞下去。我认为他说的该走的人是那些人,像你这样的领军人物,老板担心你跑都来不及呢,怎么会主动说让你走呢?"

郑宝用听后火气消了一些,但还是想让任正非把话说清楚。这两位高管担心郑宝用去逼问任正非,让任正非下不来台,连忙一起劝阻。郑宝用人缘好,即使不给任正非面子,也得给同事面子,也就借坡下驴了。

2000年年底,刚过30岁生日的李一男带着价值1 000多万元的华为设备和一批研发、销售精英来到北京,准备创办港湾网络公司。李一男走的时候，正是任正非发出"华为的冬天"即将来临的预言前几天。任正非心里五味杂陈，埋怨、气愤、失望、伤心、忧虑，更多的是不舍。换作另一个人，他可能会骂上三天三夜，但他对李一男表现出了非凡的大度，在深圳五洲宾馆给李一男开了一个盛大的欢送会。在欢送大会上，李一男深情地宣读了内部创业的个人声明，他说道："任总和孙总充分地尊重我的个人选择，尤其感激的是，任总以宽大的胸襟对我并不成熟的内部创业想法给予了鼓励，当时感到的是一股暖流涌进了心中。"

李一男的声明说得很隐晦，仅从字面上看，似乎他出走华为是受任正非创业号召的鼓舞。但在宴席上，任正非却拉着李一男的手说："你是不该走的，什么时候想回华为了就回来，华为的大门永远为你敞开。"

李一男走后，华为内部许多人仿效李一男出去"创业"，部分员工甚至偷盗华为的技术及商业秘密，推动华为分裂。

面对这一局面，任正非没有把责任完全推到李一男身上。他认为李一男并不是"反叛"，只是受了别人怂恿，"真正的始作俑者是西方的基金，这些基金在美国的IT泡沫破灭中惨败后，转向中国，以挖空华为，窃取华为积累的无形财富，来摆脱它们的困境"。

这时，华为的竞争对手也趁机利用那些出去创业的华为人创办的公司来制约华为，一时间，众多研发骨干、市场骨干心态浮躁，纷纷产生了出去搏一把的冲动。很难想象，一旦华为的骨干力量陆续出走自立山头，华为将会面对怎样的困境。

在内外交困的背景下，非常害怕越冬、危机感极强的任正非一面发出"严冬来了"的警告，一面采取紧急的挽救措施。这些措施的核心是：要调整组织结构，均衡发展，抓好短的一块木板，不能靠没完没了的加班，一定要改进管理（加班问题在华为始终存在）；要有责任感，每个员工在本职工作中应对事负责，而不是对人负责；要推进公司合理评价干部的有序、有效的制度，保持干部队伍的纯洁性；不要盲目创新，既要创新更要稳定。任正非采取积极措施，加强信息安全、交付件的管理，逐步使研发稳定下来；加强市场体系的干部教育与管理。市场崩溃之风渐渐停了。他还连续几次主持召开干部大会，稳定组织，鼓舞士气，终于把华为从崩溃的边缘拉了回来。

2001年3月，任正非抱着"学习度过冬天的经验"的目的，踏上了日本的国土，对几家著名的高科技企业进行考察。他在考察后撰文谈到自己思考的问题：日本企业为什么会经历那么长的冬天，从20世纪90年代初起，连续10年低增长、零增长、负增长……这个冬天太长了，日本企业是如何熬过来的，它们遇到了什么困难，有些什么经验，能给我们什么启示？

任正非发现，日本作为一个地少人多、资源匮乏的国家，"二战"失败又被美国军事托管，却在战后创造了一个经济神话，到20世纪80年代，它在许多方面已超过一直以世界老大自居的美国。这首先归功于日本人民有极其强烈的社会责任感和使命感。松下精神、索尼精神等都含有产业报国的内容，日本企业集体的使命感塑造了日本产品的形象。在战后最严重的经济衰退中挣扎的日本人民没有被困难压倒。

到20世纪90年代，日本企业又遭遇了寒冬。几度深处严冬之中，日本企业对冬天的体会尤为深刻，有很强的危机感，因而日本企业都会在危机感的驱动下去转型、去变革、去创新、去寻找新的机会。有人将企业比作一条船，松下就把企业比作冰海里的一条船。在松下总部，不论是办公室还是会议室，抑或通道的墙上，随处都能看到一幅画，画上是一条即将撞上冰山的巨轮，下面写着："能挽救这条船的，唯有你。"其危机意识可见一斑。

任正非认为，"日本目前虽然遇到了困难，但其国民的忍耐、乐观、勤奋和奋斗的精神未变，信念未变，对生活和工作的热爱未变"。经历10年经济低迷后的日本，绝大多数企业已经连续8年没有加过工资，但社会依旧平静、祥和、清洁、富裕与舒适，人们依旧兢兢业业地工作，任劳任怨地为日本振兴做出自己的贡献。任正非要求华为员工永远保持一颗积极向上的心，尤其应该向日本人民学习，即使在经济不景气的时候，也不怨天尤人，而是信心百倍地以高度热情投入工作中。

任正非总结说，日本企业的"度冬"之道，还有一点非常值得重视，那就是"顺势"而为，"冬天是客观规律的表现，一定要充分认识到客观规律是不随人的意志而转移的"，"我们不能与规律抗衡，我们不能逆潮流而行，只有与潮流同步，才能极大地减少风险"。他认为，顺应市场变化的大趋势，顺应社会发展的大趋势，就能使企业避免大风险。

任正非强调，日本企业之所以能够在漫漫长冬中有如此卓越的表现，还在于它们普遍拥有核心竞争力——精益管理，持之以恒地改善管理。同时，它们还在拓展新的竞争力。这也许是中国企业应对"冬天"最大的挑战。

"成功是一件靠不住的事，依靠过去的成功可能就走向失败了。"这是任正非经常挂在嘴边的一句话。什么叫成功？是像日本那些企业一样，历经九死一生还能好好地活着，这才是真正的成功。而华为的发展太顺利了，还不能说是真正的成功。或者说，华为没有成功，只是在成长。

任正非进一步阐释，活下来才是真正的出路，普遍客户关系是差异化的竞争优势，要争取更大的市场份额和合同金额，公司规模是未来运营商合作的基础，但公司从上到下杜绝用500强这个名词，永远不说进入500强，华为公司垮了再起来，再垮再兴起，才有可能。

经过这次考察，任正非认识到，公司是一条供应链，将来的竞争是供应链的竞争。华为供应链上连接着数百个厂家，有器件的、标准的、系统的、合同的制造商，分销商，代理商，是个非常庞大的体系。这个体系要当成华为的同盟军，一件件的小夹袄送来，冬天的棉袄就够了。

4. 与中兴之争

面对华为内部的危机，任正非善于反思并采取了一些积极措施，到2001年，华为内部基本稳定下来，但来自外部的威胁和烦恼并没有完全消除，任正非经历了数次小规模的"战争"，首先遭遇的是同城兄弟中兴。

华为和中兴的战争不是偶然的擦枪走火，而是全方位的，从人才到市场、研发，再到技术情报间谍战。大约从1996年开始，中兴老总侯为贵决定突破原有产品结构的单一性，向交换、传输、接入、视讯、电源、移动、光通信等多元化领域扩展。凑巧的是，任正非也在同一年为华为制订了发展计划，在产品结构上与中兴几乎如出一辙。同行是冤家，战争有其必然性，只不过当时还处于备战状态。

1998年清华园招聘会，同城兄弟头一回有了针锋相对的苗头，接着又在湖南、河南两省的交换机投标会上就电源产品打了一场价格战和一场官司，双方各有胜负。

进入21世纪后，人们谈论中国企业界，在任正非所从事的这个行当，总喜欢把他与侯为贵相比，评价二人的做事风格时会说侯为贵是"以和为贵"，任正非是"是非不分"；华为壮大后，两家公司在业界又有了"华为是狼，中兴为牛"一说。

刘平在他的《华为往事》中有这样一段描述：

有一次，我陪任总见一批邮电局的客人，谈到兴起的时候，任总脱下袜子，一边抠脚丫子，一边慷慨激昂地给客人演讲。中兴的掌门人侯为贵看上去像一个退休的老工程师，温文尔雅，说话慢条斯理。有一次参加中国移动的签约仪式酒会，我和侯为贵及中国移动的领导坐在一桌。席间，侯为贵只是眯眯笑着，很少说话。他们两人性格不同，但并不妨碍他们成为成功的企业家。

其实，任正非和侯为贵只是因为生活经历和环境不同，才会一个显得比较粗犷，极具军人气质；一个显得比较细腻，更具知识分子和技术干部风范。侯为贵的语言能力和演讲才能就像他的性格那样，温和、稳健，虽然缺乏任正非的偏执、犀利、思辨的锋芒，但却以其中庸而深刻的哲理，影响着中兴的"气候"。他们两人带领的团队和企业的性质也截然不同，一个由草根萌生，一个脱胎于国企，所以企业文化也必然存在差异。对任正非来说，企业最重要的是活下来，他本人的决策、高管的辅助和员工的执行，三者合起来就决定了企业的生死存亡，企业运作的高风险使得任正非需要所有华为人共同承担风险，而唯有给予足够的利益和灌输艰苦奋斗的精神，才能促使员工承担起风险。对侯为贵来说，正确理解政府意图并让员工领会，在关键时点上得到政府的帮助是最重要的，企业没有生死存亡的问题，只有收益的问题。

中兴高级副总裁何士友这样描述侯为贵和任正非的工作作风："我初次接触侯总的时候就感觉他像国有企业的厂长，一个老工程师的感觉，对人比较慈善和友好，他比较强调人性化的一面。而华为完全按照军事化的方式管理人，赏罚比较清晰，他认为好的事情他就会很快去做，如果你做得不错，他可以把你捧到天上去；如果做得不好，他可能一脚把你踩在脚下，这使华为员工之间的竞争很激烈，也很残酷，每个人都承受着巨大的工作压力，我的一个同事说晚上睡觉都在做噩梦。"他对任正非的评价贬多于褒。

如果说任正非和侯为贵之间只有差异，也许就不会有战争。事实上，他们都有远大的抱负，都有对科技的热爱与追求。在他们所处的那个年代，一般人在40多岁就已经开始考虑退休以后的事情，但他们却来到深圳，开始了艰苦的创业之路。正因为他们的战略目标相似，且前进方向也一致，"抢道"的事情就无法避免，必要时只好不顾甚至违反交通规则。

既然要争，就得做到知己知彼。从1998年到2001年，华为和中兴互派"谍工"到对方公司卧底，主要是搞技术情报，搞不到技术情报就搞会议纪要，连市场动态、人事变动等都在搜罗之列。华为的高层领导一般会看竞争对手每周或每月的动态。

一天，华为副总裁洪天峰来向任正非反映一个重要情况，并拿出一盒录音带。这是一个保安提供的电话监听录音，是从用服中心大厅里的公用电话打出去的，受话方是中兴一个部门的号码，内容是关于向对方提供A8010接入服务器源代码的交易。任正非听完录音后表情凝重，马上找来费敏、刘平等人开会，要求彻查"内奸"，并要各技术部门重点清查与中兴有关联及交往密切的人。A8010 是华为中研部开发的拳头产品，也是当时市场占有率最高的一款产品，国外的类似产品初期每线出货价高达 1 200 美元以上。华为推出 A8010 后，把接入服务器市场价做到每线仅数百元人民币，产品市场占有率一度高达 70% 以上，任正非对这个系列的产品特别重视。而中兴在华为的 A8010 全面进入市场一年后，才开始开发接入服务器。中研部能够接触 A8010 源代码的人并不多，刘平很快就查出了"内奸"。这事刚完，《华为人报》主编离开华为投奔中兴又兴起了一阵波澜，历时两年才平息。

经过这两件事后，华为各部门主管、各办事处主任都收到了总部下发的补充通知：招人的时候要注意应聘者的工作背景，防止间谍。之前华为就明文规定，夫妻不能同时都在华为工作。补充规定进一步明确华为员工的配偶或是男女朋友不得在中兴工作。少数管理干部和技术骨干，配偶已在中兴工作又不愿调离的，华为对其本人要限制使用。

中兴与华为的竞争在市场上表现得更为激烈。进入 21 世纪后，双方首先在国内小灵通市场上交锋。任正非认为，中国联通短期内很难上马 CDMA 项目，即使几年后再上这个项目，也不会选择相对落后的 CDMA95，而会直接选择更为先进的 CDMA2000。因此，任正非迅速撤掉原来的 CDMA95 小组，转攻 CDMA2000。同时，多年与中兴交手的经验告诉任正非，中兴习惯于跟在华为的屁股后面转，这一次也不会例外。

不过，这一次任正非却判断错误。他这个看似无可挑剔的决定使对手争取到了反击的时间，因为他忽略了一个很关键的因素——中兴是受政策扶持的国有企业，有关政策导向肯定比华为占优。

当时，全球仅有 2 000 万左右的 CDMA 用户，不论技术优势还是市场份额，所有厂商都处于同一起点。如果中兴能顺利拿下 CDMA 市场，不仅能弥补多年来在 GSM 领域落后于华为的遗憾，还能给华为狠狠一击。留给侯为贵的，是一个向左走或向右走的选择题，选对了会给中兴带来一次飞跃，选错了则可能全盘皆输。

侯为贵冷静分析了当时的 CDMA 市场：联通肯定会上马 CDMA 项目，而 CDMA95 标准不逊于 GSM，从安全性能来说，移动网络不可能不经过 CDMA95 阶段的检验就直接跳跃到 CDMA2000，而且，即使转向研发 CDMA2000 也需要 CDMA95 标准的积累。基于这一考虑，侯为贵决定将重心放在研发 CDMA95 项目上，同时投入很小一部分资源研究 CDMA2000 标准。

当风靡日本的小灵通技术被 UT 斯达康引进国内后，迅速在全国掀起了一股热潮。网络运营商认为它建网速度快，投资小；用户则觉得它经济方便，与手机相比，只花 20% 的钱就能享受 80% 的服务。与此同时，业内展开了一场关于小灵通技术是否落后的大讨论。任正非研究小灵通技术后认为，这项技术比较落伍，不出 5 年就会被淘汰，而且电信主管部门对待它的政策也不明朗，因此他选择了放弃。

巧合的是，就在华为宣布放弃小灵通业务几天后，侯为贵宣布中兴今后几年的市场主攻产品就是小灵通。中兴又一次拾起华为放弃的市场精耕细作。侯为贵做出这样的决定并非意气用事，他认为当时中国移动的移动业务发展迅速，而中国电信的固话业务增长缓慢，中国电信一直想建一个移动网，小灵通正好是一个不错的选择。

2000 年，当浙江余杭电信局在中国第一个将无线市话技术转化为小灵通网后，小灵通的发展势头一发不可收拾。中兴得以跟 UT 斯达康一起分享市场，占据了近 40% 的市场份额。2001 年，中兴小灵通销售额达 23.96 亿元，利润占当年总利润的 25.74%。任正非不由得追悔莫及。

2001 年 5 月，中国联通第一期 CDMA 再次正式招标，最终选用的标准正是 CDMA95 的加强版！在国内几乎没有竞争对手的中兴轻松中标，一举获得 10 个省共 7.5% 的份额。紧接着，中兴凭借一期优势，在 2002 年 11 月底中国联通 CDMA 二期建设招标中，又获得了 12 个省份总额为 15.7 亿元的采购合同。

中兴的强势反击，使得华为两次投标颗粒无收，这让凡事都要争先的任正非十分郁闷。

事后，任正非总结失败教训说，思想家的作用就是假设，有了正确的假设，才有正确的思想；有了正确的思想，才有正确的方向；有了正确的方向，才有正确的理论；有了正确的理论，才有正确的战略。"我们公司前段时间挺骄傲的，大家以为我们是处在行业领先位置。但是他们用半年时间做了战略沙盘，才发现我们在全世界市场的重大机会点上占不到10%，弟兄们的优越感就没有了。知道如何努力了，这就是假设——假设未来的方向。"在任正非看来，自我批判不是为批判而批判，也不是为全面否定而批判，而是为优化和建设而批判，最终目标是要提升公司整体的核心竞争力。

任正非在自我批判之后，很快进行了产品研发调整，把以前由研发部门独立完成的产品研发，变成研发、市场、用户服务等全流程的团队运作。在产品研发方案形成之前就考虑客户现实和潜在的需求，共同完成产品从研发到生产、销售的全过程，从而真正实现产品研发与市场的同步，提高研发"一次做对的概率"。

不过，华为是很难在小灵通业务上追赶中兴了。国内的CDMA市场很快便被中兴和国外巨头瓜分完毕，而华为手里还握着自己投入巨资打造的CDMA2000产品线，鸡养大了，却只能干瞅着不下蛋。由于全世界厂家都寄希望于中国这块世界最大、发展最快的市场，因而拼死争夺，形成了中外产品撞车、市场严重过剩的巨大危机。大家拼命削价，投入恶性竞争，外国厂家有着巨大的经济实力来巩固已占领的阵地，中国厂家仍然维持现在的分散经营，相互拼下去将是两败俱伤。任正非决定转移战略，另谋出路，为此，他再次瞄准了海外市场。

第七章　在海外市场奋力突围

中国企业或产品在时常不被认可的国际市场上,起步"走出去"是艰难的,华为走向世界的道路曲折而漫长,但它靠着毅力、信念、决心和使命感,不懈前行,奋力冲出重围,打下了一片天地。

1. 要"饿狼",不要"饱狼"

任正非的海外梦已经做了六七年了,自从公司步入正轨后,他一直没有停止向海外进军的脚步,只是这条路荆棘密布,漫长艰难。市场人员在俄罗斯奋战五六年,才拿到一个不值一提的小单;在印度三四年,才让印度人知道世界上还有一个公司叫"华为";直到千禧之年,"正规军"才替代"游击队"陆续进驻中东和非洲,但仍局限于零敲碎打,离国际化的市场营销还相去甚远。

2001年年初,随着李一男、刘平两拨人的先后离去,华为的技术干部队伍遭遇了严冬的一次雪崩,一批高级管理干部和技术骨干流失,老将郑宝用不久也因病住进了医院。

尽管如此,任正非仍迎着寒冬的风雪,坚定地跨出国门,将主战场转移到亚非发展中国家;同时,他又把目光投向经济高度发达的欧洲,准备在英、法、德、荷等国打持久战。

在这种情况下,为了配合即将上马的海外战略,华为开始大量招兵买马。

任正非把孙亚芳、郭平、费敏、张建国、徐直军、洪天峰、胡厚崑等几员大将召集在一起,专门讨论技术干部储备和市场骨干的培训、派遣问题。会上,任正非一脸严肃地说:"华为刚刚遭受了一场不小的灾难,有些人变成了光杆司令,需要大量招兵买马。大家今天议一议对新兵的要求,如何培训、派遣,拿一个具体的方案出来。现在华为的体质太虚弱了,需要注入新的基因——引进丙种球蛋白。大家知道丙种球蛋白是什么吗?它是一种免疫球蛋白,这东西太有好处了,如果把这种特异性抗原物质接种到机体,人体将产生特异性免疫力。华为要提高免疫力,一条常规的路子就是通过引进外部人才使内部机制永远处于鲜活状态。"

与会的都是高级知识分子,不用任正非多解释,大家都明白了他的意思。不怕人员流失,流失了可以再招;就怕人员沉淀,沉淀了企业就没有活力,就会死亡,因此需要注入丙种球蛋白。按照以往的惯例,任正非发言之后,孙亚芳一般会作一个简短的说明,讲明任正非的意图或她本人的看法,但这次她却一声不吭。去年任正非说要再搞一次内部人员清理运动,由于孙亚芳极力反对,运动没有搞起来,但还是有一大批优秀员工流失了,华为眼下的危机主要是人心不稳,人才危机,尤其是专业技术和管理人才。

徐直军见没人发言,便说:"我个人认为,最需要注入活力的仍然是营销部门。不仅国内的市场人员需要补充,而且海外各国各地区的人员也要大量补充。开拓海外市场更需要一批免疫力超强的人,不仅需要相关专业知识,还需要有极大的热情和迅速适应复杂环境的能力。我有个提议,就是海外市场人员可以在当地招聘,徐文伟也提出过。这样有一个好处,可以减少市场人员熟悉环境的时间。"

"徐副总讲得不错,的确可以节省见习时间和派遣成本。不过,这会给统一管理带来麻烦。研发人员和市场人员还是保持相对稳定比较好。"副总裁胡厚崑说。

费敏接过话头说:"研发部、中试部都是重灾区,技术干部比一般的市场人员更需要长时间稳定,这一点大家都清楚。我觉得,像我们华为这样的高科技企业，技术骨干是否稳定，将直接影响公司的发展方向，尤其在我们向海外大举进军的时候。"

他们的发言，将讨论的话题引到专业技术人员和市场人员到底是稳定还是开放流动上来了。其实，他们对任正非的人才战略都有些不满，如果按照任正非的战略来做，搞不好他们随时都有可能变成光杆司令。

孙亚芳知道任正非喜欢有活力的年轻团队（饿狼），而老队员（饱狼）已无生存之忧，会时不时停下脚步喘口气，放缓节奏（渐渐沉淀）。他希望以饿狼来替代饱狼，使公司保持快速成长，但这完全是他的一厢情愿。几年前她之所以要带领市场部全员辞职，是因为当时市场人员良莠不齐，管理没有章法，必须推倒重来；而制度建立起来后，一切都可以照章办事，没有必要再大张旗鼓地搞"群众运动"。但任正非的思想还没有完全转过弯来，或者说他仍不愿意放弃这个行之有效的办法。所以，孙亚芳既不能直接反对任正非的意见，又不能与智力超人的高管们意见相左，说什么和怎么说，她得先理清思路。

孙亚芳思考良久才说："各位都知道，华为真正吸引人才的地方只有两点：一是有一张成就事业的蓝图——愿景，也就是任总为华为确立的目标；二是有将饿狼快速喂饱的食物——高薪。这可以说是招揽人才的两大法宝，非常成功。可是大家有没有想过，我们为什么会遭遇这次可怕的雪崩呢？因为我们太倚重这两大法宝了。在华为，两三年就可以喂饱饿狼（如果他足够优秀的话），这么短的时间，刚好将他训练出来，本可以发挥更大的作用，却马上被替掉了，非常可惜。而公司想留住的人才，他们的事业心或者说野心又太强，想要自己做头狼，所以他们会在自己的愿望无法迅速在华为实现的时候，毫不犹豫地离去。我再打个比方，近几年来，我们公司像淘金一样招揽人才，先挖来了大量的金矿石，然后反复在水里淘洗，最后只剩下一小把金子，金子有了，本想让它发挥作用，但它却从我们的手指缝中漏掉了。从1996年到2000年，我们招聘大学本科以上的人才不下3万人，相当于两所重点大学5年的招生量，经过培训、试用、业务指导，最终才留下一小部分人，这些人是来之不易的，如果让他们像金子一样从我们的指缝里漏掉，实在可惜。社会上传言华为的人才流失率高，这一点也不假。华为不能成为人才集散地，我们必须想办法留住华为想留住的人，让'狼群'在矛盾和平衡中不断奔跑。"

任正非扫了在座的人一眼，暗想，今天这个讨论会好像变成了对自己的批判会，那些离开华为的人又不是被我赶跑的，但他不便发怒，也不好辩驳，问道："孙总所说的'让狼群在矛盾和平衡中不断奔跑'，应该怎样解释？"

孙亚芳没有直接回答任正非的问题，而是拿出一份材料给大家看。其中有华为近5年的招聘和人才流动情况统计，每年向公司外的人才流动率都在15%以上；还有华为人力资源管理体系简略图表，包括任职资格系统、科学考核方法、分配激励机制、业务管理、文化价值观、愿景与战略目标。业务管理又分为选（招聘调配）、育（培训开发）、用（绩效管理）、留（报酬认可）四个支撑板块。当然也谈到了人才流动问题，孙亚芳主张开放内部人才市场，让人才在各部门间流动，管理干部也上下流动（可上可下）。

任正非看后，对他的几位干将说："你们看，孙总的思维缜密而新颖，我总是一副老面孔，思想赶不上你们这些年轻人了，也不懂什么管理，所以我得加强学习。未来公司需要什么样的干部，我认为未来公司需要的管理干部是对市场有深刻体验和宽文化背景的人。宽文化背景怎么理解，大杂烩，什么都懂一点。要成为高级干部，都要有宽文化背景；干部要进行必要的循环，这是宽文化学习的好机会。"

任正非最终妥协了。这次会议探讨了有关人力资源管理体系的一系列问题，重点对孙亚芳提出的选、育、用、留四个支撑板块进行讨论，并临时议定将人才招聘权下放给各部和办事处，总部主要负责培训。会后，任正非决定在华为新园区设立华为大学，专门培训内部员工。

随后，华为开始了新一轮的"圈人"计划。2001年度华为各部、办事处招聘了7 000多人。重庆邮电大学电信专业一个40余人的毕业班，39人被华为招走；东南大学无线电专业30人的毕业班，有25人进了华为。这种整班成建制的"掠夺性"招人频频在高校上演。华为的校园招聘不但很专业，而且口气不小。华为人力资源部副总监到一所知名高校后，竟说出这样的"狂语"："工科硕士研究生全要，本科的前10名也全要。"

话虽这么说，但华为并不是那么容易进入的。华为真正需要的是什么人呢？下面还是引述一个女生的应聘故事吧。

面试在深圳大学大礼堂进行，几十个学生被分成四人一个小组，每个小组有一个面试官。面试过程很"残酷"，只要不入面试官的法眼，或是答不上面试官的提问，面试官就会说"你可以走了"，当场淘汰。

那天和这位女生分到一组的有三个男生，她刚走到面试官面前还没来得及坐下，面试官只瞄了她一眼就冷冷地说："你可以走了，我觉得你不合适！"

她很震惊，也觉得很没面子，可是她没走，心里很不服气：你根本不认识我，凭什么看一眼就认为我不合适，凭什么就让我走！不过，当时这位女生并没有吭声，因为她觉得当面"质问"面试官既没有礼貌也显得自己很没风度。她想，等面试结束后再与面试官理论也不迟。

这时另外三个男生都坐下了，女生可不管他们是怎么想的，也坐下了。面试官没有赶她，只是当她不存在，然后开始对其中的一个男生发问："你最得意的一件事是什么？"可能是因为紧张，那个男生竟不知如何作答，支支吾吾地说自己还没有工作，也没有做出什么特别的成就，所以没有什么得意的事情。女生心里很着急，觉得他的回答有点偏题，她可不愿意他在第一道坎上就被淘汰，于是在边上悄悄地提醒他："你可以说一件在学校里做过的你自己感到最满意的事情……"

面试官看了女生一眼，她也不在乎：你不至于给我加上一个作弊的罪名吧，这个时候该帮人一把的，反正我已经是"不合适的人"了——这应该就叫"无欲则刚"吧。

不过，接下来的形势不容乐观，三个男生相继被淘汰，最后只剩下她一人。女生仍然不动声色。终于，面试官开口了："那三个人应该是你的竞争对手，可你一直在帮助他们，你为什么要这样做？他们答不上来不是对你更好？如果他们都被淘汰了，你的机会岂不是就来了？"女生说："我不认为他们是我的竞争对手，如果都能通过面试，将来大家可能还是同事，有困难自然是要帮一下的。"

对于她的回答，面试官不置可否，又重提先前那个话题："我刚刚已经对你说了，你不合适，你可以走了。你为什么不走呢？"

女生觉得机会来了，她的"不满"终于有机会宣泄了："我觉得你并不了解我，所以我要留在这里给你一个了解我的机会。第一，我非常仰慕华为，被华为的企业文化和用人理念所吸引，所以我很郑重地投出了我的简历，也很高兴能参加这次面试。可是，我完全没想到我会遭遇如此当头一棒。第二，我还想对你说一句，我认为你的态度对一个面试者来说很不友善。因为今天我是面试者，明天我可能是你们的员工；我更可能是华为的潜在客户。可是，你今天这样不友善的态度给我留下了深刻的印象，今天我可能成不了华为的员工，但明天我可能不再愿意成为华为的客户。第三，你今天的不友善影响了我对华为的看法，明天还有可能影响到我所有的朋友对华为的看法，你知道，你可能赶走了不少你们的潜在客户！"

面试官笑了，对女生的表现非常满意。因为从一开始，面试官就给她出了一道面试题：如何面对挫折。这次招的是销售人员，在未来的工作中将面对无穷无尽的拒绝和白眼，别人的态度可能比面试官坏好几倍。如果连这样还算礼貌的冷脸都无法面对，又如何去面对未来的困难呢？华为需要的是不怕挫折和失败的人。

一年招聘七八千名应届毕业生，恐怕只有任正非敢这么做，在世界500强企业中，恐怕也只有华为连续几年都这样做。大量的新兵来了，培训的工作量很大，小小的"西乡军校"改为几个特训营。培训既有老套路，又有新内容，相比前几年更加系统化。对新员工来说，华为的培训就是一次再生的经历。

做市场进入培训一营，不是教授销售技巧，而是教授产品，即使文科生也要接受产品技术培训，从通信原理开始，直到工厂参观。仅仅让新人知道技术还不行，还要知道客户在想什么。三个月后，华为会把新人派到"用户服务"前线去，到地方和用户服务工程师一起干，再过三个月才能调回总部。进入二营，培训内容转为市场和客户服务，观看胶片和VCD，一遍遍地听老师介绍，私下彼此辅助交流，然后被安排到客户服务展厅去，向客户讲解产品；后面还会根据不同的岗位接受不同的考验。在整个培训过程中，新人几乎一年内"白吃白喝"，任务就是学习。

其中值得一提的是企业文化灌输，又称为"洗脑"或精神洗礼。首先是塑造"狼性"，这被作为华为企业文化的核心内容传承下来。危机感、艰苦奋斗精神、平等、压强原则等，都是华为开疆拓土的法宝，"狼文化"让华为拥有了一批素质较高、吃苦耐劳的开发人才和销售人才，从而更好地推进低成本的竞争策略。

其次，植入核心价值观，对劳动潜力进行最大挖掘。通过基层管理者角色认知、团队管理、绩效管理、有效激励和公司人力资源管理政策，转换员工思想，植入管理意识和观念。员工接受并融入华为的价值观，完全抛弃自己原有的概念与模式，注入华为的理念。华为人的心理契约，从进入公司的第一天就开始逐渐形成。华为培养出来的营销人员，会本能地相信自己的产品是最好的，而且愿意去最困难、最偏远的地区开发市场。

如果新人经过培训达不到这样的自觉性，还有一种办法，那就是逼着员工变得更优秀。

华为为员工设计好了职业成长之路，即"五级双通道"模式。双通道就是"（行政）管理"与"专业"两个通道。其中，专业通道可以细分为技术、营销、服务与支持、采购、生产、财务、人力资源等子通道，向上晋升分为五级，由助理工程师、工程师、高级工程师、技术专家、资深技术专家五大台阶构成。管理通道大致分为：普工（初级）、班长（二级，不在管理干部之列）、监督者（三级，基层管理者，小部门经理）、中层管理者（四级，部门总监、办事处主任、大区经理）、领导者（五级）。有趣的是，华为把中层管理者也称为总裁，因此，华为的总裁特别多。为了加以区分，总裁又分为五档：总裁、常务副总裁、高级副总裁、执行副总裁、助理总裁。同时，级别与负责的部门往往是不对等的。华为从1998年开始采取矩阵式管理模式，要求企业内部的各个职能部门相互配合，通过互助网络，任何问题都能做出迅速的反应。为了便于上下级沟通合作，华为还设立了各级管理委员会，这又体现了集体决策原则。华为对客户的服务是一个系统，几乎所有部门都会参与进来，可想而知，假如没有团队精神，一个完整的客户服务流程根本无法顺利完成。

在这种通道模型中，每个员工都可以根据自身特长和意愿，选择往管理方向或专业方向发展。尽管两条通道的资格认证都比较严格，但每个岗位都有几个达到任职资格的人等着，竞争上岗比较激烈，所以每个人都得做出很大努力，否则就上不了岗，或是所在岗位被别人替代。任正非在《致新员工书》中写道："实践改造了人，也造就了一代华为人。您想做专家吗？一律从工人做起，已经在公司深入人心。进入公司一周以后，博士、硕士、学士以及在原工作单位取得的地位均消失，一切凭实际才干定位，对您个人的评价以及应得到的回报，主要取决于您的贡献度。"

对员工的贡献，则通过严格公正的考核来认定。对市场营销人员来说，主要考核劳动态度、工作绩效和任职资格。其中，劳动态度是工作精神及对规范的遵守，主要涉及责任心、敬业精神、奉献精神、团队精神和基本行为规范；工作绩效是工作的最终成果，主要包括销售、利润、市场和公关；任职资格是指为了取得工作成果所表现出来的行为，其主要标准是指完成某一范围工作活动的成功行为，反映了市场营销人员对职位的胜任能力,同时也要参考其知识、素质和经验。根据考核结果来决定考核对象的工资、奖金、股金的发放数量,并决定考核对象的晋升机会。

华为的激励机制也是在考核的基础上建立起来的。干部、员工的招聘、选拔、培训教育和考核评价、薪酬奖金和股份分红等,已有一套比较完善的制度和规则。任正非说:"华为企业文化建立的一个前提是要建立一个公平、合理的价值评价体系与分配体系。"人力资源管理部门制定了以下原则:

(1) 建立以自由雇用为基础的人力资源管理体系,不搞终身雇用制。

(2) 建立内部劳动市场,允许和鼓励员工更换工作岗位,实现内部竞争与选择,促进人才的有效配置,激活员工,最大限度地发现和开发员工潜能。

(3) 高工资。华为称为"三高"企业,指的是高效率、高压力和高工资,并以经济利益作为最明显的激励方式。薪酬制度的设计基于企业的发展战略,并保证"对内具有公平性,对外具有竞争性",这样便能为企业吸引人才、留住人才并充分发挥人才的才能,为企业求得最大发展。任正非坚信高工资是第一推动力,因而华为提供的是外企般的待遇,除了高工资,还有奖金与股票分红。

与此同时,华为开始进行股票期权改革。华为的职工持股由过去的分散无序逐渐变为职工持股工会,建立了一套复杂的持股与激励计划。公司不再向新员工售股,同时老员工的股票也逐渐转化为期股。员工从期权中获得收益的大头不再是分红,而是期股所对应的公司净资产的增值部分,行使期限为4~10年。另外,华为也回购公司外部持股者的股票。

(4) 提供持续的开发培训。

(5) 公平竞争,不唯学历,注重实际才干。

(6) 管理干部实行"能上能下"的轮岗制度。

建立一支稳定的队伍是企业必须考虑的一个长远战略问题。华为这种制度的最大好处在于，组织的整体性得到了最大程度的保障，构建起了员工与企业共同成长的心理契约，将东方管理文化理念与西方的管理流程构架完美结合，使员工有多种机会和广阔的空间去发展自己的职业生涯，实现个人的职业理想。

有人评价说，华为这种矩阵式管理模式，就像每个人都是这台庞大机器上的一枚螺丝钉，任何一个人的离去都不会对这台机器的运转带来太大影响，随时会有合适的人补位。这在某种程度上保证了华为在动荡的外部环境中高速前进，而不会受到内部的干扰。将低成本、高密度并能研发高附加值产品的知识型员工，打造成一支打不垮的铁军，使华为得以站在产业链的强势位置。

2. 征战俄罗斯

2001年春节刚结束，急于为华为找到过冬"棉衣"的任正非，决定把经过培训的大部分新兵派往海外。队伍出发前，他在蛇口光华电影院发表了《雄赳赳气昂昂跨过太平洋》誓师讲话，他说：

是英雄儿女，就要挺身而出，奔赴市场最需要的地方。哪怕那儿十分艰苦，工作十分困难，生活寂寞，远离亲人。为了祖国的繁荣昌盛，为了中华民族的振兴，也为了华为的发展与自己的幸福，要努力奋斗。要奋斗总会有牺牲，牺牲青春年华、亲情与温柔……不奋斗就什么都没有，先苦才能后甜。

……

号角在响，战鼓在擂。前方没有鲜花，没有清泉……一切困难正等着我们去克服。

随着中国即将加入WTO，中国经济融入全球化的进程将加快，我们不仅允许外国投资者进入中国，中国企业也要走向世界，肩负起民族振兴的希望。

在这样的时代,一个企业需要有全球性的战略眼光才能奋发图强;一个民族需要汲取全球性的精髓才能繁荣昌盛;一个公司需要建立全球性的商业生态系统才能生生不息;一个员工需要具备四海为家的胸怀和本领才能收获出类拔萃的职业生涯。

他的讲话,让台下的年轻人热血沸腾,义无反顾地踏上征程。

大会结束后,任正非从影院走出来,只见外面电闪雷鸣,下起了倾盆大雨,而不远处却阳光灿烂。这种阴阳天气在深圳很常见,但初春时节则比较少见。任正非眼睛眯成一条线,目光从阴霾处掠过,望向远处明亮的天空,略有所思。副总裁徐文伟刚好站在他的旁边,他对徐文伟说道:"新兵队伍要出发了,文伟同志,你在国外待的时间较长,能否预测一下他们的胜率有多少?"

任正非问得很笼统,计算胜率有各种各样的方法,方法不一样,结果自然也不一样。徐文伟知道任正非并非想要一个准确的数字,只是想表达他对大规模出征海外的担忧。徐文伟没有细想,答道:"在您所说的业界冬天到来之际,百战一胜就不错了。不过,东方不亮西方亮,何况我们这支队伍是精挑细选出来的,又经过严格的培训,一定能打几个漂亮的胜仗。"

"是啊,这些孩子绝大多数上过大学,懂英语或日语、法语,进入公司后又经过强化训练,但是,将军是从上甘岭上打出来的,不是培养出来的。他们中间有几人去过南斯拉夫、俄罗斯?去过南非、埃塞俄比亚?除了知道刚果是一个国家的名字外,又对它了解多少?别说是去开拓市场,就是去旅游也有不少困难吧。那里完全是陌生的战场啊!"任正非说。

徐文伟心想,老板刚才在会上的讲话慷慨激昂,怎么突然一下子又变得忧心忡忡了呢,是不是在试探自己的决心啊?想到这里,他语气坚定地说:"任总您放心,不出两年,他们就会变成一支铁军,别说打上甘岭，就是登陆诺曼底也是极有可能的。您不必太过担忧。"

任正非看了徐文伟一眼，说："两年？时间太长了，时不我待啊！"

任正非是个急性子，又患了"抑郁症"，增派海外营销人员还不到一个月，他就匆匆踏上了环球巡视之路，第一站是俄罗斯。

2001年3月，莫斯科还是冰天雪地，马路两旁的树林里还有皑皑白雪，任正非和三个随员走在滑溜溜的莫斯科广场上，突然停下来，从行李箱里掏出一包花生，然后一只手拖着行李箱，一只手冷不丁地往嘴里塞颗花生。刚入华为不久的一个工程师觉得有些奇怪，户外零下二十几摄氏度，老板却一边走一边吃东西；再细看老板面色稍显灰暗，额头上有细小的汗珠沁出来。他悄声向总裁办公室副主任打听，才知道老板有糖尿病，不能饿，饿了会出冷汗，进而将全身的某种细胞杀死一次。所以，出差时他的箱子里经常塞满小零食和快餐面之类的东西。

他想接过老板的行李箱，但任正非却若无其事地说："我没事，不用你帮。别看我年纪大，脚力可比你们好。"

等到住进酒店，任正非抢着给大家泡方便面，他边倒水边说："泡方便面虽然简单，但也是有技巧的，就算是你这样的博士都没有我泡的好吃。"不过，大家吃他泡的方便面似乎也品不出有什么特别，只觉得心里暖乎乎的。等大家吃完，他还不忘炫耀一句："怎么样？还是我泡的好吃吧。"

任正非这次来俄罗斯是为了督促公司与俄罗斯国家电信部门（移动运营商MCT）的GSM设备供应合同尽快签订。这笔金额达6 600万美元的订单其实已经尘埃落定，也不需要他亲自在合同上签字，但他还是特意赶过来，庆祝这场持久战的胜利。另外，他还想了解一下有关铺设从圣彼得堡到莫斯科3 797公里的超长距离320G国家光传输干线（DWDM系统）的合同谈判情况。

俄罗斯是华为入驻最早的国家，销售人员开展业务挫折不断、困难重重，但任正非始终没有放弃。除了他以外，华为至少有三个副总裁在俄罗斯做过铺垫工作。驻俄罗斯业务代表向任正非作了详细汇报，任正非听了，眼中不由得有泪光闪动。几天后，他专门为俄罗斯营销团队开了一个小小的庆祝会，夸赞他们"真的很猛"。简单的言辞掩饰不住他的兴奋之情。

2002年年底，华为又成功签订了从莫斯科到新西伯利亚的长达3 797公里的国家光传输干线合同。

俄罗斯是独联体地区最大的国家，也是独联体最大的市场，在俄罗斯占据一席之地后，任正非开始考虑向独联体国家稳步扩展。2004年，华为在独联体的销售额为4亿美元，到2005年销售额猛增到6.14亿美元，成为当地电信行业的主要设备供应商。

2014年，华为中标了俄罗斯远东地区鄂霍次克的海底光缆项目，总价值近30亿卢布，全长近1 855公里。

后来，随着俄罗斯经济的复苏，爱信、诺基亚、西门子、阿尔卡特、朗讯、摩托罗拉和北电等设备供应商又开始重返俄罗斯市场，但华为已经因为产品过硬、服务到位，得到了俄罗斯几大电信运营商的认可。

为了找到新的经济增长点，任正非还积极在俄罗斯企业网市场布局。华为相继为俄罗斯最大的搜索引擎Yandex、俄罗斯国防部、俄罗斯养老基金、2014年索契冬奥会、格洛纳斯全球卫星定位系统等客户提供相关解决方案与服务。

华为在俄罗斯14个城市设立了代表处，还在莫斯科、圣彼得堡、俄罗斯鞑靼斯坦共和国分别建立了科研中心；在独联体地区的服务员工达1 300人，业务几乎覆盖独联体的所有国家。

3. 进军非洲

2001年在俄罗斯举行庆祝会当天，总部总裁办公室转来南非的电报，请任正非去开普敦会见一个关键客户。华为进入南非不久，业务还处于铺垫阶段，但它是攻占非洲市场的重要阵地。任正非当即决定改签证,飞往这个"彩虹之国"。

开普敦位于南非的南端,也是非洲大陆的最南端。从气温零下20摄氏度的莫斯科谢列梅捷沃国际机场飞往气温二十几摄氏度的开普敦,任正非担心自己的身体难以适应,中途转机的时候,他特意买了三袋开心果和两袋花生。他平时并不怎么吃开心果,只是为了让部下旅途开心,不会觉得时间难熬。为了让自己忘记病痛,中途他还低声给他们讲故事。飞机快到开普敦时,他突然提问道:"很多人都说开普敦有三个'W',你们知道指什么吗?"他的问题把随行员工难住了,他们平时都没有怎么注意这个非洲国家,只在中学地理课里学到南非盛产黄金、钻石,比较富有,知道开普敦是非洲南端的一个港口城市,对其他东西几乎是一无所知。任正非提问并不是故意为难他们,只是因为他心情好,对华为在南非的市场前景感到比较乐观罢了。他本人对南非的关注也是从1998年才开始的。现在见部下答不上来,他便自己回答说:"women,wine and wind(美女、美酒和海风)。常年劲吹的海风把污染物、雾霾都吹走了,这里空气湿润,气候温和,环境非常好。城市和乡村都十分干净,城市是现代与整洁的结合体,乡村则是清爽和原生态的结合体,各有特色。特别是周围的酒庄,建筑风格和酒庄环境都让人流连忘返。如果开车去西开普敦,简直是人生享受。更别说清澈的海水了,只是靠近大西洋一侧有本格拉寒流,所以水温比较低,东海岸的厄加勒斯暖流就相当怡人了,若在德班下水嬉戏,那才叫惬意呢。南非不愧是非洲富有的国家,在那里我们肯定会大有作为的。"

任正非的情绪感染了几个年轻人,使他们相信此行必有收获。

华为在南非的业务负责人,在阿尔芬酒店为任正非一行订了房间。一到酒店,任正非来不及喝口水便让负责人汇报情况。原来,华为投了南非开普敦电信的一个标,为进入第二轮,对客户作了超前承诺,这在中国是很正常的事情。但现在测试的时间到了,设备却还没有开发出来。因为参与测试的厂商比较多,这位负责人想到了一个缓兵之计:提议先测其他厂家的设备,最后再测华为的设备,以便争取一些开发时间。

但南非电信拒绝了这一提议，表示所有厂家的设备必须同时到位，并由他们决定测试的顺序。当然，如果华为老总亲自来谈，并提出充分而合理的理由，测试可以推迟，但同时也得推迟其他厂家的测试。

任正非征求随行工程师的意见，但这两位员工分别来自研发部和市场部，意见不一致。一个说要力争，因为华为在非洲还没有做过千万美元的订单，如果这次能够成功，势必会带动其他非洲国家的业务。一个则表示要慎重，即使产品已经研发出来，也需要一段时间测试完善，保证技术参数稳定后才能投入市场，操之过急会给客户带来损失，也会给华为打造国际品牌带来不利的影响。

任正非考虑良久，最后说："放弃吧，胜利不在于一城一地的得失。"

南非业务负责人见老板说要放弃，十分讶异和失望，这可是她花了一年多时间才争取到的一次机会，付出了多少艰辛和努力只有她自己知道，老板怎么能轻言放弃呢？"任总，这可是过千万美元的大单啊，放弃实在太可惜了。"她知道老板从不轻言放弃，现在决定放弃，肯定有其道理，她希望老板的理由能让自己心服。

任正非看着大家说："我们匆匆从北半球飞到南半球，足见对南非战场的重视。但华为的国际化是一个漫长的过程，需要长时间坚持不懈的耐心和投入。天道酬勤，付出总会有回报。以诚心获得客户的认可，用一流的工程交付让客户信服，这样才能树立起华为的品牌形象。"

任正非虽然决定放弃，但他也要求该负责人尽快约见南非电信的客户，打算亲自对客户说对不起。

在等待与客户见面的空闲时间，任正非与派驻另一国家的业务代表通了电话，了解当地的情况。

任正非最为关注的是华为人能不能在非洲立足。

对于到海外发展的中国企业来说，面临的第一个直接困难是员工的人身安全和衣食住行问题。非洲许多国家基础设施薄弱，很多地方没有公路。而项目交付往往是在野外安装、调测基站，华为的工程人员经常连续驾车三四天赶往野外站点施工。周围荒无人烟，只有没膝的淤泥、四五米高的荒草、猛烈的暴雨、险恶的裂谷，蚊虫肆虐，稍不留神就会染上疟疾、肝炎、霍乱，甚至艾滋病。他们只能自己带上几桶水和一些干粮充饥解渴，很多时候吃住都在车上。

有时为了拜访一个客户，华为的员工常常连续数天，每天几个小时在三十几摄氏度的高温下，西装革履地站在客户的办公室门前等待，汗水将衬衣一次次染黄。而晚上气温降下来后，他们根本不敢单独出门，因为谋财害命的事情时有发生。

从员工的汇报中，任正非感到在非洲开拓业务面临着难以想象的困难，华为的业务代表在巨大的生存压力下，有时还要冒着生命危险，以自己的才智、勇敢、热血和健康为华为产品走向国际市场铺基垫路。

在开发尼日利亚市场的过程中，由于需要与众多通信巨头竞争，华为可谓举步维艰。1992年，尼日利亚政府成立了尼日利亚通信委员会，鼓励本国私人资金和外国资金参与通信建设，以促进尼日利亚通信业的发展。很快，尼日利亚的通信运营公司如雨后春笋般冒了出来，其中包括由石油大亨、大银行控股的纯本地股份公司，如Globacom公司、Reltel公司，以及与外资合作的通信运营公司，如MTN公司、Vmobile公司（尼日利亚移动网络）、Starcomms公司（尼日利亚网络运营商）。在这种情况下，华为在尼日利亚的市场开拓极其艰难，初期几乎一无所获。直到2003年，华为终于取得了一些进展，成为MTN、Starcomms两家公司的主流设备供应商，销售额达7 000多万美元。

这以后，华为如有神助，一路高歌猛进，成为尼日利亚最大的通信设备供应商。2004年，华为取得了MTN公司在尼日利亚传输骨干网的全部市场份额；取得了Starcomms公司全部新建市场份额，并成功搬迁了西方厂家在拉各斯的核心网；在Vmobile公司取得了全国2/3区域的市场份额，并成功搬迁了西方公司在北方和中部的GSM网；在Globacom公司突破了移动和传输项目等。这一年，华为在尼日利亚的销售额达 3.5 亿美元。

华为高品质的产品和高效的服务，赢得了尼日利亚客户的极大认可。2005 年 4 月，华为与尼日利亚通信部签订了《CDMA450 普遍服务项目合作备忘录》及华为在尼日利亚投资协议，金额达 2 亿美元。这个协议将解决尼日利亚 220 个地区无通信网络覆盖的问题，使尼日利亚的通信覆盖率提高一倍以上，同时促进尼日利亚的远程教育、远程医疗等服务的发展。

2016 年 10 月 8 日，任正非决定在尼日利亚拉各斯建立西非第一个创新体验中心，预计投资 600 万美元，人们可以在这里接触到最前沿的科技，交流思想，通过创新探索到业务解决方案。该中心也为发展信息与通信技术生态系统提供了一个互利共赢的良好平台。这个创新体验中心还将作为一个培训平台，培养更多的 ICT 人才。为此，华为尼日利亚技术有限公司与拉各斯大学签订了《联合创新谅解备忘录》。

2018 年 4 月 24 日，华为又与尼日利亚电信服务提供商 Globacom 签署了海底光纤电缆建设合同，由华为负责承建 Glo2 海底光缆系统。这个海底光缆系统全长 850 公里，从拉各斯阿尔法海滩开始，沿大西洋海岸铺设到阿夸依邦州。Glo2 将被集成到 Globacom 现有的陆地骨干网络（Glo1），建成后将为尼日利亚的石油企业带来高效便捷的电信服务，并降低石油产业成本。

4. 质优价廉，拿下欧洲

任正非决定进军欧洲，曾被业界说成是"自取灭亡"。这样说并非没有道理，欧美市场有着较为先进的消费理念，通信消费水平超出全球很多地区，更注重产品性能。而且，欧美通信市场已经趋于成熟，网络已经定型且标准统一，如果不是有很强的实力，制造商很难有什么作为。

2000 年以前，华为派往欧洲市场的只有几个销售人员，他们经常往返于德国、法国、西班牙等国家，一般来说他们走到哪里，华为的欧洲总部就设在哪里。从2001年开始，任正非向欧洲增派了一大批市场人员，开始争夺国际电信巨头盘踞百年的欧洲市场。这一年华为加入了国际电信联盟（ITU），其光纤系列产品稳居亚太地区市场份额的第一名。随后，华为又以10G SDH光网络产品进入德国为起点，通过与当地著名代理商合作，将产品先后打入德国、法国、西班牙、英国等发达国家。

欧洲大陆是一个真正的主流市场，一个无比富饶的"产粮区"，也是华为走向世界级企业必须通过的一道关隘。

对于欧洲主战场，头几年任正非基本照搬了"以农村包围城市"的战略，但效果并不理想。发达国家都不缺钱，缺的是对中国企业、对华为的了解和信任。中国企业或产品在国际市场上时常得不到认可，但任正非始终对欧洲市场充满信心。进军欧洲时，他首先瞄准了法国电信运营商NEUF公司（原LDCOM）。这家公司的总部设在风景宜人的巴黎郊区，CEO（首席执行官）是米歇尔·保兰。

2001年，NEUF公司准备在法国全境建设一个骨干光传输网络。它制订的产品计划是：用户每个月只需支付30欧元，就可以享受160个数字频道的电视节目、互联网接入服务和传统的电话语音服务"三位一体"的超值享受。为了建设这个全新的传输网络，NEUF公司研究确定了一份供应商名单，其中根本没有华为。这时，一家与NEUF公司颇有渊源的法国本地代理商打电话给米歇尔·保兰，希望能够让华为参与竞争。

"就是这个电话改变了一切，"米歇尔·保兰解释道，"一开始我们对华为并没有把握，只是因为这家代理商竭力推荐，我们才同意让这家从来没有听说过的中国公司试一试。"当然，华为开出的条件也颇具诱惑力——华为将以非常优惠的价格，为NEUF公司建设最初的里昂等两个城市的网络并负责运营三个月，然后再交给NEUF公司进行评估。

在最短的时间内响应客户的需求，这是华为必须做到的。在总部各平台的支持下，华为人不到三个月就建成了两个城市的网络，这样的速度很对 NEUF 公司的胃口，而且评估的结果也非常令人满意。相对于欧洲老牌电信设备提供商，华为的快速反应是一个很大的优势。

而在主项目骨干光传输网络上，华为也有自己的撒手锏——质优价廉。而且，NEUF 公司不需要 BT 那样的 21 世纪网络，因为它本来就是一家新型的运营商，所有的设备和系统都是基于 IP 的。所以，它们对华为的产品认证也不需要那么烦琐，一般 ADSL 接入设备的认证只需要四到五个月的时间，数据通信产品两三个月就行了。这是双方一拍即合，没费什么周折就走到一起的主要原因。"这为我们节约了至少 10% 的投资，"米歇尔·保兰评论道，"而且我们获得了想要的速度。要知道，几年前所有市场都是法国电信的，而现在我们已经成了它最大的竞争对手。为什么？无非是我们动作更快一些，更冒险一些，当然，我们的价格也比法国电信便宜一些。"

这是华为在西欧市场首次做大单。而华为之所以能够在法国取得成功，跟它与当地代理商阿尔斯通的合作有着密切联系。阿尔斯通是法国的一家系统集成商，经常承揽一些电信集成项目，因此会与一些性价较高的设备商进行合作。当时，阿尔斯通在东欧谈下了一个非电信核心业务的城域网项目，因为找不到价格较为合适的设备商，于是抱着试一试的想法找到了华为。毫无疑问，华为便宜而又性能优越的产品受到了阿尔斯通的赞许，并渐渐在法国有了一点名气，还由此拿下了 NEUF 的大单。现在，华为成了 NEUF 的六大供应商之一，并牢牢占据第一的位置。

在荷兰，华为也节节取胜。

2004 年年初，华为开始与荷兰 Telfort 公司洽谈 WCDMA 网络承建合同。华为驻荷兰业务代表首先与荷兰邮政电信部门的熟人接触，然后再由这位熟人引荐给 Telfort 公司高管。该业务代表与荷兰邮政电信部门的熟人交谈时，得知 2000 年 7 月就已经拿到 3G（第三代移动通信）牌照的 Telfort 公司迟迟没有开展 3G 服务，不禁大喜过望，立刻向总部请求技术援助,又花了一个月时间想办法让华为的技术人员与Telfort公司进行了一次3G业务的交流。

与此同时,有五家移动运营商也在关注这个项目,包括爱立信、沃达丰、Orange(法国橙)、T-Mobile(德国电信下属公司)、KPN(荷兰第一大电信公司)。这些世界级的大公司,都有自己的研发中心以及技术和商业方面的支持平台。而且,沃达丰和KPN已经开通了基于R99版本的3G服务。说到人脉,Telfort公司的首席执行官、首席财务官等高管不少是从爱立信出来的。相比而言,华为没有任何优势,胜算很小。

在敌强我弱的情况下,任正非决定打一场"大会战"。通过与Telfort公司高层的多次交流,华为方面很快找到了Telfort公司迟迟不上3G的原因。原来,Telfort公司担心自己没有雄厚的研发支持,无法开展针对性的3G应用。另一个原因是,荷兰是欧洲人口密度最大的国家之一,而且非常注重环保。要安装新的基站和射频设备,必须经过所在建筑物业主的同意,需要支付的费用可能比设备本身的价格要高得多。

如何满足客户的特殊需求?这个难题引起了任正非的重视,经过研究,华为团队开始对症下药,制定解决方案。首先与Telfort公司合作成立了一个移动创新中心,专门研究在荷兰市场适合推出哪些移动服务项目。其次,在原有的小基站解决方案的基础上,采取分布式基站的解决办法。华为将基站分为BBU(基带处理单元)和RRU(远端射频单元)两个分离的部分,让两个部分可以直接安装到运营商原来的机柜中或者靠近天线的抱杆及墙面上。这样一来,Telefort公司90%以上的站点都可以利用原有的站点,总体拥有成本比常规方案节省了1/3。Telfort公司的首席执行官托恩·安·德·施蒂格对这个解决方案非常满意,他说:"我们就是看中了华为的这两点。"在接受华为的方案之前,他还亲自到华为深圳总部以及华为在阿联酋的3G项目考察过,留下了很好的印象。

12月8日,任正非飞到荷兰,在海牙亲自与托恩·安·德·施蒂格共同签署了这单超过 2 500 万欧元的 WCDMA 网络承建合同。签字仪式结束后，任正非高兴地宴请了所有在荷兰的华为员工。这也是华为的老规矩——败则拼死相救，胜则举杯相庆。这一次，任正非破例向每一位员工敬酒，他自己也喝了不少。

宴会结束后，任正非来到华为荷兰公司的办公楼，站在楼道上望着阿姆斯特丹·阿雷纳球场，又发了一番感慨："过去很多人说我们的营销就是'拉拢客户，打价格战'，要是真那么简单就好了。实际上，哪一次作战不是周密策划的结果。市场人员采取直销模式深入最底层，注重研究现有和潜在客户的背景资料，包括个人性格、技术背景等，以便更好地沟通和贴近客户，计划制订后实现资源共享，再迅速调度和组织大量资源，形成局部优势，这才是华为的营销力。"

华为的业务就这样在荷兰铺展开来，更多的机会正在向华为招手。2005 年 6 月 7 日，华为与荷兰电信运营商的老大 KPN 签订合同，成为 KPN 荷兰全国骨干传输网络的唯一供应商，这个项目包括骨干网和接入网，范围覆盖荷兰全国各大城市。6 月 29 日，KPN 宣布支付 11.2 亿欧元收购 Telfort 公司，这引起了 KPN 的主要供应商爱立信的忧虑。因为此前 KPN 的 3G 网络是由爱立信负责建设的，整个技术架构是基于已经显得过时的 R99 版本。如果这次收购成功，华为将有机会向 KPN 推销自己的全线产品。

这个时候，华为良好的供应链管理水平和"快速调集资源进行会战"的能力起了作用。当 KPN 要求三家供应商把设备运到 KPN 的实验室进行测试之后，华为的设备从中国运到荷兰海牙，竟然比欧洲大陆的阿尔卡特的设备还先到达。最后，华为如愿以偿地独享了这份大餐。

华为在荷兰电信市场的成功，显然要归功于良好的供应链管理水平，以及华为总部整合优质资源进行远方会战的能力。后来，华为与 KPN 继续合作，共同推进荷兰电信业的升级发展。2006 年 2 月，华为与 KPN 签署协议，合作建设覆盖荷兰全国的 3G/2G 核心网。2010 年 12 月，KPN 在华为的协助下，在海牙周边 20 公里处和福尔堡地区建立了

LTE 实验网。

2011 年 8 月，华为又与荷兰国家应用科学院开始了 LTE 实验网的试点研究。参与测试的几家荷兰移动通信运营商虽然已经掌握了 LTE 的技术和理论，却缺乏实践经验，因此选择与华为合作，以实现对 LTE 技术的升级与操作。

在欧洲战场，华为费时最久、耗资最大的是英国。

2001 年，任正非在英国设立华为办事处，配置了主任、产品经理、客服经理、技术支持总监、培训中心总监等一整套班子。但是，很长一段时间里，华为人接触英国电信（BT）时都遭到了冷遇，高傲的英国人认为中国企业不可能制造出高质量的交换机，所以根本不给华为任何机会，华为连参与招标的机会都没有。

人海战术不起作用了，任正非只得改变策略，想别的办法。2003 年，他从美伊战争受到启发：后台必须专业化，前端则要个性化，针对不同国家客户的需求，提供不同的产品组合和服务。美国打伊拉克时，见不到美军与萨达姆的军队大规模作战，美国打仗犹如玩电子游戏，只有侦察专家、地形测量专家、军事专家组成的三个小组深入敌后，看到萨达姆的军队后，马上制订作战计划，直接呼叫导弹飞机去打，把萨达姆的军队挨个干掉了。同样，华为在市场一线的人离不开总部各方面的专业支持（华为已组建十大支持平台，包括技术研发平台、中间试验平台、产品制造平台、全球采购平台、市场营销平台、人力资源平台、财务融资平台、行政服务平台、知识管理平台、公共数据平台）。一线人员只需搞清准确的情报，与客户接上关系，制订出相应的计划即可。在每一个国家，市场人员最兴奋的就是能够见到客户，能够拿到标书，再把辛苦做出来的标书送过去或者寄过去。他们心里也清楚这些标书送过去不可能中标，因为从来没有见过面，是不可能中标的。但是，他们希望标书发过去以后，客户会读它，通过标书多少了解一点华为，了解华为的产品，这样再和客户接触的时候，至少已经在文字上打过一个照面，就不会显得那么陌生了。

经过多番打探和了解之后，华为市场人员终于了解到与英国电信开展业务的规则：必须通过他们的各种认证，然后才能被列入他们自己掌握的短名单中。那么，如何得到认证呢？

2003年，华为总部乔迁新居，从深圳西边的南头迁至东面龙岗坂田；坐落于高新科技园区的华为总部从外表看就像大学校园一样，到处是庞大高耸的楼体，色彩斑斓的鲜花装点着成片的绿地；无论从哪个角度，都能让人感受到它的恢宏和气魄。细心的人还会发现，华为总部有一个客户服务中心，在会议厅、酒吧的一侧，有铺满厚地毯的小开间，是专为阿拉伯客户特设的伊斯兰祈祷室。由此可见，华为对国际客户的服务是十分细心周到的。

随后，任正非把各国客户请到总部来参观，对华为的产品进行认证。令人奇怪的是，英国人到华为考察时，关注的不是产品质量认证，而是华为的管理体系、质量控制体系、环境体系等认证，对产品要求反而简单，即能保障交付产品的可预测性和可复制性。

在国际一流水准的专家面前，华为的很多漏洞还是暴露了出来。英国电信的专家问道："在座的哪位能告诉我，从端到端全流程的角度看，影响华为高质量地将产品和服务交付给客户的排在最前面的五个需要解决的问题是什么？"华为在场的所有专家竟然没有一个能够答得上来！英国电信的专家在考察华为时，还提出了一个问题："华为如何保证产品的及时交付？"得到的回答却是："我们有非常严格的产品出货率指标进行考核。"英国专家很不客气地指出，我们并不关心你的及时出货率，更关心你的及时到货率。

在英国专家考察的过程中，还有一些小插曲让任正非感到十分尴尬。就在英国电信专家的眼皮子底下，华为一位"勇敢"的开发人员在生产现场没有采用任何静电防护措施，就从正在调试的机架上硬生生地拔出一块电路板，揣在腋下扬长而去；华为武装到牙齿、高度自动化的厂房中，偏偏有一摊不知道哪里来的水渍……

经过四天的考察，英国电信专家分十几个单元给华为打了分，每一个单元的满分是7分。除了基础设施得到了6分的高分之外，华为的其他硬件指标也得到了较高的分数，但是在业务的整体交付能力等软性指标上分数却较低。离开华为之前，英国电信专家留下了一句意味深长的话："希望华为能成为进步最快的公司。"

客户不满意，就得积极改进，绝不拖延。任正非带领华为人发挥日夜奋战的精神，在英国电信专家指出的问题上进行了几个月的"急行军"，把"让硬件的国际化变成整体能力的国际化"作为主要的努力方向。同时，任正非开始进行组织结构的调整，专门组建了大客户服务部，成立专门的团队为每个大客户提供端到端的服务。

2004年，任正非针对整个欧洲市场实施了一个名为"东方快车"的品牌计划，强调"要让客户看，要进行实验，为客户提供解决方案"，效果更进了一步。同时将相关产品送到英国检测，争取通过英国电信的供应商认证。这一认证耗时最长、耗力最巨，覆盖多达12个方面的内容，为此任正非成立了以孙亚芳为总指挥、常务副总裁费敏为总负责人的认证工作小组，成员涵盖销售、市场、供应链、人力资源、财务等诸多部门。

花了两年多的时间和数以亿计的资金，华为最终得到了这张"豪门俱乐部"的入场券（进入英国电信的"短名单"）。

2004年6月，英国电信的"21世纪网络"第一次发标。竞标者可谓盛况空前，大大小小数百家供应商参加了投标。在竞标者中，华为是最迟被列入"短名单"的一个。显然这是一次突围战，华为要从国际大牌中脱颖而出。

华为欧洲投标部主管多次召开会议，研究制定方案。但他们几次讨论都是谈失败的教训，互相鼓劲。他后来说："我们当时的实力还不行，公司的品牌、团队、供应链、客户关系还没有建立起来，仅仅上过几次门、交过几次材料、做过几次演示，还远远不够。大的运营商会看你的综合能力。"

品牌战的要素有很多，包括品牌战略、产品定位、价值价格、渠道和营销治理、精英团队、完善的管理体系（打造规范）等，任正非已经为打造华为品牌做了许多奠基性的工作。比如引进了 IBM 的 IPD 项目、ISC 项目，公司从上到下已经经历了 IBM 咨询顾问挑剔的眼光，又将 IP 技术引入接入网，提出了具有划时代意义的 IPDSLAM 理念，因此，任正非对满足英国电信的要求还是很有信心的。

英国电信在全球电信运营商中排名第九位，即使是全球顶级的设备商，也会因为达不到其要求而被罚得很惨。任正非认为，要想成为一流的硬件商，就要拿下一流的运营商。正因为它是一块硬骨头，所以更要拿下它。他收到下属的报告后，推迟住院治疗的时间，带病飞往英国，董事长孙亚芳、常务副总裁费敏等十几人随行，这种阵势以前从来没有过。

英国电信的这张入场券来之不易，任正非怎能不让它发挥最大效用呢，可是，他过去采取的"群狼围攻"战术和价格战对付不了不差钱的英国人。怎么办？

任正非认为，首先要弄明白英国到底需要什么，再想办法满足这个挑剔的客户的需求。因此，他将公司的几位决策者都带到英国来，现场办公，共同商讨竞投方案。最后明确两点：其一，针对英国电信的个性需求，制订明确的商业计划；其二，设立专门的服务机构，提供优质服务。客户最关心的不是产品价格，而是工程交付后运行的稳定性及技术支持与服务。无论多么先进的产品，都没有人敢保证它在运行中不出问题，所以，提供及时全面的售后服务就显得格外重要。任正非决定在英国设立欧洲地区总部和一个服务中心。至于英国电信的"21 世纪网络"全线产品，则可以和其他供应商合作，择优而用。

对于这样的方案，英国人是很满意的。2005 年，华为的产品（网络接入部件和传输设备）在最保守的老牌西方国家英国获得认可，与另外几家国际品牌产品一起用到英国电信的"21 世纪网络"中。这意味着华为品牌已与国际大品牌并肩而行。

英国《泰晤士报》的权威评称，华为在英国的作为是中国企业走向国际化的一个重要标志。这一年,华为的海外合同销售额首次超过国内合同销售额。

2009年10月,为了深化与英国电信的合作,并在尚未取得成功的北美市场获得更多的市场份额,任正非任命英国电信前高管马特·布罗斯担任华为的首席技术官。

2010年4月,华为成为英国电信在综合接入领域和传输两个领域的供应商。同年8月,双方宣布加强战略合作伙伴关系,英国电信计划投资10亿英镑建设下一代宽带网络,并在2015年前为2/3的英国家庭提供超宽带服务;华为则负责提供专业的解决方案,在这次合作中,华为通过领先的光接入和传送解决方案,为英国电信提供优质的超宽带体验和服务。

2016年,华为在欧洲的销售收入占其销售总额的30%,仅英国市场就有15个分支机构、1 500名员工,投资总额超过300多亿人民币。任正非在内部讲话中说:"现在,欧洲市场绝对是华为的大粮仓,是最重要的。"这是因为,欧洲是个利益多元化的地方,能够接受华为;欧洲还有大量的人才储备,有利于华为成立研发中心,满足华为的业务成长需要,而且可以改善与欧洲各国政府的关系。

5. 客户指哪儿,华为就打哪儿

在努力拓展海外业务的同时,任正非根据国际市场的不同需求,不断调整华为的经营战略。

一直以来,在华为人眼中,有三个部门对公司贡献最大:市场部、研发部和人力资源部。任正非虽然只抓大战略的确定,但研发部仍是由他主抓的重中之重。与其他国际通信巨头相比,华为没有长期的技术积累,但任正非还是在技术研发方面找到了适合华为的道路。

任正非选择了非核心专用芯片开发和板级开发两个应用技术发展方向。专用芯片的开发由华为基础研发部负责。专用芯片技术难度小,数量大，而且对公司降低成本很有帮助。其主要开发模式是，由华为自己设计几款芯片，然后找国内外专业芯片厂商加工。加工后的芯片可以用来替代直接购买现成芯片，节省了大量成本。2004年，华为专用芯片设计部门从华为独立出来，成立了一家名叫"海思半导体"的新公司。

市场方面，2005年第三季度，任正非对公司的业务部门进行了一次梳理，日常最高决策层和业务高级管理层重组为EMT（Execute Management Team，执行管理团队），包括市场和服务、战略和市场、产品和解决方案、运作和交付等部门，主要职能分别是销售、市场营销、研发和供应链，这几大业务部门再根据实际情况调整内部的组织结构。加上财务、策略和合作、人力资源三大部门，整个华为被重组成七大部门，由孙亚芳、徐直军等7位副总裁分管，同时取消了总裁的几个等级。这主要是为了与国际市场运作接轨，各个EMT部门之间的日常协作完全通过流程来完成。重组后，任正非频繁地调兵遣将，试图吸取海外市场的经验，进一步提升市场营销的地位，并通过多种方式宣传华为。由于早期销售手法过于灵活和富于攻击性，华为在一些国外媒体眼里的形象是"攫取、独裁、不包容"，因此任正非要重新打造"负责任的、有技术的"硬汉（一流硬件商）形象，树立华为品牌。

2005年冬，在一次电信展会上，有个记者偶然遇见了任正非，问及华为未来的发展重点。任正非表示："我也说不清重点是什么，未来怎么发展，我们都是糊里糊涂的。"记者追问华为未来发展的重点是国内还是海外，他说："不知道，我真的不知道我们将来朝哪个方向发展，但我可以告诉你，客户指哪儿，我们就打到哪儿。"

确实，对华为员工来说，接到一通电话就飞到利比亚、阿尔及利亚、委内瑞拉等世界各个角落是常有的事，而且经常一去就是三个月到半年，在条件落后的环境中做最艰苦的事情。员工当然也可以选择不去，但"去，就是给你一个舞台，让你有机会学习、成长；年底绩效好，还可以多认股，多分红，为什么不去呢"。所以，华为员工都是召之即去。

在中国人民解放军的队伍中，军官首先要做到的就是身先士卒，任正非也保持了军队的这一优良传统，既是指挥千军万马的统帅，又是一个时常奔跑在一线的战士，能命令他的人就是客户。他和普通市场人员一样，频繁地在欧非亚及南美洲各国间飞来飞去，在"听得见炮声"的地方指挥战斗。

有一次，飞机起飞12分钟后，开始剧烈颠簸，几乎是直线式向下俯冲，崇山峻岭闪电般从窗外掠过，任正非全身肌肉在发紧，空乘发出紧急通知：飞机遇到强气流……几分钟后，飞机迫降在北京首都国际机场，停机坪上，十多辆警车、消防车灯光闪烁，如临大敌。

这次遇险后不到10天，任正非又听到前线的呼叫，要从开罗飞往多哈。结果，同样的空中惊魂又重演了一次。飞机忽上忽下，恐怖地来回颠簸。惊恐的任正非在飞机迫降后原本打算取消航班，但一位同行者说："生命很脆弱，只求活在当下，活好每一天。"于是，两个小时后，任正非换乘另一班机，继续多哈之旅。

2005年，任正非第二次手术是从西班牙回来的飞机上就安排好的，一下飞机便直接进手术室。为了减少影响，他没有告诉任何人，病房冷冷清清的，不像普通员工生病，还有三四人去看望，收到一两支鲜花。

任正非作为总指挥尚且不断遭遇险情，他手下的士兵就更不用说了，经常冒着生命危险奋战在异国他乡。以下是华为某个驻乍得的业务代表记述的亲身经历：

今天中午吃饭的时候，看见院子里几朵紫色的牵牛花开了，突然惊醒：现在是3月份，家乡正是万物复苏、姹紫嫣红的春天。身在乍得，我把青春留在了这里，这个贫穷、少水却又炎热的国家。

自从来到项目组，就多次听大家说起阿贝歇，它是乍得的第二大城市，也是一个战火不断的城市，由于距离苏丹很近，叛军得到某国的支持与乍得政府对峙了相当一段时间。2006年5月，叛军一直攻打到了首都恩贾梅纳跟前，我们可以想象反动武装的力量有多么强大。虽然不久后，战火平息了下去，但是危险仍然处处存在，形势和伊拉克很类似。

虽然我也听说客户准备在阿贝歇建站点，但因为安全问题一直拖延着，客户承诺将来施工的时候会派军队保护，所以我们也就没有把这件事放在心上。尚感觉战火只有在电影里经历，现实中离我们像冰河世纪一样遥远。突然得到动身去阿贝歇的消息，没有心理准备的我才明白现实离自己的想象竟然那么近。

客户催得很急，阿贝歇地区的两个站点已经具备安装条件。我要带队即刻动身，可是之前客户答应的军队保护至今还没有动静，估计是没戏了。没有军队保护，没有通信设备，没有防护措施，一切都来不及准备。我们一辆皮卡，客户一辆皮卡，满载食物、工具，加上我和阿超、阿建、老项以及四个黑人本地队员，一大早就出发了。路上阿建抱怨没有人为我们送行，我逗他是不是有什么"后事"需要交代。虽然大家都知道是开玩笑，但对于这个靠近苏丹边境的城市，大家心里都没有底。

天气真热，刚过上午9点，就感觉热浪一阵阵向车窗扑来。我们的皮卡驾驶室算上司机也只能挤得下三个人，剩下的人都坐在后车厢里，和货物一起在太阳底下暴晒。我把自己的衬衫给阿建等人包在头上，以抵挡沙尘和烈日。我虽然坐在司机旁边，但身上的衣服也很快被汗湿透了，连牛仔裤都湿了。驾驶室里没有空调，窗外灼热的风把汗都烤干在脸上。中途停下来休息，看到坐在后面的五个人的尊容，让我想笑却笑不出来：阿建和阿超的头上都包着衣服，远看像大姑娘，但脸上却有红有黄，连眉毛都黄了，全是路上扬起的黄沙尘。Yousef的黑脸像涂了白灰一样，我开玩笑说：你的脸白了许多。大家都又渴又饿，但没人想吃东西，水喝了肚子很撑更难受。正午的那段时间，地面温度高达50多摄氏度，真不敢想象车后面的五个人是怎么挺过来的。写到这里，我还是要对阿建等人表示由衷的感谢，感谢他们对这里工作的支持，这种敬业精神（虽然后来我也到后厢里体验了300公里，但不是正午时分，即使这样，我的脸也被风沙吹得麻木了，当车子停在镇上的时候，摸着自己的脸一点感觉也没有，幸运的是还能说话）。

从恩贾梅纳到阿贝歇共计1 000公里，只有开始的300公里是柏油路，接下来全是黄沙弥漫的土路，被我们称为"乍得国道"。路面上的每粒沙子都在灼烫着汽车轮胎，车子好不容易开到了离阿贝歇还有500公里的蒙戈，一个相对较大的镇子。已经是下午4点钟，前方的路况很差，初来乍到的我们看着地图上到目的地中间的一片黄色，知道前方再也没有一个像样的镇子可以歇脚了，于是决定晚上住宿蒙戈，等天亮再赶路。给车加了油，人也需要加油了。好不容易找到一个烤羊肉的地方，我们坐下来要了份东西，是羊肉块煮土豆汤，加上地炉烤出来的面饼。坐下来把汤里的小树枝挑出来，已经饿了一天的我们抓起面包，不在乎里面有多少沙子，拌着羊肉汤吃了下去。四个中国人中，阿建吃得最多，结果还没到睡觉的时间他就叫着肚子疼。后来直到回来，阿建在路上只喝水，吃饼干，再也不看羊肉一眼。

我们在蒙戈找到了一个联合国粮油组织的仓库，和主管商量了一下，决定在这里住宿——这里毕竟安全一些，而且还有一台发电机，可以在夜里供电四个小时。值得一提的是，这里有个黑人汉语讲得非常流利，让我们挺惊讶的。他告诉我们他在北京待了10年，我问他为什么不留在条件更好的中国，他说乍得才是他的家！我很感慨，我也有很多机会可以留在海外，挣比现在多两倍甚至四五倍的工资，但是我却放过了，毕竟中国才是我的家！

越往前走，天气就越热，因为离沙漠更近了，而且有山阻挡了空气流动，我感觉嗓子都要喷出火来，鼻子也开始流血。走到离阿贝歇还有100公里左右，路更加难走了，简直和在沙堆里行走没什么两样，司机甚至打开了雨刷来刷前挡风玻璃上的灰尘。

经过将近两天的颠簸，我们总算在下午3点多钟到达了这个据说是乍得第二大的城市，远远望去不由得失望透顶：这个城市除了清真寺那两座高高的建筑之外，就看不到别的建筑了，好像所有房子都埋进了沙里。连一条像样的马路都没有，完全没有我们想象的那种规模。本来一路舟车劳顿，想找个旅馆整顿一下的打算也泡汤了。现在能否找个地方洗澡都成问题！走在大街上，亲身感受着这个才被战火洗礼过的城市残留的那些硝烟气息，我们都格外小心，生怕惹上麻烦，但还是被警察拦住了。我对这里的黑人警察没有好感，他们大都是想要钱的。司机去和警察交涉，我们远远地等了将近20分钟，警察才允许我们通行。

我们找遍全城，只找到两处"旅馆"。打引号是因为我不确定是否应该叫它旅馆，因为其中一处只有两间大房子，有几个地铺，连窗户都没有，门外还有铁栅栏；白天屋子里很暗，到了晚上只能和蚊子嬉戏了。这个地方使我想起了重庆的渣滓洞。另一家好歹在门口看到了"酒店"字样，一排草房子就是客房，每个房间每天大概60美金，简直是天价！而且很小的屋子里面只能睡一个人。当时我们一共八个人（不包括客户），预算要超支了。我真想睡到基站上去算了，但是随行的客户告诉我们那里很不安全，没有办法，只得安排我们的黑人兄弟住进了"渣滓洞"，我们四个则住进了这家价格相当于国内4星级的"豪华旅馆"。老板拍着胸脯向我们保证这里的安全，并特别给我们每个房间放了一桶水以供洗澡。

自我到乍得以来，经历过在基站上没水没电的日子，出差到这个硝烟犹存的城市，与它零距离接触，和随时可能出现的危险擦肩而过，看着街道上随处可见的碉堡和电线杆上密密麻麻的弹孔，我对大家说：最好争取早点将两个站点完工，早点离开这个危险的地方。当时心中的感受，可能我会记住一辈子吧！在工地干活的时候，侦察机从头顶飞过；距离这个城市100公里的地方还在交火，夜里睡觉的时候似乎能听到远处的炮火声。真的感觉自己就像在演一场电影，不应该是真实的。直到现在回想当时的情景，时而清晰时而模糊，难道阿贝歇的危险只是发生在自己的想象中吗？我们用了三天时间完成这两个站点的安装，万幸的是，在我们干活的这段时间没有出什么大乱子。我们在这个城市待了四个晚上，第五天早上5点便动身准备回恩贾梅纳。回去的经历大致和来时差不多,值得一提的是,从阿贝歇到恩贾梅纳,我们这辆皮卡报废了两个轮胎。

任正非后来读到这篇纪实文章也很感慨:"华为不能没有英雄啊!"就是这个组,在艰苦而危险的环境里,用五天时间完成了其他供应商要用一个月才能完成的任务,任正非称赞他们有"上甘岭精神",并要《华为人报》开辟专栏,专题报道奋战在一线的英雄。后来在《华为人报》的专栏中,就有了这样一个专题:他们奋斗在世界另一端。

做好品牌国际化和管理国际化的两手准备之后,华为的国际化扩张道路才算真正进入跑道,而这一起跑,就是加速度的。

到2005年年底,华为完成了亚太、欧洲、中东、北非、独联体、南美、南非、北美八大区的布点,在东欧、独联体、中东、亚太等地形成"规模销售"。西伯利亚的居民要想收到信号,非洲乞力马扎罗火山的登山客紧急找人求救,就连到巴黎、伦敦、悉尼等地,一下飞机接通的信号,都是华为的基站在提供服务。从8 000米以上喜马拉雅山的珠峰,零下40摄氏度的北极、南极,以及穷苦的非洲大地,都见得到华为人的足迹。对此,任正非总结说:"中华民族是一种忍耐的文化,而不是扩张的文化。我们就是要在利益均沾的原则下强力推行扩张文化。华为要用5～10年的时间将内部关系合理地理顺,使之充满扩张的力量!"

6. 不打价格战

一直以来,由于人力、资源成本较低,中国企业打入国际市场,往往是采取低价竞争策略。对华为来说,公司研发人员的薪水远低于欧美国家,大概是人家的1/5到1/4,这就使华为有了很大的成本优势,大大降低了西方企业的竞争力。

但是,任正非认为,决定市场和企业生存的关键因素并不是低价,如果一味地采取低价战略，只会破坏市场环境，降低自身实力，损人不利己。他也说过自己早年创业时的思路确实是"卖便宜点，多卖点"，而且当时华为在欧洲市场面临着爱立信、诺基亚、阿尔卡特等强大的对手，不得不采取低价策略来争取一些边缘业务。但是随着实力的增强，华为开始了从低价到高质高价的转型，致力于为客户提供从基站、网络到终端的全套解决方案，为此，任正非设立了客户中心，打通内部的研发和不同的产品事业部。品质和服务提升后，欧洲主流运营商渐渐接纳了华为，将华为列入合作名单。

任正非在《华为与对手做朋友：海外不打价格战》中总结了华为的海外投资，说："通信行业是一个投资类市场，仅靠短期的机会主义行为是不可能被客户接纳的。因此，我们拒绝机会主义，坚持面向目标市场，持之以恒地开拓市场，自始至终地加强我们的营销网络、服务网络及队伍建设，经过9年的艰苦拓展，屡战屡败、屡败屡战，终于赢来了今天海外市场的全面进步。"他认为，尽管华为在海外市场的成功与成本优势密切相关，但华为之所以获得成功，并不是因为成本更低、价格更低，而是因为奋斗精神、先进的技术、良好的服务、出色的战略规划等。

2012年和2013年，华为遭到了欧盟贸易专员发起的反倾销、反补贴调查，他们认为华为的产品价格偏低，给欧洲同行带来了很大的压力，因而认定华为有低价倾销的嫌疑。

欧盟贸易专员显然是故意刁难，想要阻止华为继续开拓欧洲市场。事情发生后，连华为的竞争对手如爱立信、阿朗（阿尔卡特和朗讯合资）、诺西（诺基亚和西门子合资）等都力挺华为，认为华为没有实行低价倾销策略。

但是，这也使任正非意识到，低价不能给华为带来任何好处，至少在欧洲市场是如此。现在，华为的产品价格在欧洲市场比阿尔卡特、诺基亚略高，与爱立信旗鼓相当。任正非说："我们不是靠低价，是靠高价。在欧洲市场，价格最高的是爱立信，华为的产品平均价低于爱立信

5%，但仍旧要高于阿尔卡特－朗讯、诺基亚－西门子5%～8%。""所以有时别人说我们定价高，我们定价不得不高，我们如果定价低就把别人都整死了。把别人整死不是我们的目的。那么钱多了怎么办，我们就加到对未来的科学研究投入上，去年我们全世界科学家有700多个，要增加到1 400多个。"

2017年8月4日，在《构筑全联接世界的万里长城》内部讲话中，任正非说：

"天下大事，必作于细"，只有在更小的项目层面上经营，才会知道哪些钱该花，哪些钱不该花。项目经理才能把"好钢用在刀刃上"，用最合理的成本，帮助客户解决大问题。

丹麦TDC作为老牌运营商，网络老化，成本居高不下，用户体验又不好，在激烈的市场竞争中江河日下。为了重振雄风，客户要华为做全网无线搬迁、优化和管理服务。谈判结束后，客户CEO说："这是我几十年职业生涯中最大的一次冒险，如果TDC项目无法达成既定目标，我不得不去跳海了，你们到时去丹麦的海边捞我。"

为了达成目标，向客户兑现承诺，项目经理周瑞生带领交付团队，用了九个月的时间，一个一个作业流程进行优化，一个一个站点进行规划，或搬迁，或扩容，或优化，进站高效运作……最终把客户的网络质量做到了第三方测试排名第一、数据流量增长3倍、ARPU（每用户平均收入）值增长10%，把客户的网络从"丑小鸭"变为"白天鹅"。根据合同中的奖励计划，客户特意给华为发了1 300万丹麦克朗的奖金。

2012年，启动以项目为基本经营单元的管理体系建设，不断强化项目经理的经营责任，完善项目八大员的训战和协同，同时也把项目奖和人员考核评价权给到了一线项目组，快速提拔"上过战场、开过枪"，有成功经验的人做主官，东北欧的张大伟成为最年轻的五级项目经理。

在赖朝森、段连杰等中方和一大批本地优秀项目经理的共同努力下，项目年度贡献毛利率较预算改进2PCT（两个百分点），项目经理正加速从施工队长向项目CEO转身。

2013年11月，国务院总理李克强访问罗马尼亚，问及华为在欧洲的运营情况，任正非汇报说："华为现在是卖高价，因为卖低价就把西方公司都搞死了。"

对华为来说，在完成了原始技术和资本积累后，已经在全球通信设备市场占据了一席之地，价格优势也就不那么重要了。如果采取低价战略，不仅无法带来更大的市场份额，还会降低自身利润，甚至引火烧身，遭到反倾销诉讼。

实行高价策略的效果十分明显。2012年到2013年，华为的营业利润从206.58亿元增长到291.28亿元。利润率从9.4%增至12.2%，收入也从2 201.98亿元增至2 390.25亿元。

7. 分享而不是独占市场

任正非开拓海外市场，除了不靠低价外，还有一个诀窍是不吃独食，与竞争对方分享市场。这也是为了营造良好的竞争环境。事实上，只有所有企业都遵守行业秩序，才能促进全行业的发展，低劣的价格战、口水战、公关战等，只会白白消耗宝贵的资源，而不会带来什么收益。比如，麦当劳和肯德基、可口可乐和百事可乐，这些企业长期共存、相安无事，正是良性竞争的最佳表现。

因为起步较晚，基础薄弱，很长一段时间以来，华为一直处于追赶者的角色。后来，华为慢慢壮大，在国际市场上站稳了脚跟，这时有人建议任正非乘胜追击，垄断国际市场。但是，任正非保持着清醒的头脑，他说："即使我们成为行业的领导者，也不能独霸天下，若华为成为成吉思汗独霸天下，最终是要灭亡的。我们立足于建立平衡的商业生态，而不是把竞争对手赶尽杀绝；我们努力通过管道服务全球，但不独占市场。"

任正非认为，只有主动给竞争对手留出一部分市场，才能确保自身的安全发展。如果企业想要独吞整个市场，只会让自己陷入困境。倡导"狼性文化"的华为人，一直被比喻成狼群，但是，如果将所有对手都赶出自己的猎场，狼群是不是就可以活得更好呢？答案是否定的，在竞争对手消失后，狼群不必再想方设法与对手争夺猎物，威胁越来越少，草原上的食物也很充足，狼群很轻松就能获得食物，渐渐地体能会下降，团队合作能力也会下降，也没有危机意识，最终因为不断退化而遭到淘汰。

企业的发展和壮大离不开一个良性发展的生态圈，而这个生态圈里不仅要有狼，有羊群，还要留下一些掠食动物。否则，狼群将失去强大的攻击力和群体作战能力，要么在退化中自我灭亡，要么被突然闯入的对手一举击垮。所以，任正非致力于打造竞争均衡状态，把竞争对手当成是相互竞争、相互促进的合作伙伴。

基于此，任正非提出了一个市场合作方案——"分享制"，并进行了解释："这个信息社会长大的速度，比我们的能力长大得快，不然我们可以打打高尔夫、喝喝咖啡。我们的国际同行在这段时期也变大了，苹果大得皮都不知如何削了。只有共同合作发展，才能满足社会需要。我们的分享制，从 20 多年来对资本和劳动的分享实践，逐步扩展到对客户、供应商分享成功。同时，与领导这个世界的先进公司合作，共同制定标准、路标，一起为社会做出更大的贡献。"

这种分享是建立在各自的生存和利益需求基础上的，因此大家在合作分享的同时还需要相互竞争。

2014 年，在"后备干部项目管理与经营短训项目"座谈会上，任正非提出了一个非常有趣的观点：在争抢大数据流量的机会点时，华为所占的市场份额最好控制在 1/3 左右，剩下的留给竞争对手。

在这里，任正非提到的数据是 1/3，有人猜测，任正非这样做也许是因为华为遭遇了发展瓶颈，暂时没有办法取得什么突破。但是，从2013年到2014年，华为的营业额、利润、市场占有率都在稳步上升，没有证据表明华为的发展遇到了问题。那么，任正非究竟是怎么考虑的呢？不久，他在公司内部进一步解释说："当我们抢不到大数据流量的机会点时，就会被边缘化、死亡；当我们全部占领大数据流量的机会点时，也会是惰怠，也会死亡。"

由此可见，这个1/3的市场份额是任正非有意而为之，目的是防止公司因胃口过大而破坏自己的生存环境。因为一旦试图控制整个市场，企业就会失去前进的动力，最终在懈怠和自我麻痹中迅速衰落。很显然，任正非有着独特的战略思维和精准定位。

华为发展壮大的过程中遇到过很多对手，但任正非从来没有采取敌对的心态，而是以开放、发展、合作的态度向对手学习，并争取合作的机会。

思科起诉华为案结束的第二年，美国微软公司总裁鲍尔默到深圳华为总部拜访任正非，希望华为不要参与到针对微软的反垄断阵营中。对此，任正非巧妙地回答说："反垄断是政府的工作，有利于创新，也有利于社会进步和消费者，但这不是华为的职责，华为也没有这个实力。"实际上，华为正是依靠反垄断击退了思科的强势诉讼，这是为生存而战。但是，任正非不会主动地反垄断，他希望"同时在两把伞下待着，左手举着微软的伞，右手举着思科的伞，你卖高价，我低一点，也赚了大钱。我打倒了你，太阳晒得我满身大汗，汗水又浇肥了我脚下的小草，小草以低价侵占我的地盘……我才不吃力不讨好呢"。

这也是任正非维持外部均衡的一个重要策略。为了让华为保持活力，他总是有限度地保持对手的生存空间，给对方保留一些核心市场，打造一种竞争均衡状态。他说："就像西瓜切成八块，我只要一块。我跟日本的公司说，我绝不会去搞物理，我只搞数学逻辑。这样日本公司就放心了，我不会泄露它们的材料技术，譬如永远不会搞氮化镓。我跟微软也说了，我永远不会搞搜索，微软也就放心了。在国际分工中，我们只做一点点事,以后也只能做一点点事。"通过精准的定位,任正非避免了与竞争对手的利益发生过多重叠,从而在一定程度上保证自身的安全。

2013年对任正非是个值得高兴的年度,因为华为的营业收入首次超过了爱立信。当然,在行业影响力上,爱立信仍然遥遥领先。但任正非并不因此而泄气,爱立信和苹果这些强大的竞争对手,不仅教会了华为一些行业经验和教训,还促使华为不断完善自身,对华为的长远发展有着重要意义。

在华为消费者BG年度大会上,任正非要求华为员工学习友商的优点,与竞争对手做朋友。比如学习小米的营销模式,并接受"互联网思维"这个法宝;比如苹果手机每年只推出两三款新品就能赚取大量利润,显示了手机品牌建立生态黏性和服务体系的重要意义;比如学习OPPO和vivo,在与它们竞争的过程中谋求技术附加值,进而实现高利润。

任正非还要求华为员工不要恶意攻击竞争对手,无论在什么场合,都不能讲"灭三星、灭苹果"之类的话,一旦发现就罚款100元。由此可知,任正非真正做到了理性、科学地看待竞争关系,下面这个例子很能说明这一点。

Option是比利时的无线网络设备厂商,也是欧洲唯一一家无线网卡、USB闪存和嵌入式笔记本上网模块厂商。华为物美价廉的无线网卡进入欧洲后大受欢迎,但也因此得罪了Option。Option认为,中国人怎么可能生产出这么好的无线网卡,肯定是抄袭和侵权。2010年6月,Option向欧盟提交申请,要求欧盟启动针对中国生产的无线网卡的调查,并将华为列为调查的第一家公司。于是,从2010年6月到9月,欧盟调查小组展开了对中国出口的无线网卡系列产品反倾销、反补贴和保护措施三种调查。但他们调查了几个月也没查出个所以然来。这时,任正非没有向Option追讨业务损失,反而主动提出要与Option组建合资公司,分享市场。

2010年10月，双方达成协议，决定在比利时成立一家研发中心，共同进军欧洲电信市场。为了表示合作的诚意，华为花2 700万欧元购买了Option的连接管理器软件授权。为了巩固合作成果，2010年11月，华为又花800万欧元正式收购了Option的子公司M4S。这对受到欧债危机影响的Option来说简直是雪中送炭，也没有理由再去告华为的状了。很快，Option便要求比利时政府撤销所谓的"保护措施"调查，同时要求欧盟停止针对中国公司的反补贴、反倾销和保护措施调查。

就这样，任正非通过妥协顺利解决了问题，从此又可以在欧洲无线网卡市场上畅行无阻。

几乎同一时间，华为还遭遇了美国InterDigital Communication（IDCC）公司的侵权诉讼。IDCC是无线电话通信的先驱，曾经建立全球第一个无线网络。2011年，IDCC对华为总部和美国分公司提起了专利侵权诉讼，要求美国特拉华州法院初步永远禁止华为继续使用其专利，并要求华为对侵权行为进行赔偿。此外，IDCC还向美国国际贸易委员会起诉华为的侵权行为。这场纠纷历时两年，到2013年才了结，因为IDCC构成了垄断民事侵权的行为，所以双方相互支付了一定的赔偿费用。但这场官司也使IDCC得到了很多好处，从国内反垄断调查中成功脱身。出乎人们意料的是，2016年9月6日，IDCC宣布与华为签署全球性的非排他专利许可协议，曾经打得不可开交的竞争对手转眼间成了合作伙伴。毫无疑问，这对IDCC来说是个明智的决定，同年第三季度，IDCC的收入同比翻了一番以上，而且股价持续高涨。2016年9月8日，IDCC股价达到每股7 388美元，为2011年以来的最高值。由此，双方多年的争战暂告一段落，而且有了更为广阔的合作空间。

为了建立良好的商业生态环境，任正非还采取了一个重要举措，那就是企业全球化。截至2014年1月，华为在欧洲设立了2个研究中心，下设14个研发机构，建立了财务、营销、服务等领域的6个能力中心，并与德国电信、沃达丰、宝马等知名公司开展合作。这样做显然是为了更好地与当地运营商沟通和合作。2013年，华为在欧洲的采购额达到

34亿美元,用于购买元器件、工程服务和国际物流服务等。随着华为在欧洲市场的深入发展,其采购量也将持续增加。

在华为国际化的过程中,任正非也一直以积极的态度招聘国际员工,推动海外员工的本地化进程。根据华为官方数据显示,华为海外本地员工的聘用平均每年增长15%以上。到2017年,华为在海外聘用的员工总数超过3.5万人,海外员工平均本地化率约70%。

第八章　外患与内忧

一边是舆论公开的道德谴责，一边是任正非的"自行其是"，他坚持保留华为文化中的核心部分——持续的艰苦奋斗、默契的团队合作的传统，又在新形势下追求规范、精准的职业化行为，使各种矛盾体结成利益共同体，在矛盾与平衡中大步前进。

1. 中兴的低价战略

华为走上国际化扩张道路后，实力不断壮大，而它面临的竞争对手也不再仅限于国内，开始与全球网络设备市场的霸主思科短兵相接。

从1998年开始，任正非就开始尝试"针尖战略"，这一战略是指在电信业中冲到最前面，不与别人产生利益冲突。但他很快就透过IT泡沫看到了这个行业供给无限性与需求有限性之间的永恒矛盾："取得产品技术突破后，不仅不能打遍全世界，而且在家门口也未必有优势。"他意识到，在这一行业，技术实力不相伯仲，即使做到领先半步也是很困难的，华为在研发方面每年的投入为其销售额的10%，但也无法保证永远处于"针尖"位置，电信业内同质化的产品投放到同一市场，同行间的竞争就无法避免。

在小灵通业务上的失误，使任正非一度患上抑郁症，精神压力很大，有时甚至半夜哭醒，"有些疲惫、崩溃，身体患有多项疾病，动过两次癌症手术"。任正非后来说："我当年精神抑郁，就是为了一个小灵通，为了一个TD，我痛苦了8~10年。我并不害怕来自外部的压力，而是害怕来自内部的压力。我不让做，会不会使公司就此走向错误，崩溃了？做了，是否会损失我争夺战略高地的资源？内心是恐惧的。"

患了抑郁症的任正非认识到，通信行业是一个投资类市场，仅靠短期的机会主义行为是不可能被客户接纳的，唯有品牌与服务才能拿下和留住客户。他进一步强调"以客户为中心"这一商业价值观，要求华为人"眼睛盯着客户，屁股对着老板"。

2001年7月，华为内刊《华为人报》准备登载一篇题为"为客户服务是华为存在的理由"的文章，任正非在审稿时将题目改为"为客户服务是华为存在的唯一理由"，他认为，华为命中注定是为客户而存在的，除了客户，华为没有任何存在的理由，所以是唯一理由。基于这一理念，他决定减少"内战"，以土地换和平，宁愿放弃一些市场和利益，也要与友商合作，共同创造良好的生存空间，共享价值链的利益；同时开辟国际主流战场，与主流大公司正面交锋。

但是，华为大举进军海外时，中兴也紧随其后，双方在印度、中东、非洲形影不离，市场严重重叠，因此经常相互拆台，以价格战定胜负。

2003年，在印度MTNL公司的一次竞标中，华为和中兴分别通过印度合作伙伴参与了项目竞争。华为的竞标价格为34.5亿卢比，中兴的价格略高一点。几天的角逐下来，在所有参与竞标的公司中，中兴排在第二位，华为殿后，中兴夺标几乎毫无悬念。出人意料的是，最后MTNL弃掉中兴，选择了华为。

对于这个结果，侯为贵心里很不服气，并很快找到了反击点。当时MTNL的标书中有这样一行字：参与本次工程竞标的企业，必须具有在世界任一地方至少20万线CDMA设备供应记录，方能参与竞标。

这让侯为贵欣喜若狂，因为华为此前在亚非拉市场拿下的项目都比较小，根本没有20万线CDMA设备供应记录，凭什么和中兴抢？侯为贵马上派人准备了一份中国联通CDMA网络建设工程中标公司的统计资料，并明确标注华为不具备相关条件，意欲把华为到手的订单再抢回来。

侯为贵的如意算盘最终虽然落空了，但MTNL接到中兴的材料后，特意派出调查小组到华为提出质疑,搞得任正非大为光火。这次交战,双方算是打了个平手,但都没有要停下来的意思。

2004年,中兴决心进攻尼泊尔市场。尼泊尔是华为进入较早、费时较多、防卫最严的市场,如果中兴能在这里打开缺口,战略意义非凡。

长期以来,侯为贵奉行技术至上的理念,销售并非中兴的强项。侯为贵自问,中兴的强项是什么?他得到的答案是技术、产品。如果具备技术优势的产品,价格也很低,市场会有怎样的反应呢?侯为贵决心破釜沉舟、拼死一战,他的底牌除了低价还是低价,在投标会上,他不仅不允许中兴的竞标价格高于华为,还要低上至少50%。抢到订单和市场就是胜利,亏钱也无所谓。

中兴这种极具赌博性的行为,让华为连栽了好几个跟头,任正非怒不可遏,甚至向中国驻尼泊尔大使馆递交起诉书,状告中兴屡次采取不正当竞争手段,但这依然难以改变中兴夺走市场的事实。

在这种情况下,任正非不得不调整华为的海外策略,避免与中兴硬碰硬。当时在国际市场上,参加同一个竞标时,两家公司通常是先想办法让招标方给中国厂商机会,这样两家企业都有机会,但如果第一轮通过了,两家都在里面,就只能竞争了。两家公司在国外争夺同一个标,虽然都有压力,但毕竟利大于弊。"如果只有一家公司,反而可能因为缺乏强有力的竞争而发展不起来。现在两家公司都处于一个关键时期,因为它们面对的是全球的跨国公司,中兴、华为与它们的差距还非常大,所以在相当长一段时间内,两家公司将是自发的合作、自觉的竞争关系。"

2. 不打不成交的思科

这一期间,与华为近身相搏还有一个老冤家——思科。思科是全球领先的网络解决方案供应商,其设备和软件产品主要用于连接计算机网络系统。它的主要产品就是华为"云、管、端"中的"管"系列产品,也就是无线接入、固定接入、核心网、传送网、数据通信、能源与基础设施等产品。

双方的嫌隙最早发生在1995年。当时华为正式推出A8010接入服务器，打响了数据通信产品第一炮，开发人员需要研究与之匹配的路由器的各种数据通信协议。他们在网络上搜索所有能搜到的开源的TCP/IP协议软件，进行分析修改，然后自行开发一些协议软件模块，最终形成了华为数据通信产品的平台VRP（虚拟路由平台）。

思科已经嗅到了一支新血统正在崛起的气味，开始从TCP/IP协议软件中挑毛病，说华为的路由器产品剽窃思科的软件。不过，因为华为当时还比较弱小，思科并未深究。思科很自信，认为中国企业无法动摇它在中国市场的地位，何况华为只是一家小小的民营企业。

然而，思科万万没有想到，到2002年，华为在中国路由器、交换机市场的占有率便直逼思科，成为它最大的竞争对手。同年上半年，华为还完成了对光通信厂商OptiMight公司的收购，大大加强了它在光传输方面的技术实力。同年6月，华为美国公司Future Wei正式成立，并开始与思科在企业商用市场的老对手3Com正式接触，商谈成立合资公司。同样是这一年，华为全系列数据通信产品首次在美国亚特兰大举行的电信设备展亮相。华为展示的数据通信产品，性能与思科的产品相当，价格却比思科低20%~50%。华为甚至还在美国主流财经和专业媒体上刊登极具挑战性的广告："它们唯一的不同就是价格。"广告的背景图案就是旧金山的金门大桥，而思科公司的标志也是金门大桥。思科首席执行官钱伯斯为此火冒三丈，他悄悄来到华为展台前停留了10多分钟，详细询问了华为高、中、低端全系列路由器的技术情况。华为销售人员以为遇到了潜在客户，介绍得格外卖力，直到钱伯斯匆匆离开，在场的一位华为主管才想起对方是思科首席执行官。钱伯斯回到公司后，马上成立了"打击华为"工作小组。

外界并不知道思科即将对华为采取阻击行动。许多媒体报道了Future Wei的盛大亮相，认为这是业界的一个亮点。展览结束后，华为的数据通信产品迅速在美国市场打开了销售局面，当年在美国市场的销售额比上年度增长了将近70%。2002年秋，华为的数据通信产品在巴西举行的招标中脱颖而出，拿到了400万美元的订单。这使思科负责这次招标的经理第二天便被公司解职。不过，思科在全球网络设备市场的霸主地位仍未动摇。

利用收购和合作进军美国市场，对任正非来说是一个不错的选择，而这也使思科这家在全球互联网设备行业雄踞霸主地位的美国公司，迎来了一个极具攻击性的中国挑战者。几个月后，钱伯斯发现"打击华为"计划收效甚微，这家来自中国的公司正在自己眼皮子底下抢夺客户。华为的产品直接与思科竞争，而且价格低30%左右。连美国大本营也受到了威胁，思科终于坐不住了。2002年12月中旬，思科全球副总裁从美国来到中国深圳，在深圳香格里拉酒店约见华为高层，正式提出华为侵犯思科知识产权的问题。任正非、郭平、宋柳平等出席了约谈会。

此前，由于重金投入的3G研发陷入苦苦的等待，在联通CDMA招标中意外失手，对手中兴借小灵通业务进逼华为，UT斯达康等老对手缩短与华为的距离，数字通信产品也遭到港湾网络有限公司的严重挑战，任正非十分自责，在一次会议上坦陈："不要太看重面子，在华为犯错最多的是我……不过大家是为维护领导人的威信，给点面子罢了，我自己心知肚明。"现在又莫名其妙地惹上与思科的官司，任正非情绪低落，更加抑郁了。他甚至说，2002年至2003年华为处在内外交困、濒于崩溃的边缘。在与思科高管就IP知识产权问题初步交涉时，他的态度比较冷淡，回应说华为一贯尊重他人的知识产权，并注重保护自己的知识产权，但也表示"华为愿意根据事实，解决双方所存在的争议。欢迎思科检查我们的产品"。而思科提出的谈判条件是华为在10日内从市场上撤出产品并删除产品中核查方认定已经侵犯思科知识产权的任何代码，并要通知客户在30天内停止使用侵权产品。

任正非没有立即表态。之后双方又有过两次电话沟通，华为试图对思科提出的条款做一些变通处理，但思科不同意修改条款的任何内容，并要求任正非立刻签字。这实际上没有留下任何谈判的余地，任正非怎能接受？

思科没有得到自己想要的结果，于是在2003年1月23日，农历腊月二十一，距中国的春节只有九天时间，在美国得克萨斯州东区联邦法庭提起诉讼，指控华为及其美国子公司Future Wei盗用部分思科的IOS（互联网操作系统）源代码，应用在其Quidway路由器和交换机的操作系统中，对思科专利形成至少5项侵权。在长达77页的起诉书中，华为面临专利、版权、不正当竞争、商业秘密等8大类指控、21项罪名，几乎涵盖了知识产权诉讼的所有领域。

任正非心里明白，这是思科试图阻止华为在美国生根的一种手段。这也是华为成立15年来，首次遭遇跨国知识产权诉讼，而且来得有点突然。任正非心里没底，他把常务副总裁郭平、徐文伟找来，对他们说："美国佬无事生非地找麻烦，不依不饶，只能辛苦你们跑一趟美国，恐怕你们要在美国过一个春节了。"郭平、徐文伟放下手头的工作，第一时间赶到美国，他们的年夜饭也是在美国的宾馆里吃的。

郭平是华为法务部首席法务官（主任），负责华为在法律、媒体、学界合作等方面的总体策划，也是这次华为应对思科诉讼的总指挥。他在美国要做两手准备：一是应对诉讼，二是争取与思科和解谈判。

华为法务部负责国际事务的首席律师陈树实、负责华为国际市场宣传的员工以及华为的另一位律师，也先后赶到美国。郭平把这些人分为两组，一组为诉讼官司行动小组，另一组为和解谈判小组。两组分头开展工作，白天在美国与各方面合作、广泛建立"统一战线"，晚上与深圳公司总部高层交流汇报，目标是：不辱使命。

在一位美国律师的特别引见下，郭平非常有诚意地拜访了钱伯斯，力争和谈，但未能如愿。

思科是早有预谋的，形势对华为来说相当严峻。此时，业界不断传出消息说，思科此次诉讼的最低目标是将华为的产品赶出美国市场，并阻止华为与3Com正在进行的合资谈判；最高目标是把华为拖入诉讼泥潭，获得侵权赔偿，最终让这家中国高科技公司破产。

由于思科没有和解的意思，郭平便把工作重点放在应诉上，他想，最坏的结果也坏不过完全答应思科提出的条款。于是，他将两个小组合二为一，一方面接触美国媒体，让美国人了解华为是一家怎样的公司。郭平对公司的产品很有信心，只是需要权威部门来告诉美国人。另一方面，他在当地聘请了两家著名律师事务所的律师来应对诉讼，做好最坏的打算。

在深圳，任正非也在做紧急清理工作，首先要求所有员工必须讲真话，理解高层的意图，若有任何隐瞒，都会让官司陷入被动。同时组织工作组全面清理研发文档，文档不清时，则要说明软件是如何编出来的，避免个别员工的取巧行为导致公司负法律责任，并组织人员对有争议的地方进行修改。

2003年3月，华为正式开始对美国企业设备巨头、网络处理器厂商Cognigine的收购。3月20日，华为与3Com宣布成立合资公司。任正非之所以在整合尚未完成时就对外宣布，显然与应对思科诉讼有很大关系。3Com是思科的死对头，熟读"毛选"的任正非自然知道，"敌人的敌人就是我们的朋友"。有美国老牌企业出来为华为说话，形势必然会有所改观。

五天以后，3Com公司的首席执行官布鲁斯·格莱夫林出场了，他在位于得克萨斯州的联邦法院马歇尔分院为华为出庭作证，向法庭出示了一份报告，并亲口告诉人们，他去过总部位于中国深圳的华为公司，并且与华为一起做了为期八个月的双向认证。以他几十年的职业生涯来判断，华为是拥有自己技术的公司，是值得信赖的。如果华为有侵犯知识产权的事实，3Com不会冒巨大的风险与华为成立合资公司。

不过，他的作证只能说明华为拥有自己的技术，有开发能力，并不能说明华为的产品没有侵权。

2003年4月14日，华为表示早已从美国市场撤回了可能包含思科代码的产品。

2003年6月7日，美国得克萨斯州法院马歇尔分院发布初步禁止令，判决华为停止使用思科提出的有争议的一些路由器软件源代码、操作界面以及在线帮助文件，同时驳回了思科的其他诉求。

2003年6月11日，3Com要求判决与华为合资生产的产品没有侵权。

思科不服，再次起诉，声称华为在2003年的版权纠纷案中做出虚假陈述，也没有撤下侵权产品，并公开了一份之前处于密封状态的文件的部分内容。在公开的报告片段中，思科表示："依据精确的评论和字符分隔形式，不仅表明华为接触了思科的代码，更意味着这些电子代码被复制，并插入华为的代码中。"

思科的这个指控，与美国众议院常设特别情报委员会调查报告的相关表述相互印证。在针对华为列出的12条指控中，其中有一条认为，华为漠视美国公司和实体的知识产权。

华为再次表示将从美国市场撤下遭思科起诉的涉嫌侵权的所有产品。美国联邦调查局开始暗中调查华为的军方背景，认为任正非是中国军方派驻华为的代表，华为的产品有可能对美国国家安全构成威胁。但是，思科拒绝联邦调查局插手对华为的调查，要求法院重新裁定。

郭平等人代表华为邀请斯坦福大学资深教授、数据通信与互联网专家埃迪圣，向马歇尔分院为他们出示了技术报告。该报告指出，华为的VRP平台总共有200万行源代码，而思科的IOS则用了2 000万行源代码，要去抄袭一个比自己数量大10倍的软件本身是不可想象的。另外，华为的VRP平台只有1.7%与思科的EIGRP（即增强网关路由线路协议）私有协议有关，但私有协议本身在知识产权上属于某些大公司为了垄断市场而不愿公开的部分。

由于法庭在两次听证会后分别支持和驳回了思科的一些诉讼请求，2003年10月2日，思科与华为达成初步协议，同意在双方邀请的独立第三方专家审核的过程中中止诉讼，官司暂停六个月。

不久，华为把涉及争议的VRP技术平台的全部源代码带到美国去接受检验。在没有任何一个中国人参与的第三方审核团严格认证后,结果是,在思科指出的"8大类21项指控"相关的2 000多条源代码中,未发现华为对思科的侵权。以知识产权诉讼的形式,华为在技术研发上完成了一次严格的"体检"。检查结果表明,华为是"健康"的。

2003年11月,华为与3Com正式成立合资公司——华为3Com(H3C,华三通信技术有限公司,以下简称"华三")分公司,大大加强了华为在交换机和路由器核心处理器方面的能力,从此开始了联合拓展之路。美国的几家合资公司在"悍将"郑树生的领导下,干得有声有色。

由于华为迅速和3Com结盟,思科的凶猛攻势逐渐被化解了。一位业内人士称赞说:"这招以夷制夷的太极推手,是老任的神来之笔。"可谓一举数得。思科重新提出的证据,没有一样能在美国法院起诉华为,反倒让华为一夕之间在全球声名大噪。

美国时间2004年4月6日,思科将诉讼延期。同年7月28日上午,双方达成最终和解协议,终止各自提出的诉讼及反诉讼请求。法院据此签发法令,终止思科对华为的诉讼,思科今后不得再就此案提起诉讼或者以相同事由提起诉讼,并且各方的律师费用、诉讼费用及其他相关费用都由各方自行承担。

任正非终于松了一口气,于同年8月初再次飞往南非分公司视察。在巡视期间,有人问任正非对思科有何看法,他回答说:"思科是很值得华为尊敬与学习的公司,钱伯斯是一代伟大的巨人,思科在数据通信领域为人类做出了巨大的贡献,思科在管理、市场、知识产权方面是很成功的。思科利用私有协议来取得竞争优势,作为一家企业,它这样做是可以理解的。但各国政府为了维护公平竞争,不应给予保护,而应迫使它开放。"

华为与思科和解十八个月后,2005年12月某一天,在深圳坂田的华为总部办公室里,任正非对着镜子整理了一下自己的领带。这位平常在华为大本营里着装不太在意的总裁,今天的穿着却非常规整。因为今天他将迎来一位华为的贵客，既是多年的敌人，也可以说是未来的伙伴——钱伯斯。

对于这位竞争对手，任正非给予了最高规格的接待。在深圳坂田的华为总部会议室里，两个人纵声大笑着，第一次把手紧紧握在了一起。或许，我们可以把那场知识产权诉讼看作电信制造业的一场"战争"。尽管从结果来看双方似乎打了个平手，但是华为证明了自己的能力，让思科看到了自己的"大国气质"，并且不得不接受华为这股力量的存在。这是华为与思科平等交流、对话甚至开展合作的基础。钱伯斯的来访，体现的就是这种象征意义。在这次破冰之旅中，双方就IT产业的发展前景进行了深度探讨。

在钱伯斯之后，任正非与西门子总裁托马斯·甘斯文特一起畅想了两家在中国的TD-SCDMA合资公司的发展前景，并就西门子准备收购"华为叛将"李一男的港湾网络有限公司开诚布公地交换了意见。而在会见钱伯斯之前，任正非与阿尔卡特公司总裁兼COO（首席运营官）詹迈廷在法国的一个葡萄园中也进行了一次私人聚会。他们一边品着红酒，一边纵论电信制造业的公司运营，甚至就两个企业是否应该拓展房地产业务等话题各抒己见。

这一年，华为与3Com的合资公司华三已经对思科产生了切实的冲击，这也是华为第一次大规模进入企业网。

与运营商市场的高度集中不同，企业市场用户多而分散，华为开始尝试与著名企业合作的方式来迅速获得分销优势。根据协议，在中国和日本市场上将以合资企业的品牌销售产品，而在中国和日本之外的市场则以3Com的品牌销售合资企业的产品。合资企业既可以销售华为以前开发并已经转入合资企业的网络产品，也可以依据合资企业与3Com达成的代工协议销售3Com现行产品线中的产品。在总裁郑树生、全球营销总裁吴敬传等"老华为人"的率领下，合资公司华三成为思科在中国市场上的劲敌。2005年，华三在国内数据通信新建市场的占有率跃居第一，到2006年在整体市场上的份额也开始逼近思科，直接导致业绩不佳的思科中国区总裁杜家滨"下课",这也使思科无法集中精力与华为争夺电信运营商市场。

在思科眼里,华为不再是过去那个只知道依靠"土狼"式"游击战",在中国市场上给自己"搅局"的狼群了。华为无可争辩的崛起,使任正非的影响力越来越被世界所见识。2005 年,美国《时代》周刊发表了一年一度的"世界最具影响力的 100 人"名单。在 IT 界,任正非成为唯一入选的中国人,其他入选的 IT 界名人包括微软主席比尔·盖茨、苹果公司首席执行官史蒂夫·乔布斯、谷歌联合创始人拉里·佩奇和谢尔盖·布林等,都是世界顶级人物。

任正非在一次内部会议上谦逊地说:"华为依靠自己的不懈努力,在路由器和以太网领域占有了一定的份额,赢得了客户、合作伙伴和业界的认同。与思科这样的世界级企业同台竞技,也是华为的一种荣幸。"钱伯斯则称任正非是"令人尊敬的对手"。不过,只要双方还在同一市场耕耘,就不免会有竞争。

2014 年,思科面临着业绩下滑的危机,在中国的销售额同比减少 20%,但全球营业收入却同比增长 5.1%。根据美国投资银行 Bernstein Research 的统计,思科在全球路由器市场的份额从一年前的 21.2% 降至 2015 年第一季度的 9.4%,其中损失的销售额都被华为夺走了。

2015 年 11 月 10 日,思科与爱立信宣布将建立广泛的技术与商业关系,全面展开合作。而华为一向被思科视为最大的竞争对手,随着华为企业业务技术和产品的不断更新,双方的火药味也变得越来越浓。思科前任 CEO 钱伯斯曾在 2014 年的一场演讲中表示,思科的竞争对手大部分已经被市场淘汰,到 2018 年,其他竞争对手也将所剩无几,其中就包括华为。对此,华为常务董事、战略销售总裁徐文伟回应说:"华为作为企业市场的新加入者,没有包袱,愿意创新。……我们走的路子是创新、差异化再到领先,不会放弃任何市场。"

相对于思科,任正非更愿意把爱立信称为友商,并在不少场合表达了对爱立信的"赞赏"。近年来华为不断扩大业务领域,爱立信则专注于无线业务和服务，但这次它与思科合并后，与华为在电信和网络融合领域的竞争也将拉开帷幕。

不管怎样，任正非的脚步越来越坚定了，华为的强大谁也无法阻挡。在 2018 年《财富》世界 500 强榜单上，华为以 893 亿美元营收名列第 72 位，思科则以 480 亿美元营收名列第 212 位。

3. 化解恩怨，收编港湾

任正非一路披荆斩棘，渐渐成为 IT 业界的带头大哥，而华为的不断壮大，必然会孵化出一批业界领袖级人才，他们有着自己的发展方向和成就一番事业的雄心，如同蝉大了要蜕皮，小鸡孵成则破壳，出走华为也是自然之事，这本值得任正非自豪，分分合合并不一定会有什么深仇大恨，但他在收编中也花费了不少心思。

张建国、李一男、刘平、胡红卫、陈硕、聂国良、黄耀旭等人都曾经是任正非手下的得力干将，后来他们陆续离开华为，自己创业。其中，胡红卫成立深圳市思捷达企业管理咨询有限公司，聂国良组建汉华企业管理咨询有限公司，刘平携华为同事黄灿、俞跃舒创办深圳市新格林耐特通信技术责任有限公司，陈硕、毛森江（原华为网络产品部总经理）成立尚阳科技股份有限公司，黄耀旭创办深圳市钧天科技有限公司，张建国创办益华时代人力资源管理咨询有限公司。

而从华为出去独闯世界的员工中，最引人注目的应该是华为曾经的少将李一男。李一男离开华为后，到北京创办了港湾网络有限公司（以下简称"港湾网络"）。在此之前，北京曾有一家做网络的公司驰骋数据通信业务市场，名噪一时，它的名字译成中文便叫"港湾"，1998 年被华为的对手北电公司收购。2000 年，该公司在中国市场余音袅袅，李一男为自己的公司起名"港湾"也许有借势的味道。

港湾网络最初定位于数据通信业务领域，代理华为的路由器和数据通信产品，相对于电信市场这片红海，即使不是蓝海，至少也算是黄海，竞争还没有白热化。而有技术、有经验、有闯劲、有概念的李一男，可谓风险投资寻觅的理想创业人选，"港湾是难得的好项目"。2001年5月，美国华平投资公司和上海实业旗下的龙科创投，分别向港湾注资1 600万美元和300万美元。港湾网络当年的收入为1.4亿元。2002年5月，这两家公司又分别向港湾网络投资3 700万美元和500万美元，同时还提供了3 500万美元的银行贷款担保。从这一发展势头来看，港湾网络前景一片光明。事实上，港湾是一家最为成功地应用华为的战略、战术和企业经营理念的公司，业界一度惊呼港湾网络为"小华为"。

而华为虽然从1994年就进入数据通信领域，但因为数据通信产品，尤其是企业网产品的渠道销售模式，与华为擅长的直销有很大区别，所以数据通信部门在华为体系一度属于"另类"，处于非核心位置。港湾网络继续在这一领域发展，任正非是支持的。有人甚至认为港湾网络是华为的分部，这让李一男觉得自己没有真正独立，仍活在任正非的阴影下，而且他的志向也不仅仅是做一个代销商。于是，他与另一华为前员工合资组建了丹羽公司，开发低端路由器；接下来又收购了开发高端路由器的创业公司——欧巴德科技有限公司。

之后，李一男开始推广自己品牌的产品，在市场上连续拿下了电信领域的几笔大单。这使任正非多了一个新的竞争对手，为此他正式收回了港湾网络的代理权，2003年又让合资公司华三进军中低端数据市场，试图压制港湾网络的疯长势头。

2004年3月，港湾网络再次吸引到包括TVG投资、淡马锡控股公司以及原有股东的3 700万美元注资。不过，对于一家高科技高成长的公司来说，港湾网络仍然缺钱。港湾网络逼迫自己必须连续几年的销售保持成倍增长：一方面是为了使公司迅速成长，有实力与竞争对手相抗衡；另一方面则是为了完成投资方的销售指标。因为只有实现这个销售指标才能尽快满足海外上市的要求，投资方才能够尽快套现。港湾网络在接受注资时就签下了严格的协议，一旦港湾网络无法实现持续增长的销售额,投资方将得到更多的股权。李一男很自信,对未来充满了热切的憧憬。在他的预期中,港湾网络上市的话,如果达到1美元/股,他的收入就会翻100倍。

为此,他一刻也不敢怠慢,每天带领技术人员一直工作到凌晨,而且几乎每个员工都主动加班,创业的奋发精神激荡在公司大楼里。李一男本人也保持着研发人员的本色,身着衬衫、牛仔裤,经常和普通员工一起到食堂吃饭,起初甚至坚持骑自行车上下班。在营销方面,港湾网络效仿华为不计成本为客户提供服务的模式,一旦遇到设备问题,公司的服务团队就坐飞机迅速赶往现场。

在上市目标的驱动下,港湾网络进入快速(甚至盲目)扩张期,但资金支撑却很不给力。港湾网络的员工曾经这样描述:"也就是从那时开始,港湾网络的产品线快速扩大,速度快得让人心慌。有的产品根本不赚钱,却占用了大量的研发力量和资金。"在这一背景下,港湾网络的产品质量开始出现问题,随后遭到了NEC退货。

更让李一男无法承受的是,任正非为了让李一男知道姜还是老的辣,让他在市场上得到一点教训,专门组织了一个小班子来对付港湾网络(外界称为"打港办")。任正非一贯不主张公司上市,但这并不影响他对其他企业的收购和资产重组合作,他知道,港湾网络如果成功上市,华为对它就一点制约力也没有了,所以一定要在市场上让它败退。一场场游戏就这样开始了。在山东一家国际中学的局域网项目上,港湾网络报价60万元,华三听到消息后,立马插进来,报出20万元的超低价。港湾网络只好降到40万元,承包方念及往日的交情,准备以这个价格接受港湾网络的设备。可是,华三代表向承包方老总哭诉:"只要让我们接,这个单子白送也可以,如果我连白送都送不出去,回去恐怕主任要被撤职了!"结果可想而知。如果华为和思科共同竞标,只要港湾网络加入,思科通常会马上退出,因为港湾网络和华为都可以拼到三折价。与港湾网络竞标,华为即使一分钱不赚也要拿下,思科若再掺和进来,无异于自寻死路。

在市场上遭受华为打击的同时，李一男在资本运作上也噩梦连连。2004年下半年，港湾网络曾经有机会在香港上市，承销商确定为高盛银行和瑞士信贷第一波士顿银行，每股价格大约为5港币。但李一男认为这个价格不能体现港湾网络的真正价值，放弃了这个机会。后来，摩托罗拉公司想要收购港湾网络，但同样因为价格问题没有成功。接着，港湾网络计划到纳斯达克上市，进展一度如火如荼。但不久，一封内容详细的举报信就被送到了纳斯达克上市审核委员会，举报信称港湾网络的财务报告有作假的嫌疑。随后，港湾网络不断接受监管机构的调查，上市一再延误。

没有哪个创业者不希望获得风险投资的垂青，但也有很多上市公司在穿上迷人的红舞鞋后无从掌控舞向何方。风险投资高风险、高回报的特性，决定了其对IPO（首次公开募股）的钟爱，而IPO失败则基本注定了分手在即。李一男在给员工的内部邮件中十分自责，并指出："公司面临着尤其大的压力和挑战，必须根据情况适时进行调整，以最大限度地履行对公司客户、员工和股东等各方的责任。"其中的无奈不言自明。这段时间，任正非极为关注港湾网络的动向，要求凡是有关港湾网络的报道一定要送到他的办公桌上。

登陆纳斯达克失败后，港湾网络成了被收购的对象，2005年相继曝出摩托罗拉、西门子等潜在买家。9月，港湾网络酝酿与西门子合作，此举一是为了增强自身的实力，二是为成功上市添加砝码。华为立刻做出反应，一封题为"做人要厚道"，内容涵盖上市敏感环节的检举信现身互联网。同时，华为向港湾网络决策层、重要客户及合作伙伴发出律师函，称其涉嫌侵犯华为的知识产权。港湾网络认为："华为起诉港湾网络的目的并不仅限于知识产权纠纷。由于港湾网络正准备上市，公司处于不能对外宣布任何财务和有知识产权纠纷的静默期。华为选择在这个时候打击港湾网络，是非常狡猾的行为。"华为新闻发言人辩解说："华为只是选择认为恰当的时间发出律师函。华为是个单纯的公司，没有那么复杂的理由。"

在所有的路径都被封堵之后，将业务卖给急于发展数据业务的西门子，成为李一男最后的办法。任正非得知西门子欲收购港湾网络后，先下手为强，瞄准了最赚钱的语音IP（VOIP）业务。2005年5月发生了"沪科案"（李一男在华为的三个同事因侵犯华为的知识产权均被法院终审判刑），这使李一男的自信心受到了很大打击。同年9月，就在港湾网络发起第二次上市冲锋的时刻，港湾网络法务部收到了一封来自华为的律师函，华为表示将就港湾网络侵犯其知识产权提起诉讼。同年10月，华为以1 000万元的代价挖走了港湾网络深圳研究所的一个语音研发小组，以致李一男不得不赶紧南下安抚军心。

此时，港湾网络的国内市场业务基本陷入停滞，资金链濒临断裂，而风险投资资金也不可能永远提供下去。李一男万般无奈，于同年12月23日与西门子正式签订收购协议，以1.1亿美元的价格卖出港湾三个系列宽带高端产品的全部技术、专利以及100余名技术人员在内的核心资产。之后，港湾网络将转型为企业网服务商，以摆脱与华为的竞争。

这时，任正非继续穷追猛打，不失时机地给西门子总裁发了一封邮件，明确表示，如果西门子收购港湾网络，华为将在全球市场与西门子开打价格战。西门子与华为还有广泛的合作和利益，而且西门子当时正在与诺基亚洽谈合并业务，不想因为华为与港湾网络的官司而节外生枝。权衡之后，西门子决定放弃收购港湾网络。任正非的策略再一次奏效。

2006年的一个周末，李一男照常来到位于港湾大厦二楼的办公室。今天不再有紧急的工作需要处理（早在2005年5月，公司就停止了大部分业务），他的神情显得很轻松。更重要的是，他不用再面对员工们或愤怒或失望或伤感的脸庞了。他已经做出最后决定，将港湾网络的部分资产和业务（路由器、以太网交换机、光网络、综合接入的资产、人员、业务及与业务有关的所有知识产权）转让给华为，这是一个明智的也是痛苦的决定。他虽然心有不甘，但总算摆脱了种种纠缠，卸下了沉重的包袱,从肉体到心灵都变得轻盈了。

2006年5月10日,任正非和常务副总裁费敏亲赴春暖花开的杭州,与港湾网络高层"三巨头"李一男、彭松、黄耀旭会晤。一见面,任正非就诚恳地说:"我代表华为与你们是第二次握手了,首先这次我是受董事长委托而来,是真诚地欢迎你们回来,如果我们都是真诚地对待这次握手,未来是能合作起来做大一点的事情的。不要看眼前,不要背负太多沉重的过去,要看未来、看发展。在历史的长河中有点矛盾、有点分歧,是可以理解的,分分合合也是历史的规律,如果把这个规律变成沉重的包袱,是不能做成大事的。患难夫妻也会有生生死死、恩恩怨怨,只要大家是真诚的,所有问题都可以解决。"

任正非在会谈时讲了很长一段话,这段话包括了很多层意思。他将双方的矛盾归咎于风险投资,"当然,真正的始作俑者是西方的基金,这些基金在美国的IT泡沫破灭惨败后,转向中国,以挖空华为,窃取华为积累的无形财富,来摆脱他们的困境"。任正非甚至表达了自己的歉意,"这两年我们对你们的竞争力度是大了一些,对你们的打击是重了一些,但为了我们自己能活下去,不竞争也无路可走,这就对不起你们了,为此表达歉意,希望你们谅解。"他还劝慰道:"我们没有什么弯弯绕绕,我们也不纠缠历史。大家对历史会有不同的看法……我们面向未来,加强沟通,达到相互信任。公司处在全球历史性大发展时期,如果你们想通了,双方的工作小组也能达成一致,你们的回归将是对中国科技史的一项贡献。不一定会说你们输了,我们赢了,应该说我们是双方都赢了。"

2006年6月6日,港湾网络与华为联合宣布,就港湾网络转让部分资产、业务及部分人员给华为达成意向协议书并签署谅解备忘录。港湾网络部分员工兑现股权后离职,还有80多人的售后服务团队在继续工作。在随后的整合中,华为支付了近5 000万美元的现金,并调拨了大量资产。

在华为与港湾网络签约之后,李一男向港湾网络内部员工发了一封邮件。他写道："由于管理层，尤其是我本人在知识和能力方面的欠缺，导致在公司战略的制定和内部的管理上存在很多不足，错失了企业发展的机遇，辜负了大家对我的期望，对此我感到深深的自责。……华为技术有限公司是中国首屈一指的企业。华为表示，整合之后，愿意真诚地给大家提供充分的职业发展空间和激励计划。"

文中李一男以战败者的口吻坦陈了自己的过失与责任，转达了华为对港湾网络原职工的待遇承诺。作为被收购企业的总裁，他能说的也只有这些了，他未来的位置也将由华为来决定。

任正非则向港湾网络员工承诺："我代表EMT团队保证，会真诚地处理这个问题，不要担心会算计你们，也会合理地给你们安排职位，不光是几个，而是全部。"

2006年9月11日，李一男重新回到深圳坂田华为公司总部，这距离他出走华为已经6年。重返华为后，他出任华为副总裁兼首席电信科学家，掌管华为战略与市场部。

尽管任正非在谈话中一再表示不会算旧账，将接收全部人员，但港湾网络的员工对于公司遭到"贱卖"多少有些抵制，在北京上地软件园，港湾网络大楼显现出一片沉闷散伙的气氛。港湾网络在重组后虽然仍以独立公司存在，但在出售了几个主要业务后，港湾网络只剩下下一代网络（NGN）产品、DSL宽带接入以及网络安全、网管软件四项业务，这些在港湾网络业务中可以说无足轻重，再作为独立的公司其实意义不大。

遭遇收编之后，李一男面对老东家能够打出的牌已经越来越少，实际上已经陷入"囚徒困境"的博弈迷局。2007年12月末，华为公司发出内部公告，改任李一男为华为终端公司副总裁，这样李一男就跟港湾网络一点关系都没有了。而以"惨胜如败"来表明自己心迹的任正非，在面对昔日爱将的时候，又何尝不是面临两难的境地呢？

4. "狼性文化"的后遗症

不管是海外扩张还是面对竞争对手，任正非奉行的都是"狼性"，这也使华为得以一路高歌猛进。但也正是这个"狼性文化"，给"狼王"任正非带来了诸多争议。

2006年5月28日晚，华为公司年仅25岁的员工胡新宇，在广州中山大学附属第三医院因病毒性脑炎死亡。这一突如其来的噩耗，在华为员工中引起了轩然大波。

胡新宇毕业于四川大学1997级无线电系二班，2002年考上电子科技大学攻读硕士，2005年毕业后直接到深圳华为公司从事研发工作。

胡新宇在2006年4月底住进医院以前，有自己的作息习惯：晚上坐公司10点左右的班车，从坂田基地回关内的家中，到家时间超过晚上11点，然后早上7点起床去赶公司的班车上班。从4月初开始，他所在的接入网产品线（原为固网产品线）接入网硬件集成开发部进行一个封闭研发的项目，项目内容严格保密。这个项目开始后的半个多月时间里，胡新宇经常在公司过夜，甚至长时间在实验室的地上铺一个睡垫过夜，加班时间最长到次日凌晨2点左右。早上，他依旧早起，8点吃早饭，9点打卡上班。同年4月28日，他因为身体极度不适，于是请假去医院就诊，次日便住进了医院。几天后，因病情过于严重，他被转到中山大学附属第三医院住院治疗。但他全身多个器官在一个月中接连衰竭，深度昏迷10多天后再也没有醒过来。

"如果不是长期过度劳累，小胡不会变成这样。"

"太累了，压力太大。"

"公司是家吗？为了公司这样不要命地加班，图什么呀？"

"我们所做的一切，只是为了提高生活质量，像他这种以健康换来的所谓考评A有什么意义？"

员工们议论纷纷，并将胡新宇之死归结为"过劳死"，将大部分责任推到公司和任正非头上。接着,一篇题为"用生命加班,哀悼华为员工胡新宇"的帖子被置于天涯杂谈的头条,仅仅一天,点击率就已过万,上千网民广发英雄帖,声讨华为和任正非。为了平息民怨,华为宣传部的傅军想请任正非亲自出面对公众发表讲话,澄清是非曲直。任正非说:"对流言进行辩解,只能越辩越黑。是非曲直,自在人心。对胡新宇的死,我也很悲痛。"

傅军知道,任正非不喜欢在公开场合露面,哪怕是涉及对他个人名声的毁誉。傅军无奈,只得代替任正非作了一个简短的发言,说"公司十分痛心"。

尽管过度劳累与胡新宇的死亡并不构成直接的因果关系,但确实也有相关性,参与会诊胡新宇病情的解放军301医院神经外科主任于教授认为,劳累只是诱因,病原体才是致命因素。人在疲劳、精神压力过大的情况下,机体的抵抗力和免疫力会下降,容易患病。具体到胡新宇的个案上,工作上的压力和加班的疲劳可能会影响他的身体状况,但乘虚而入的疾病才是夺去他年轻生命的罪魁祸首。华为高层高度重视对此事的处理,"对这一事件从来都是公开、透明化处理,并没有遮遮掩掩"。华为一位高级副总裁解释说:"即使是在媒体没有介入炒作之前,公司为了挽救胡新宇的生命,付出了极大的努力,包括从北京301医院聘请专家、转移到医疗条件较佳的广州医院。应该说,华为是以一个负责任的角色来处理这一事件的。"在治疗过程中,华为垫付了大部分医疗费用,包括从北京聘请专家诊治、转院等费用,并坦诚地与胡新宇的父母讨论抚恤金的问题。随后,华为重申了加班政策,晚上10点以后加班要经过批准,不准在公司打地铺过夜。

但是,华为说明情况以后,风波并未平息,反而传播得更快更广了。这是怎么回事呢?

原来,一位华为员工仿照鲁迅的《纪念刘和珍君》写了一篇《纪念胡新宇君》,在该文的推波助澜下,一篇篇檄文扑面而来。《天堂里不再有加班》《华为员工的命只值一台交换机的钱》《胡新宇父母与华为达成了"屈辱"协议》……把胡新宇的死直接归因于华为文化，对华为的绩效考评和制度进行指控。"胡新宇事件"使华为一时置于舆论的旋涡中。昔日笼罩着层层光环的"狼文化""床垫文化"和艰苦奋斗精神，在媒体舆论的声讨、拷问下，全都失去了光泽。

过去，狼性文化强调斗争，对外以"消灭"对手为目的，对内则以消除权力为目的。华为的公司文化中处处体现出强烈的攻击性。华为内部刊物《管理优化报》上的标题几乎全是攻击性的："我们能够丢什么？""核武器的按钮能随便按吗？"等。在外人眼里，华为是一座看不透的高墙大院；而在华为内部，院内充满"决斗"的气氛。超强的劳动强度、严厉的管理制度，使得华为员工的精神始终处于高度紧张状态。同时，任正非还通过"狼性"机制网罗大量人才，以饿狼替代饱狼的方式进行内部竞争，"在你旁边蹲着一只狼"，随时准备替换表现不佳的员工。他最担心的是员工忽略绩效，缺乏斗志和进取心，宁可多保留一点野性，也不愿让他们"沉淀"下来。狼的智慧、狼的韬略以及狼的团结协作精神，对于指导企业的运营和发展起到了极大的推动作用。

自1998年《华为基本法》出台后，任正非就不再提"狼性"，而是代之以流程化管理和管理干部职业化。但多年的"土狼文化"，无疑在任正非和华为身上打下了深深的烙印，包括他本人在内的华为员工都始终保持着艰苦奋斗的传统。与军队的作风相似，任正非做事雷厉风行，要求做的事就必须马上做到，有时简直是逼着员工做出业绩来。每年他都会为华为制定下一个目标，很多人都不相信能够实现，但是这么多年来，他每年提出的目标大都实现了。在依靠"土狼文化"取得了空前的成功后，任正非和他的华为正在痛苦、艰难地消化着"土狼文化"留下的后遗症，逐步从狼性文化过渡到企业信仰。

华为对狼性文化的弱化，标志着更本质的真正的进步正在到来，那就是企业经营根本方式的转变，即建立起中国企业的强大之本——从"人治"转变为"法治"、从企业家（个人英雄）的一枝独秀到依靠组织与制度打造强大的竞争力！所以，任正非说："我们的文化就只有那么一点，以客户为中心，以奋斗者为本。"他要求华为员工把艰苦奋斗、默契的团队合作这一传统传承下去。

由于外界对华为文化的了解片面，在胡新宇去世一个多月后，责难及对华为加班文化的质疑声仍不绝于耳，关于华为"床垫文化"的各种版本在网上层出不穷，使任正非承受了极大的压力。为此，他在内部会议上发表了"天道酬勤"的长篇讲话，2006年7月21日，华为内刊《华为人报》（第178期）头版头条刊发了这篇讲话，第二天便被国内诸多媒体转载。这是任正非首次正面非正式地回应外界的舆论。他在文章中写道：

华为正处在一个关键的发展时期，我们已经连续数年大量招收新员工，壮大队伍。新员工进入华为，第一眼看到的、处处感受到的就是华为的艰苦奋斗。一些人对此感到不理解。他们会提出这样的问题：华为为什么要艰苦奋斗？回答这个问题涉及另一个根本的问题，那就是：华为为什么能活到今天？华为将来靠什么活下去？我们今天就来讨论一下这个问题。

他在文章中阐明了自己的观点：

（1）不奋斗，华为就没有出路。他说，创业初期，我们的研发部从五六个开发人员开始，在没有资源、没有条件的情况下，秉承20世纪60年代"两弹一星"艰苦奋斗的精神，以忘我工作、拼搏奉献的老一辈科技工作者为榜样，大家以勤补拙，刻苦攻关，夜以继日地钻研技术方案，开发、验证、测试产品设备……没有假日，没有周末，更没有白天和夜晚，累了就在垫子上睡一觉，醒了接着干，这就是华为"垫子文化"的起源。虽然今天垫子只是用来午休，但创业初期形成的"垫子文化"记载的老一代华为人的奋斗和拼搏，是我们需要传承的宝贵的精神财富。艰苦奋斗是华为文化的灵魂,是华为文化的主旋律。

(2) 管理团队和全体员工的共同付出和艰苦奋斗铸就了华为。华为在茫然中选择了通信领域,是不幸的。这种不幸在于,所有行业中,实业是最难做的,而所有实业中,电子信息产业是最艰险的;这种不幸还在于,面对这样的挑战,华为既没有背景可以依靠,也不拥有任何资源,因此华为人尤其是其领导者将注定为此操劳终身,要比他人付出更多的汗水和泪水,经受更多的煎熬和折磨。唯一庆幸的是,华为遇上了改革开放的大潮,遇上了中华民族千载难逢的发展机遇。公司高层领导虽然都经历过公司最初的岁月,意志上受到了一定的锻炼,但都没有领导和管理大企业的经历,直至今天仍然是战战兢兢、诚惶诚恐的,因为10余年来他们每时每刻都切身感受到做这样的大企业有多么难。

(3) 虔诚地服务客户是华为存在的唯一理由。由于华为人废寝忘食地工作,始终如一虔诚地对待客户,华为的市场才开始有起色,友商看不到华为这种坚持不懈的艰苦和辛劳,产生了一些误会和曲解,不能理解华为怎么会有这样的进步。还是当时一位比较了解实情的官员出来说了句公道话:"华为的市场人员一年内跑了500个县,而这段时间你们在做什么呢?"当时定格在人们脑海里的华为销售和服务人员的形象是:背着我们的机器,扛着投影仪和行囊,在偏僻的路途上不断地跋涉……

(4) 天道酬勤,幸福的生活要靠劳动来创造。我们有一种从未有过的幸福和神圣的责任感。我们的劳动不仅改变了人们的生活,增进了人们的沟通,也一天一天地充实着我们自己,充实着我们家人的生活,也在一年一年地改变我们自己的生活。我们在分享劳动果实的同时,又增加了对未来的憧憬,这些在慢慢地加深着我们对劳动本身的体悟和认识。拼搏的路虽然艰苦,但苦中有乐,乐在其中。奋斗就是付出,付出了才会有回报。

(5) 戒骄戒躁,继续艰苦奋斗。幸福不会从天而降,全靠我们来创造,天道酬勤。

任正非的讲话,在华为员工中引起了共鸣。不少人认为,选择华为,就意味着艰苦奋斗,如果想好好干必须要加班,不加班怎么做出比别人更好的成绩来?如果想轻松地过日子,费劲到华为来干什么?华为是成就事业和奔小康的地方,进华为不就是想实现点人生价值吗?

华为员工对于华为的"狼性文化"是很认同的,非常引以为荣,因此,华为员工不像人们想象的那样反对这种文化,相反从内心拥护这个文化,加班都是自动自发的。他们不是这种文化的受害者,而是直接的、最大的受益者,成千上万个小康之家出自华为。他们还是这种文化的传播者。"'床垫文化'还得继续,不然华为如何跟海内外的竞争对手拼?"一位华为员工表示,这是国内很多企业需要正视的,只是希望公司能更多地关注员工的生活和工作状态,尤其要注意公平。"这篇讲话最重要的是统一了华为内部员工的思想认识,我们都非常喜欢读这篇文章,"华为的一位高级经理说,"这篇文章以非正式的方式,澄清了外界对华为的质疑,更重要的是,它坚定了华为人的一个信念:不管外界如何评说,华为都将走好自己的路,我们问心无愧。我们不会对外界七嘴八舌的妄议置之不理,但也不会跟着瞎起哄,有些东西是越解释越误会的。而这次直接由任正非出面,抛出了华为坚定的观点,自然也就堵住了无中生有的非议。可以说,这是遏止网络上各种版本的质疑的关键。"

此后,当有媒体询问华为文化时,华为高管就说:"我建议你们看一下任正非的《天道酬勤》,里面说得非常明白。不管网络媒体如何炒作,华为都有一个不变的信念——艰苦奋斗的精神不能丢。这是华为员工的一个共识。"

确实,当任正非在内部会议上宣读长达8 000多字的《天道酬勤》并在华为内部刊物上发表,作为对网络热炒的"过劳死""床垫文化"等指责的回应后,华为员工高度统一了认识,也赢得了社会公众的支持。一度高涨的网络指责声渐渐归于沉寂。

当然,任正非也知道"狼性文化"与人本文化是有冲突的,为此他在公司内部也极力提倡温情文化。根据华为内部发布的《2008 华为社会责任报告》，过去一年，华为首次设立了首席员工健康与安全官，目的在于进一步完善员工保障和职业健康计划。从2008年下半年开始，华为员工发现，邮箱里不时会收到副总裁纪平的邮件，提醒大家注意劳逸结合、注意身体健康。纪平新增的头衔是"首席员工健康与安全官"。公司还为研发人员增添了专用休息室、娱乐设备等。

任正非希望这样的文化能在华为落地生根，让群狼在矛盾和平衡中继续前进。

而随着国际市场的开拓和全球竞争的展开，任正非开始更多地谈论乌龟精神，他认为华为这只"大乌龟"20多年来一直在艰苦地爬行，一抬头看到的是"龙飞船"——特斯拉。他很欣赏特斯拉的创新精神，将华为比为宝马，认为"宝马应学习特斯拉"。

他说："不断涌现颠覆性创新的信息社会中，华为能不能继续生存下来？不管你怎么想，这是一个摆在你面前的问题。我们用了25年的时间建立起一个优质的平台，拥有一定的资源，这些优质资源是多少高级干部及专家花费了多少钱，才积累起来的，是宝贵的财富。我们珍惜这些失败积累起来的成功，如果不故步自封，敢于打破自己既得的坛坛罐罐，敢于去拥抱新事物，华为就不一定会落后。"

在任正非看来，乌龟精神的实践是发现一个战略机会点，然后以千军万马压上去，后发式追赶。而人是后发式追赶中最重要的因素，"不保守、勇于打破目前的既得优势，开放式追赶时代潮流的华为人，是最宝贵的基础"。

5. "狼王"的又一次寒冬预警

扛着"狼性文化"的大旗，华为人不懈地努力着。2007年上半年，华为刚刚从冬天走到春天，刚刚走上快速发展的轨道，任正非却再一次发出寒冬预警。他说，要"对经济全球化以及市场竞争的艰难性、残酷性做好充分的心理准备"，并提醒员工，"经济形势可能出现下滑，希望高级干部要有充分心理准备。也许2009年、2010年还会更加困难"。

这一次与2004年第二次的提法有所不同。2004年是我国宏观调控严峻之年,一大批企业落马,但IT业却迎来了一个"暖冬",缓解了2000年互联网泡沫的影响后,国内互联网企业大批奔向复苏的纳斯达克,整个IT行业开始活跃起来。2004年有多达九家中国互联网公司在纳斯达克或香港成功上市。联想集团也在这年年底出手收购了IBM个人电脑部门。

在2004年第三季度的内部讲话中,任正非提醒华为人要注意冬天。在长达13 000字的讲话稿中,他检讨、审视了华为当时遇到的严峻困难,声称这场生死存亡的斗争本质是质量、服务和成本的竞争。但与上次相比,这次冬天的预告影响力有所减弱,主要是他更加细致地探讨了华为的内部问题。

任正非进一步发展其冬天预警的理念,认为:"我们需要把困难真实地告诉大家,如果我们没有预见未来困难的能力,我们陷入的困境就会更加严重。"事实上,华为2004年的全球实际销售收入为38.27亿美元,创造了公司成立17年来最高的销售纪录。国际销售的强劲增长,对华为的销售增长做出了主要贡献。

任正非做出的是一个长期趋势而不是短暂周期上的预测。他分析认为,造成冬天是因为行业供给过剩,整个信息产业都在遭遇冬天。信息产业因为技术越来越简单,技术领先产生的市场优势已不再存在,反过来是客户关系和客户需求。

他的根据是,传统经济的调节是通过调节资源来完成的,而在信息产业,谁也控制不了资源。支撑信息产业发展的两个要素,一是数码,二是硅片的原料二氧化硅。这些都是取之不尽用之不竭的,将导致电子产品过剩。这场生死存亡的斗争的本质是质量、服务和成本的竞争。

华为在成本上占据了优势,特别是与西方公司相比,华为的研发成本只是国际公司的1/3左右,成长情况还比较好,所以渡过困难时期的可能性要比西方公司大,同时也比小公司强。

华为的措施是，积极扩大海外市场。在国内市场上，增长速度可以下滑，但不能低于别人；要提高质量，做好服务，同时降低成本；适当与竞争对手开展合作，降低研发成本；在目前残酷的竞争环境下，宁可亏华为也不能亏产业链同盟，因为华为亏一点能亏得起，同盟军亏一点就死掉了。一旦春天到来，这些同盟军如代理分销商等，就可以生龙活虎地出去抢单，华为就缓过来了。

随着企业规模的进一步发展，任正非对熬过冬天更有信心了，他甚至表示："冬天也是可爱的，并不是可恨的。我们如果不经过一个冬天，队伍一直飘飘然是非常危险的，华为千万不能骄傲。所以，冬天并不可怕。我们是能够度得过去的，今年我们的利润可能会下降一点，但不会亏损。与同行业的公司相比，我们的赢利能力是比较强的。我们还要整顿好，迎接未来的发展。"

2007年是华为发展势头强劲的一年，它进入了世界通信设备商前五强，似乎是应该庆功的时刻，但任正非仍时刻保持着危机感。他认为，面对当前的形势，面对竞争强手，华为要做国际市场秩序的维护者，而不是破坏者；要向强者学习，尊重他们的市场领导地位，积极但有序地开展竞争。

"我们仅仅是比其他公司对这个竞争残酷性认识早了一点点，所以才幸免于难。"任正非反复提到一个问题，比如光传输产品，七八年来降价了95%。产品过剩导致绞杀战，就像拧毛巾，这毛巾只要能拧出水来，就说明还有竞争的空间，但毛巾拧断了，企业也就完了，只有毛巾拧干了，但毛巾还不断，才是最佳状态。华为能长久保持这个状态吗？

任正非曾向一个朋友诉苦："我曾经悲观过，曾经很发愁，觉得苦闷。华为公司只要稍稍不行了，怎么发工资啊？我觉得这是一个很大的压力。"

压力到底来自哪些方面呢？

2006年经历了影响甚大的"胡新宇死亡事件"后，两年来仍不断有员工自杀与自残,而且员工中患抑郁症、焦虑症的也不断增多。针对华为内部"非正常死亡"事例过多,任正非发表了自己的看法,他说:"近期有些员工自杀,我心里是很沉重的,也很理解他们,因为从1999年到2007年,我个人也多次有感觉活不下去的经历,我跟他们是同类,所以我才有这么多感触。"

他劝告员工,不要做一个完人,做完人很痛苦。他在文章中写道:

人生出来最终要死,那又何必要生呢?人不努力可以天天晒太阳,那又何必要努力以后再去度假晒太阳呢?如果从终极目标来讲,觉得什么都是虚无的,可以不努力,那样就会产生悲观的情绪。我们的生命有七八十年,这七八十年中努力和努力不一样,各方面都会不一样。在产生美的结果的过程中,确实充满痛苦。农夫要耕耘才会有收获;建筑工人要不惧日晒雨淋,才会有城市的美好;没有炼钢工人在炉火旁熏烤,就没有你的潇洒美丽,没有你驾驶的汽车,而他们不再需要什么护肤品;海军陆战队员不进行艰苦顽强的训练,一登陆就会命丧沙滩。少壮不努力,老大徒伤悲,我想各位考上大学,都脱了一层皮吧……所有的一切,没有付出,是绝不会有收获的。鲜花的美丽,没有肥料以及精心的照料,是不可能的。当然这些都是必要的痛苦,我今天要讲讲如何避免一些不必要的痛苦。

……

金无足赤,人无完人。完人实际上是很少的,我不希望大家去做一个完人。大家要充分发挥自己的优点,做一个有益于社会的人,这已经很不错了。我们为了修炼做一个完人,抹去了身上许多的棱角,自己的优势被压抑了,成了一个被驯服的工具。但外部的压抑并不会使人的本性完全消失,人内在本性的优势,与外在完人的表现形式,不断地形成内心冲突,使人非常痛苦。我希望把你的优势充分发挥出来,贡献于社会,贡献于集体,贡献于我们的事业。每个人的优势加在一起,就可以形成一个具有"完人"特质的集体。

任正非采取了诸多措施，力求缓解员工的压力。除了安排常务副总裁纪平专门负责这项工作外，他还制定了几项内部政策：对于那些在市场前线参与竞争投标、高强度作业，压力太大的员工，可以短时间到海滨去度假，费用由公司支付。还有一些工作强度太大，短时间内身体不太好的，可以临时到五星级酒店进行缓冲。华为还购买了一级国际救援保险，为员工支付的各种保障费用约为 8 亿元。华为员工在海外发生意外，会有直升机送他们到华为认证的医院去抢救。

任正非面对的另一个压力则来自全球电信业融合及企业整合与华为封闭式发展的矛盾。没有大手笔的并购，华为的国际化几乎是"小米加步枪"一步步走出来的。公司发展历史不过 20 年，国际化历程不过 10 年，其国际化模式非常"原始"，那就是把通信产品卖给国外客户。现在，固网与移动网络的融合，造成运营商出现大面积的规模重组，运营商向全业务趋势发展。在这一趋势影响下，硬件设备企业也需要通过重组来满足运营商的要求，同时电信业自身的规模经济表现日渐突出，电信业竞争向成本竞争转移，这些实际上直接造成了华为在全球市场上竞争局面的恶化。

爱立信收购了马可尼；阿尔卡特合并了老牌电信商朗讯，随后又合并了北电的 3G 部门；诺基亚合并了西门子通信部门……这些合并其实都是在电信业融合的大趋势下完成的，合并完成之后，华为发现自己通过几年努力缩小的差距，又很快加大了。同时，合并后的企业，在设备提供、全套解决方案及 IT 服务上发生了质变，换句话说，游戏规则也变了，现在拼的可能不是简单的设备价格问题，客户会问"你有没有规模能力"，而不是"你能不能便宜点"。

这些因素直接造成了华为所谓冬天的逼近。不过，任正非始终是一个忧郁的乐观者，他有比赚钱更宏大的理想，并用它点燃了几万华为人的激情，从而把每个员工的个人意志转化成组织意志。他也许是中国最有资格谈论成功学的企业家，但他一次也没有谈过。这个庞大帝国的控制者想得最多的是失败，准确地说是如何避免失败。他说："我们生存于一个丛林世界，每一天、每一时、每一刻实际上都在被危险包围着。如果你不时刻保持对危险的警觉，变得麻木、麻痹，危险可能就会悄无声息地由一个黑点变成黑影，由一个黑影变成巨大的威胁笼罩在组织头上，所以，战胜恐惧，战胜不安全感的过程，其实就是企业走向成功的过程。"

当然，任正非还有一个心病没有公开表露出来，只有孙亚芳猜出了七八分——他担心员工尤其是高级干部"沉淀"和"腐败"，而他绝不允许堡垒从内部攻破。一个人保持阶段性的活力、激情是容易做到的，一个组织保持2年、3年甚至5年的活力也是相对容易的，但是持久地保持激情与活力，大概是组织领袖们经常面临的难题。任正非一再提出"公司最大的风险来自内部，必须保持干部队伍的廉洁自律，努力营造一种氛围，有利于大家团结合作"。

2011年，任正非在华为设立开通了廉洁账户，要求收受过好处的员工主动将非法所得入账。他在内部讲话中告诫华为员工："在过渡时期，通过设置廉洁账户给大家一个改过自新的机会。没有了廉洁账户，大家要更加严格地要求自己。关闭廉洁账户，并不是反腐减弱了，而是更进一步地加强对队伍的约束。就地司法就是一种形式。通过问责体系的建设，让大家愿意按着正确的规则做事，愿意尽职尽责地做事。"

2013年，任正非签发了《华为公司改进作风的八条要求》，其中便有反对贪污腐败、公器私用的内容，比如：

（1）不搞迎来送往。不去机场、车站、码头等搞有别于普通员工的形式接送领导。不在酒店标准配置之外，额外增加接待内容，以免关心被误会为逢迎。

（2）不给上级送礼（贺卡、邮件、短信、鲜花除外）。有上级参加的非因公就餐，应由上级付账（AA制除外），更不允许以公费名义报销因私就餐费用。

（3）不许动用公司资源和工作时间，为上级或其家属处理私事。

动用公司资源或占用办事人员的工作时间，必须申报，受益人要承担直接和间接的费用以及办事人员的工资。不要被别人认为你的晋级晋职与此有关，而误解了你。

（4）不许私费公报，更不许由下级付费或代报、自己审批式的违规行为。虚假报销视为主动违规，视情节轻重给予退赔、警告、降级、降职处分；因严重虚假报销而受降级降职处分的员工，饱和配股随之降低。

（5）不许贪污受贿。凡贪污受贿（除主动坦白或自动往廉洁账户退赃之外），一律冻结虚拟受限股，在贪污受贿问题处理完后再行处置，直至移交司法处理。

在任正非的努力下，华为人改正了不作为、对人不对事、官僚习气等不良风气，将精力放到自己的本职工作上，同时建立开明的工作氛围，带动华为的进步和发展。

2013年年底，任正非在新年致辞中表示，2014年将把预防和查处腐败作为内部管理的一个重点工作。2014年9月4日，华为企业业务部在华为培训基地召开了一次颇具规模的反腐大会。截至2014年8月16日，已查实有116名员工涉嫌腐败，其中有4名员工被移交司法机关处理，69家经销商被卷入其中，其中被华为员工索贿的53家，主动行贿的则有16家。

任正非所推行的反腐措施，其实只是华为账实相符战略的一部分，因为公司的规模越来越庞大，所以要通过制度来挤出财务里的水分，以符合华为未来的发展。2014年，华为CFO孟晚舟主持实施了多项财务改革，包括启动"预算管理全景图"试点和全球税务风险管理项目，并成立新团队负责数据质量管理。通过财务风险等控制措施，仅在坏账收回上贡献的利润就超过28亿元。

第九章　从超越别人到超越自己

从模仿到跟进，再到超越，这是华为成长的三部曲。任正非领导下的华为太任性了。它不上市，在独立自主、艰苦奋斗中独闯江湖；它不引进，不吸收，在独立进行的科研开发中摸索前行；它不怕虎，不惧豹，在全世界范围内逼平思科，叫板微软，令爱立信胆寒。更为重要的是，任正非既能超越别人，更能不断超越自己。

1. 打造华为新形象

回顾任正非的种种措施和战略方针，终极目标无非是想将华为打造成一个国际品牌，这从公司名称"华为"的含义——"中华有为"可以略窥一斑。

不过，在华为发展壮大的过程中，任正非一直表现得十分低调，不太愿意与媒体接触。《福布斯》杂志对他的评价是："任正非是一个很少出现在公众视野中的人物，却是国际上最受人尊敬的中国企业家。"事实也正是如此，无论在生活还是工作中，任正非都非常低调，媒体很难采访到他，他也很少出席商业和社会活动。对此，任正非解释说：

"我为什么不见媒体，因为我有自知之明。见媒体说什么？说好恐怕言过其实；说不好别人又不相信，甚至还认为虚伪，只好不见为好。因此，我才耐得住寂寞，甘于平淡。我知道自己的缺点并不比优点少，并不是所谓的刻意低调。

"媒体记者总喜欢将成绩扣到企业老总一个人头上，不然不生动，以虚拟的方法塑造一个虚化的人。我不认为自己像外界传说的那样有影响力，但是很敬业、无私、能团结人。这些年华为有一点成绩，是在全体员工的团结努力，以及在核心管理团队的集体领导下取得的。只是整个管理团队也很谦虚，于是就把一些荣誉虚拟地加到我的头上，其实难副。"

2008年，任正非荣获《中国企业家》评选的"2008年度中国最具影响力企业领袖终身成就奖"；2010年任正非在《福布斯》中文版推出的"最受国际尊敬的中国企业家"年度人物榜中高居榜首；2011年任正非在《财富》中文版推出的"中国最具影响力的50位商界领袖"榜单中位列榜首。对于这些荣誉，任正非从未正面回应过。不过，他在自撰文章《我的父亲母亲》里，以宽慰母亲的口吻解释了自己面对华为的负面舆论不争辩的另一层深意："我们不能在媒体上去辩论，这样会引起争论，国家纸太贵，为我们这样一个小公司争论太浪费。为我们这样一个小公司，去干扰国家的宣传重点，我们也承担不起这么大的责任。他们主要是不了解，我们也没有介绍，了解就好了。"

相关政府部门多次提出华为可以把自己的成长经验拿出来交流一下，给其他企业借鉴。但任正非的反应却是：企业的个性重于共性，没有任何参照价值。在任正非看来，在华为还比较弱小的时候，保护自己的最好方式就是不暴露自己，尽管这样做会有很多损失，但可以规避很多不可预知的风险。这在某种程度上也是因为，他是公认的心直口快，有时难免触犯别人，比如当年深圳市领导来访，他没有亲自出面接待；在拜访国家广播电视总局领导时又过于多话，结果引起对方不快，令气氛十分尴尬。为此，任正非也说自己敬佩阿庆嫂，能够八面玲珑，处理好各方关系。

但是，相比其他迫切想要增加企业曝光度、增加品牌宣传力度的企业家，任正非显然更注重实干。为了让员工全身心地投入工作中，为了让企业少受外界因素的干扰，他一直要求华为人保持低调，远离媒体的聚光灯。他说："我们要的是成功，不是口号。有人说华为公司运行得平平静静，没什么新闻，是不是没戏了。我们说这叫'静水潜流'。表面很平静的水流，下面的水可能很深很急。倒是那些很浅的水在石头上流过去的时候才会泛起浪花。"他认为只有保持静水潜流，才能专注于自己的目标，更好地躲避外在的风险。

这也就不难理解在华为内部，几乎找不到任何展现华为发展史的图片和影像资料，也没有张贴哪位领导视察华为的照片，似乎华为是一个刚刚成立、没有任何历史的企业。而且，任正非还表示过，他退休之后"不会被供在华为的殿堂里"。他不需要后来者对他念念不忘，该干什么就干什么，只要华为的品牌不倒，其他的东西都可以随着时代的发展而更新换代。

他还曾对员工说："当社会上根本认不出你是华为人的时候，你就是华为人；当这个社会认出你是华为人的时候，你就不是华为人，因为你的修炼还不到家。"在任正非的影响下，华为员工都一头扎进工作里，很少在公众面前露面。

也正是因为这样的低调，以致很多人都不知道有华为这个公司，很多国际巨头也根本没把华为放在眼里。结果，在短短几年内，华为雷厉风行地在世界各地抢占了许多市场，这时，外国企业终于回过神来，开始惊呼"狼来了"。

2004年10月，华为拥有的"华为"、"HUAWEI"、华为标识三个商标被中国国家工商行政管理总局商标局认定为"中国驰名商标"。根据有关国际公约和国内法律，经国家商标局认定的"驰名商标"，可以在包括中国在内的170多个巴黎公约成员国内获得特别保护。

在2005年国际合同销售首超国内后，任正非决定换掉华为从1988年开始启用的旧标识，在国际上树立华为开放合作的亲和形象。为此，他重金邀请国际著名品牌设计公司来设计新标识。新标识大体沿袭了力争上游、灼灼其华的造型，但花瓣数目减少了，整个花盘更加圆润，象征着合作开放的态度，颜色从上到下、由浅至深则表明了聚集核心业务的意志。2006年5月初，华为正式启用了新标识。华为高层人员在接受采访时表示，更换标识并不意味着华为整体战略的改变，只是华为国际化中的一步。

一位在通信业供职的美国人看到华为的新标识后，说："华为的新标识很漂亮，设计很好。更让人惊喜的是，这个标识给人的印象比较友好，友好得几乎有点女性化，一见面就有一种熟识的感觉。"

华为更换标识后，相应地采取了几个措施：一是提升品牌价值，调整价格战略。低价策略曾使华为在国际市场上所向披靡，却只赚吆喝不赚钱。换标之后，任正非决定取消价格战，更加国际化、职业化，更加聚焦客户。二是人才战略的国际化。为了从原来的以技术为中心真正转型到以客户为中心，华为引进了大批精通中文和英文的国际人才，力求在谈判、沟通与服务上做到更专业。

通过以上措施，华为的净利润率有所提高。2009 年，华为运营利润率为 14.1%，净利润则为 183 亿元，净利润率达 12.2%。2010 年，华为销售收入达 1 852 亿元，同比增长 24.2%；净利润达 238 亿元，净利润率为 12.8%。

除了更换标识，华为还通过参加展会来打造品牌形象和推广产品。只要有国际通信展会，任正非都会派员工参加，借此提升华为的正面形象。参加展会往往需要投入高达上亿元的资金，但任正非认为这个投资是值得的。为了引起关注，华为在展台规模和布置上都很用心，而且每次都会展示一些新技术和新产品，以显示自身强大的实力。比如某年北京国际通信展，上海贝尔某市场人员便说："不得不承认，在展会上，华为无论是展台规模、展示内容还是人员素质、观众评价，都远远胜过上海贝尔。华为的展台前门庭若市，而上海贝尔的展台前则人员稀少，这足以说明客户和专业人士的向背。"

另外，从 2005 年开始，华为在海外投放了大量广告，比如在《经济学人》、《商业周刊》、美国著名渠道媒体 CRN 等国外知名杂志上刊登整版广告。

为了让世界更了解华为，任正非也开始有了一些改变。2014 年 5

月2日，他在伦敦接受国际媒体采访时说："大家都说我不愿意见媒体，从而说公司很神秘，其实这是我个人性格问题，而不是其他原因。因为我个人比较羞涩，不愿意面对社会的荣誉，回避这些的时候，就回避了媒体。我也在慢慢走向开放，让大家看到我是什么样的人，从而让华为最后一点神秘的面纱被撤掉。"这在一定程度上意味着任正非在华为品牌传播和公共关系的建设上，迈出了艰难的一步。

2. 备受争议的集体辞职事件

作为一个注重实干的人，任正非虽然也在意华为的外在形象，但华为的内在活力则是他一直强调和关注的重中之重。

2007年的一天早晨，孙亚芳从财务部门前经过，发现一帮人围成一团不知在干什么，走近一问，才知道任正非住院了，他们打算给老板送点东西过去。

以往任正非生病住院，孙亚芳总是第一个知道，但这次她却毫不知情。她回到办公室后一直在想为什么，以她的心智，很快就想明白了。2005年公司内部传出流言，说任正非想娶孙亚芳，但公司董事会不同意，所以这事泡汤了。这个流言传了两年任正非才知道，他不申辩，也不追究，所谓流言止于智者。但他不得不重新审视自己与孙亚芳的关系，尽量避免出现让人误解的地方，不然公司高层会联合起来反对他。

另外，还有一件事也让任正非很苦恼，他想让儿子任平进入华为最高决策层，成为9个EMT成员之一，却遭到徐直军的强烈反对，理由很简单，老板的直系亲属不得进入公司高层，除非经公司考评完全达到要求，而任平的资历、知识才能和个人业绩平平，还需要更多的历练。董事会里有好几个人也跟徐直军持同样意见，于是，这件事被搁置下来，使任正非的心里也搁了一块石头。

孙亚芳听到任正非住院的消息后，第二天便去了医院，发现他面色蜡黄，眼神黯淡忧郁，满脸皱纹使他看上去比实际年龄苍老许多。她低声说:"任总生病几天了我都不知道,今天才来看你,你不会怪罪我吧?"

任正非苦笑道:"老毛病了,没什么好看的。年纪一大,毛病就多,胃病、糖尿病、高血压、抑郁症,甚至这个癌那个癌都找来啦,我是不是真的已经老了?"

"是啊,才几天没见,你的确老了许多。一晃我到华为都已经16年了,我也老了。你带着华为风风雨雨地走过了20年,太操心了。你虽然是军人出身,但也不是铁打的,现在累出一身病来,还跟那些小伙子一样拼,那怎么行啊!"孙亚芳动情地说。

任正非本想对孙亚芳说"你还年轻",但他想了想,还是决定只谈工作:"华为要过冬,不拼不行啊!纵观那些已经倒下的企业,固然有外力的作用,但根本原因还在于内部,在于自身生长的基因,能否保持持续的危机意识和创新精神,能否构建良好的内部机制,进而长期保持自身的内在活力,从而为企业提供生生不息的长期牵引力。我们管理队伍中的老干部太多了,他们的奋斗精神还在不在?他们的雄心壮志还在不在?这是我最担心的。"任正非始终认为,任何一个组织,尤其是商业组织,在成长的过程中不可避免会滋生怠惰、腐败、内幕交易等,这些问题会使一个组织走向衰落和崩溃。华为发展了20多年,也充满相似的企业病变,只有对此保持足够的警觉并进行有效的清洗,才能使华为持续不断地进步。

孙亚芳知道,人力资源治理始终是任正非不断强调的主题,他要求在市场低潮期间培育出一支强劲的队伍,提高人均效益,同时强化绩效考核管理,实行末位淘汰,激活整个队伍,强调末位淘汰永不停止,研发体系的战略队形和组织结构要随着环境的变化进行调整和变化,确保冬天过去、春天到来时,组织结构和战略队形保持不乱。但现在华为内部的确出了问题,他一贯的集权主张与目前的"诸侯割据"有很大冲突,华为各个支持平台的老总都有相当大的权力,任正非担心自己会被架空;各部门之间经常出现不协调和利益矛盾,内耗也越来越大。对此，孙亚芳劝道："你都躺在病床上了，还担心那么多。高级干部都是经过无数次考验的，绝大部分人值得信赖，他们会做好自己分内的事情，你对他们应该放心。"

"我不是对他们不放心，而是因为他们中间功臣太多，有的人开始居功而懈怠下来了。干部队伍要永远保持活力，需要有更严密、更高效的组织。对华为来说，只要结构不散、组织不垮，前面烧掉的钱就会变成所有后来的无形财富，这些都是华为的增值财富。现在，华为正处于关键时期，要享受以前的投资增值，就要团结起来，使这个队伍不要散掉。你回去后马上召开一次高级干部会议，讨论一下干部和治理架构调整问题。"

孙亚芳淡淡地说："我明白你的意思，回去就把你的指示传达下去。"

在任正非的授意下，2007年最后两个月，孙亚芳开始调整七大支持平台的领导干部。这既是激活干部队伍的需要，也是打赢"班长的战争"的需要。

任正非解释说，经过20年的发展，华为已经从过去的中央集权变阵，未来有可能通过现代化的小单位作战部队在前方发现战略机会，迅速向后方请求强大火力，以现代化手段实施精准打击，一线作战部队可能不需要这么庞大了。他同时强调：我们既要及时放权，把指挥权交给一线，又要防止一线的人乱打仗，所以监控机制必须及时跟上。我们利用资本的方式跟上去，资本不是流程化的，而是在流程外面的。当"军队"快速前进时，很多车哗哗哗就过去了，子公司董事会在旁边看半天，一旦发现问题，就坐着直升机来追，你就是非流程化。我们从以技术为中心，向以客户为中心的转移过程中，如何调整好组织，始终是一个很难的课题。

在一次高级干部会议上，任正非给大家讲了一段"九龙治水"的故事。

九龙治水是一个古代的典故，原意指多条龙治水，结果没有龙去管行云布雨之事。华为在内部管理流程上还存在"九龙治水"的局面，各管一摊，流程上无法打通，责任也不明确。还有一个类似的说法是：铁路警察各管一段。华为结合公司的业务，2003年以来，内控、流程质量等都加大了对合规和流程遵从的管理力度，投入了很多精力，这是好事，但是，如果每个部门每个主体都有一套自己的做法，各自为政，那样既管理不好，也会浪费人力物力。"你们看重过程，但我看重的是结果，从结果来选拔干部。另外，高端手机若以技术为导向，赚不了钱，那这个高端是没有价值的，过不了三个月，高端就成低端了。如果只是试探着搞科研，我们不反对，但是你们若要做成一个产品，需要别的业务来补贴，我认为有必要在策略上好好分析。"他最后总结说，"一年之计在于春，希望你们在春天播的是好种子，发的是好芽，秋天才能带给我们收获。若你们在秋天收不到粮食，我们一定会饿死。涨工资的钱从哪里来？"

任正非始终认为，人才进来后要不断流动，能上能下，征伐四方。因此，华为的人才调配跟一般公司不同，它往往不是把差的人调走，而是把最好的员工"发配"各地。一位员工感慨道："在华为的短短4年，我获得了难以想象的丰富经历，从研发部到市场部到服务部，在其他企业是完全不可能的。"华为的人员调配致力于锻炼优秀者，搅活"沉淀层"。

孙亚芳与华为决策层EMT中的其他元老不同，尽管她对工作事无巨细，但她似乎没有刻意建立自己的队伍，也没有培植自己的亲信，可以说她一直坚持着公平、公正的干部调整原则，在处理人事问题上一向铁面无私。但即使如此，她也没有树敌太多，很多从华为走出来的高管谈起她，依然对她十分敬重。这次她不再反对任正非的决定，准备妥协，毕竟管理机构的确是太臃肿了，不仅运行成本过高，而且内耗也影响了效率。她采取了一个折中的办法，力争把精简人数控制在10%以内，骨干人员还是得保持相对稳定。

会后，所有工作满8年的干部和员工，在2008年元旦之前都要办理主动辞职手续，竞聘后再与公司签订1~3年的劳动合同；废除现行的工号制度，所有工号重新排序。

相比1996年的市场部集体离职运动，这一次的人数和规模都远远超出前者，而且范围从市场部扩展到多个部门，人员也从公司高层到一线员工。这次申请辞职的有6 686人，其中6 581人重新签约上岗，其余的全部"自愿"选择退休或病休，有90多名干部主动要求减薪。在这次人事变革中，任正非也向董事会申请了退休，董事会批准后又返聘他担任首席执行官的职务。

任正非认为，一个组织时间长了，老员工收益不错、地位稳固，就会渐渐地沉淀下去，成为一团不再运动的固体：拿着高工资、不干活。所以，正如一个华为员工所说"任总最喜欢搞运动"，在他看来，这种类似"凤凰涅槃"的集体离职运动，有助于华为保持活力。

但外界分析认为，华为这种先"主动辞职"再"竞争上岗"的做法，目的是想卸下新劳动法下企业应承担的经济与法律责任，减少对解聘员工的补偿。任正非对此未作任何解释，只给核心管理层和部分产品线高管发了一封邮件，他在邮件中说："思科现在开始实行很多政策，如减少员工出差；减少会议；高层领导出差不能坐头等舱，要坐必须自己掏钱等一系列措施。思科尚且如此，华为就能独善其身？"

华为这次大规模辞职运动可以说是民营企业坚持市场化用工的无奈之举，任正非要保持华为的活力，必须打破终身雇用的弊端，让尸位素餐、碌碌无为之人无法在公司立足，同时让优秀员工时刻反省自己、否定自己，有压力才会有动力。这次员工大辞职，最后只有100多名员工没有续约，淘汰率仅为1.4%。事实证明，华为的大部分员工可以胜任自己的工作岗位。

在2009年1月的销服体系奋斗颁奖大会上，任正非又阐述了这样几条：

其一，后方配备的先进设备、优质资源，应该在前线一发现目标和机会时就能及时发挥作用，提供有效的支持，而不是拥有资源的人来指挥战争、拥兵自重。

其二，谁来呼唤炮火？应该让听得见炮声的人来决策。

其三，努力做好客户界面，以客户经理、解决方案专家、交付专家组成的工作小组，形成面向客户的"铁三角"作战单元。

其四，基层作战单元在授权范围内，有权力直接呼唤炮火。

其五，一线的作战，要从客户经理的单兵作战转变为小团队作战，而且客户经理要加强营销四要素（客户关系、解决方案、融资和回款条件交付）的综合能力。

任正非强调说，我们机构设置的目的，就是作战；作战的目的，是取得利润。平台的客户就是前方作战部队，作战部队不需要的就是多余的，这才是打赢"班长的战争"的组织保证。

刚开始任正非的认识也是有局限性的。他在EMT会上讲了话，要缩短流程、提高效率、减少协调，使公司实现有效增长，以及现金流的自我循环。但他提出的措施确实有点问题，单纯地强调精简机关、压缩人员、简化流程，遭到了部分EMT成员的反对。他们认为机关干部和员工压到一线后，会增加一线的负担，增加成本，而且也帮不上什么忙。机关干部下去后以总部人员自居，反而干扰了正常的基层工作。后来，任正非听取了一些中层干部的意见，他们认为组织流程变革要倒着来，从一线往回梳理，平台（支撑部门和管理部门，包括片区、地区代表处的支撑和管理部门）只是为了满足前线作战部队的需要而设置，并不是越多越好、越大越好、越全越好。要减少平台部门，减轻协调量，精减平台人员，效率自然就会提高。这样，EMT决议还未出台就被反了一个方向，但如何实现这一点呢，问题仍然摆在前面。

任正非以长篇大论对如何打赢"班长战争"作了说明。用个比喻，就是过去的组织和运作机制是"推"的机制，现在要将其逐步转换到"拉"的机制上去，或者说，是"推""拉"结合，以"拉"为主的机制。推的时候，是中央权威的强大发动机在推，一些无用的流程、不出业绩的岗位，是看不清的。拉的时候，看到哪一根绳子不受力，就将它剪去，连在这根绳子上的部门及人员也一并减去，组织效率就会有较大的提高。最后，他提醒说，未来的不可知性使我们的前进充满了风险，面临着不确定性，各级主管要抓住主要矛盾以及矛盾的主要方面，要有清晰的工作方向，以及实现这些目标的合理节奏与灰度；多一些自我批判，要清醒感知周围世界的变化，"深淘滩，低作堰"。"深淘滩"就是多挖掘一些内部潜力，确保增强核心竞争力的投入，确保对未来的投入，即使在金融危机时期也不动摇；"低作堰"就是不要因短期目标而牺牲长期目标，多一些输出，多为客户创造长期价值。

为了体现对管理的重视，任正非在公司召开了一次"蓝血十杰"表彰大会，表彰那些对华为的管理做出贡献的员工。"蓝血十杰"是"二战"结束后发生在美国的故事，来自美国战时陆军航空队统计管制处的10位精英，被刚刚从老亨利·福特手中接过福特汽车公司控制权的亨利·福特二世招至麾下，进入公司计划部、财务部、事业部、质量部等关键业务和管理控制部门，掀起了一场以数据分析、市场导向以及强调效率和管理控制为特征的管理变革，使福特汽车公司摆脱了老福特经验管理的禁锢，从低迷不振中重整旗鼓，扭亏为盈，再现当年的辉煌。这10位精英所抱持的对数字和事实的始终不渝的信仰，以及对效率和控制的崇拜，使他们获得了"蓝血十杰"的称号，被人们尊称为"美国现代企业管理的奠基者"。

任正非在这次表彰大会上提出了这样的问题：有一种流行的观点说，在互联网时代，过去的工业科学管理的思想和方法已经过时了，现在需要的是创新，是想象力，是颠覆，是超越。真的是这样吗？科学管理过时了吗？我们真的不再需要基于数据和事实的理性分析和精细管理了吗？他的回答是否定的。

任正非认为："西方的职业化，是从100多年的市场变革中总结出来的，它这样做最有效率。穿上西装，打上领带，并非为了好看。我们学习它，并不是完全僵化的照搬，难道穿上中山装就不行？华为发展20年来，有自己成功的东西，我们要善于总结，我们为什么成功，以后怎样持续成功，再将这些管理哲学的理念，用西方的方法进行规范，使之标准化、基线化。只有这样，我们才不会成为一个僵化的西方样板，而是一个有活的灵魂的管理有效的企业。"

这次变革，意味着经过20年的发展，华为已经从过去的中央集权变阵，开始采用特种兵小单位作战模式。只有具备特种兵的素养，才可能打赢"班长的战争"。在深圳华为总部，开始流行这样一句话："要想进步快，赶快去海外。"欧洲市场业务的拓展，对华为员工提出了新的挑战。任正非在重新上岗的干部中抽调了一批业务骨干，充实到欧洲市场，很大一部分人都是降级使用。即使如此，他们的工作热情仍然很高。改革后，项目组从签合同到实际供货只要四天的时间，这得益于华为管理结构的变革。华为不仅把各部门之间的配合管理做到了极致，还把供应链上公司以外的环节，当成公司的一个有机整体，使外协人员变成华为团队的一个有机组成部分。华为成了一台由"狼群"组成的高效运转的"战争机器"，其效率之高、配合之好，让其他对手很难超越并取胜。

每隔三五年就阶段性地宣布冬天到来的警示，而每次警示之后都会有较大的人员调整、治理结构变革，有较高幅度的业绩增长，这或许正是任正非的独门秘诀吧。

3. 决战3G，两战雪耻

华为的人员、治理结构调整刚刚告一段落，任正非就摩拳擦掌，准备大干一场，这时，他迎来了一个好消息。

2008年6月的一天，分管市场营销的副总裁徐直军走进任正非的办公室，兴冲冲地说："有个好消息，任总，中国电信近日抛出了270亿元的CDMA网络招标的大订单，这可是中国电信接下C网后的首次动作。如果我们能够将这块蛋糕切下一大块来，将是意义重大啊！"

任正非听了十分惊喜，问道："你的消息从哪里来的？具体是怎样一个情况？"

"消息当然是来自中国电信决策层。中国电信表示将坚持'聚焦客户的信息化创新战略'，综合采取有效措施稳定固网经营，以3G发展为契机，将3G业务纳入全业务经营，统一部署，稳步推进。将充分利用CDMA升级速度快、成本低的技术优势，加快CDMA2000 EV-DO网络在重点、热点地区的建设覆盖和网络优化。"

任正非兴奋地说："好啊，我们苦等的时间实在太长了，机会终于来了。这次机会能不能抓住，全看你们市场营销部了。"

"我们会全力以赴的。不过，华为一向讲究团队作战，还得有其他部门的紧密配合。"徐直军说。

"是的，要让所有支持平台快速运转起来，进入战备状态，打好这一仗。"任正非眼中闪耀着坚毅的光芒。

任正非之所以如此重视这单生意，其中一个原因是他曾经因为错失CDMA与小灵通的发展机会而败给了中兴，弄得自己患了几年的抑郁症。这一次，赚钱多少不重要，只要拿到的单比中兴多就行。

面对这份大餐，中兴和华为剑拔弩张，准备决战3G。

当时很多人还不知道3G到底有什么用，只是大概知道它是对基于2G的GSM网的升级换代。专业一点讲，3G可提供视频电视、手机电话、高速下载等移动宽带多媒体业务，并保证高质可靠的服务。但因为经营商不同，采用的制式标准也不同。国内存在三种3G标准，即CDMA2000、W-CDMA、TD-SCDMA。中国政府积极倡导科研机构和移动通信企业尽早参与后3G时代技术的研发，以期在未来移动通信的发展上争取发言权，与欧美等发达国家并驾齐驱。

但是，3G牌照在中国的下发可谓一波三折，尽管TD-SCDMA和W-CDMA各具优势，TD-SCDMA相关产品已基本具备商用化的水平，但是与W-CDMA、CDMA2000相比还存在很大的技术差距。而W-CDMA、CDMA2000两大标准的知识产权大部分掌握在欧美企业手中，国外众多实力强大的厂商对中国3G市场虎视眈眈，对TD-SCDMA的态度则以打压为主，使得 TD-SCDMA 很难实现国际漫游。由于难于把握 3G 的前景，国内各大运营商对网络建设的投入有所顾忌，使得整个通信设备行业的发展也出现了等待 3G 的真空期。

W-CDMA、CDMA2000、TD-SCDMA 这三大标准到底如何选择，在无法预测的情况下，很多设备商不得不脚踏三只船，中兴和华为也不例外，双方均在三大标准上有所投入。华为自 1999 年就启动了 ASIC 项目，对 3G 的热忱已经到了"从芯片做起"的程度，每次投片（将设计好的芯片交 IC 厂投产）的费用都在几百万美元以上，加上高昂的设备投入，累计达 50 亿元人民币。同时，为了促进 3G 业务价值链的发展，华为于 2004 年 12 月建设完成了 inTouch Lab 体验中心及联合实验室，为运营商及 SP 合作伙伴提供一个业务体验和试运营的环境，建立广泛的合作联盟，锻炼业务创新开发能力。

任正非对 3G 可谓"泼金如水"，随后又设立了多个研究所。深圳主要是 W-CDMA 数据卡的研发中心，在北京主要从事 W-CDMA 手机的研发，在美国主要是芯片和核心技术的研发，在瑞典则提供用户界面设计和消费者研究，在韩国主要是工业设计和结构设计，在印度主要是软件和算法支持。全球高科技人才协同作战，持续高额的研发投入，奠定了华为坚实的 3G 技术基础，也缩短了从技术向市场转化的时间。

在 2005 年 11 月于香港举行的亚太移动盛会——"2005 3G 世界峰会暨展览会"上，一个走出去的华为全面展示了其国际化的 3G 战略。从跟随者到领跑者，再到布道者，华为的蜕变正以惊人的速度进行着。华为在这次展会上展示了包括 3G 业务、3G 终端等在内，从系统平台到终端业务的全套 3G 解决方案，再次证明了其作为顶级 3G 设备提供商的技术实力。

这次华为展台最耀眼的技术亮点就是率先推出了商用的新一代基站。这种新一代基站系统采用了从根本上提升 3G 网络性能的三项标志性技术：数字功放、宽带收发信机和支持分布式应用。数字功放技术可以将现有基站系统的功放效率从 9% 提高到 27%。宽带收发信机带来的直接好处是提高了基站系统的集成度，使基站扩容费用平均可以节省20%以上。分布式应用是解决机房寻址、租赁困难的最好方案，采用分布式基站系统可以节省TCO（即总拥有成本，包括从产品采购到后期使用、维护的成本）高达30%。

不过，侯为贵似乎比任正非有更多的筹码，中兴继1997年顺利在A股上市后，2004年再次启动资本战略登陆H股市场，募集到数额庞大的海外资金，完全有资本从容应战。面对任正非的豪赌，侯为贵选择以中庸之道进行应对：W-CDMA不放弃，适度投入；依靠CDMA95标准大规模商用基础，平稳向CDMA2000过渡；TD-SCDMA方面，拉拢大唐电信，共同起草TD-SCDMA国际标准，并很快争取到了政府的支持。可以说，中兴既有资本优势，又有政策和信息优势，华为在第一轮CDMA与小灵通的竞争中失利完全在情理之中。

在一般人看来，任正非是一个有着非凡胆识的决策者，实际上他对重大战略方向的决策总是异乎寻常地谨慎。他说："即便华为有3G之类的好时机，也不会盲目地把队伍扩张得很大。"华为在GSM上晚了10多年，但是在3G上却实现了与世界级水平同步。任正非从一开始就把宝押在W-CDMA上，决定将大部分公司资源投入自己最擅长的GSM和W-CDMA领域。他认为W-CDMA是欧洲标准，与GSM一脉相承，必定是3G市场最大的蛋糕。中国电信C网产业链格局即将面临重新洗牌，原来错失C网发展机遇的华为，希望借此一役重新确立自己的王者地位；而在国内C网市场占有30%份额的中兴，则希望在3G来临之前把盘子做大，不给华为任何可乘之机。

双方在排兵布阵的同时，也各自发动了一些上不得台面的"偷袭"战。招标初期，双方就开始较劲，不仅互放裁员烟幕弹，力图用舆论压制对方。

就在华为和中兴在北京为CDMA大订单争得头破血流的第二天，有报告称，华为将在全国范围内免费赠送设备，"华为在国内的CDMA市场接近零份额，因此进行大举赠送的行为可以理解，但需强调的是，赠送设备未必能获得市场份额"。似乎是为了配合这份报告，当天下午，市场就开始传言华为在这次100多亿元的设备招标中，竟给出了6.9亿元的"地狱价"，仅为报价最高的阿尔卡特－朗讯公司的1/20。

消息出来当天，中兴在A股和H股市场上全线下挫。侯为贵知道，华为的招数是要给市场吹风，形成舆论攻势。不过，华为更离奇的招数还在后头。

据一位参与竞标的业内人士说，在出手生猛的华为面前，中兴不得不选择降价更改标书，最终使出了更令人触目惊心的价格屠刀："0"报价！但中兴一早派出去送标书的工作人员却错过了送标时间，有谣传说"是华为派人中途制造意外，把人截留了"。

首轮争夺，华为成功将自己在国内CDMA的市场份额提升到25%。

2009年年初，等来了W－CDMA标准3G牌照的中国联通，迅速发放招标说明，拥有研发及市场优势的华为对这次招标志在必得。

第二次争夺3G市场，中兴在W－CDMA领域的表现实在一般，最后仅获得20%的份额，而华为则拿到了31%份额的订单，可说是两战雪耻。

国内3G大势已定，侯为贵也无心恋战，再次跟随华为将触角伸向欧洲，抢夺数据卡业务。一个有趣的现象是，华为的两个拳头产品——W－CDMA、CDMA2000，销售最为广泛的地区恰恰就是它们的发祥地：W－CDMA在欧洲，CDMA2000在北美和日本。这也从侧面说明了华为雄厚的技术实力，已经得到最为挑剔的客户的认可，其国际化战略的深度可见一斑。但侯为贵很不甘心，他带上低价屠刀，在欧洲市场上又掀起了一场价格混战，将原本售价200欧元的数据卡降至17欧元，导致华为损失了10亿美元。不仅如此，中兴的高调行为还引来了欧盟对包括华为在内的中国公司进行"三反"调查，使华为差点丧失了继续留在欧洲市场的权利。

面对挑战，任正非自然不会坐视不理。很快，华为宣布将以侵犯公司数据卡、LTE（第四代移动通信系统）专利和商标权的名义，正式在德国、法国和匈牙利对中兴提起法律诉讼。

面对这样摆上台面的对抗,中兴会如何应对呢?20小时之后,中兴发表了反诉声明,声称中兴也以侵犯LTE若干重要专利的名义,在国内对华为提起法律诉讼。

事实上,在通信业内,设备商之间相互置换专利已属行规,华为、中兴如此小题大做,实则是为了争夺3G之后更有潜力的4G市场。

任正非始终坚信,任何高科技企业都不可能在技术上长久处于领先地位,由于技术已经逐渐深入和完善,业务代替技术成为3G发展的瓶颈。长期打价格战,也只会两败俱伤,唯有拥有大客户,牢牢守住市场才是王道。

早在2002年,任正非就写过一篇题为"迎接挑战,苦练内功,迎接春天的到来"的文章,其中讲了一个故事:"这次我们在发展过程中,在上海要建一个房子(华为上海研究所),市场部是少数派,据理力争,最后把我们多数派说服了。修了一个美国AMBOY公司设计的上海研究所的基地,当然也包括市场部的办公机构和展厅。这里面有一条走廊,有22米宽、35米高、650米长,我看里面可以起降5架直升机,可以在房子里面进行飞行表演了。市场部说5年以后要把客户吓一跳,把他们震撼住,把合同给我们。"

5年过去了,华为在市场费用上"敢于花钱"已经出了名。任正非鼓励员工该花钱的时候一定要舍得花钱,对重点客户的投入不惜血本。他提出:"在资源和生产过剩的情况下,竞争的要义是什么?就是看谁的质量好、服务好、成本低。"所谓服务好,主要是与客户建立紧密联系。

2009年夏,华为新买了一辆加长奔驰,任正非看到这辆超级豪华轿车时,还有点不满地抱怨了一句:"这么贵的车,原来只长了这么一点!"不过抱怨归抱怨,该花的钱还是要花。据说华为买这辆车的原因是非洲客户喜欢。

去过华为总部的人,除了会对坂田高新技术工业园的优美感慨不已之外，还会被华为的超豪华车队所震撼：受过严格训练的一般身高的司机，还有清一色的奔驰车。但这支车队的服务对象并不是任正非等华为高管，而是那些来华为考察的合作伙伴和客户。华为总部每天都要接待来自世界各地的客人。华为系统技术支持部（主要做客服工作）解释说，上面提到的"加长奔驰"主要是投非洲合作伙伴所好。华为需要时刻做好准备，接受国际最挑剔客户的目光的审视。

就在这一年，任正非带领华为成功坐上了世界第二大通信设备商的宝座，实现了全球销售收入218亿美元，仅次于爱立信的286亿美元，位居通信设备提供商世界第二。但是，在净利润和利润率上，华为是当之无愧的第一。华为运营年度利润率为14.1%，净利润则为27亿美元，净利润率达12.2%。

至此，华为跻身电信运营商50强（名列第22位）。华为在全球各地承建了近百个3G业务商用局和试验局，产品涵盖数据业务、话音业务、多媒体和融合业务等领域，尤其在移动流媒体、多媒体消息、视频增值业务、FMC融合业务领域已取得全球领先地位。华为通过成熟的网络设备提供丰富多彩的3G业务，包括多媒体彩铃、无线监控、在线电视、在线订票、无线广告、联网游戏等3G业务应用，让人们体验到真实的3G生活。

可以说，在3G问题上，华为目标清晰、决策快速，以其丰富的商用经验和创新精神在挖掘3G业务体验领域拔得头筹，正是其"以市场为导向，以客户需求为驱动的行为宗旨"的结果。任正非为此感到十分高兴。2010年元旦，他设宴奖励有功之臣。在宴会上，董事长孙亚芳自信地说："我们不想当第一，但我们已经不可避免地走在成为第一的路上。"

在海外3G市场，华为也取得了不小的成绩。2006年8月，华为陆续与西班牙Vodafone、日本eMobile、美国CDMA运营商Leap签订了3G设备供货协议，成功打入北美、日本、欧洲三大发达地区的3G设备市场。

此后，华为3G在全球的发展重心从中东、亚太等地区，逐步向欧洲等移动通信发达地区转移。华为的无线产品也进入包括德国、法国、英国、葡萄牙、荷兰在内的14个发达国家。

4. 接班制度的探索：轮值CEO

与时俱进的任正非，不断调整着华为的业务方向，使得华为继续保持快速成长，而在具体的管理上，他也主张分权、放权，发挥众人的智慧。

2002年，IT泡沫的破灭使华为几乎崩溃，在公司内忧外困的情况下，2004年，任正非决定引进EMT（经营管理团队）制度，不过，他在EMT主席位子上屁股还没坐热就开始烦了，想做一个"甩手掌柜"。为此，他在极力推行高层管理干部轮岗的同时，实行EMT主席轮值制度：由8位领导轮流执政，每人半年，经过两个循环，演变到轮值CEO制度。

实践证明，这种方式颇有民主化的意味，既有利于培养接班人，又能避免个人长期掌权带来的个人化、极端化。它平衡了公司各方面的矛盾，避免问题长期累积得不到解决，使华为得以均衡成长。即使当值CEO走偏了，下一任也可以加以修正，从而避免华为的发展偏离轨道。任正非表示，轮值CEO制度比"将公司的成败系于一人的制度要好"，"也许正是这种无意中的轮值制度，平衡了公司各方面的矛盾，使公司得以均衡成长"。2007年任正非被返聘为CEO后，又开始采用类似IBM的分权式管理制度。他在不断否定过去和自我否定的基础上，试图完成一项毕其功于一役的使命：力图将企业生命从企业家生命中剥离出来，完成从老板到企业家的蜕变。

任正非认为，老板与企业家的区别在于：首先，企业家应该以事业为重而不在乎个人名利，应该有为事业艰苦奋斗、勤俭节约的精神；其次，企业家应具备社会责任感和历史责任感，他领导的现代化企业也应当具有社会责任感；最后，企业家应具备开放的心态和与时俱进的学习精神，应有指导企业发展的理论和成功的实践积累。

作为一个企业首脑，任正非是一个符号。这是一个深刻拥抱现实图景而又有强大突进意志的人，他冷静却又激情，广博却又孤独，偏执却又包容，对危机坐立难安，而对战胜困难又不可救药地乐观，如同历史上的很多杰出人物一样，复杂多面，与众不同。

创业之初的任正非只是一个草根英雄，华为深深打上了他个人的烙印——一个经历过"文革"和部队的洗礼，熟读"毛选"的中年人，来到深圳谋生，"由于当时幼稚"误入了通信设备这个竞争激烈的行业。作为一个管理者，他其实很喜欢务虚，选择弱小者的生存法则，对内纪律严明、军事化管理，对外采取游击战术，抓住一切可能抓住的机会，不给对手喘息的时间，做"让洋对手睡难安枕的狼"。他每一次征战，都是竭尽全力，充满了浓烈的火药味。为了适应市场的这种打法，华为诞生了著名的"床垫文化""狼文化"，也出现了过去没怎么听说过的"过劳死"和不太被人们认知的"抑郁症"。他总结说："华为第一次创业的特点，是靠企业家行为，为了抓住机会，不顾手中资源，奋力牵引，凭着第一、第二代创业者的艰苦奋斗、远见卓识、超人胆略，使公司从小发展到初具规模。第二代创业的目标就是可持续发展，要用10年时间使各项工作与国际接轨。它的特点是要淡化企业家的个人色彩，强化职业化管理。把人格魅力、牵引精神、个人推动力变成一种氛围，使它形成一个场，以推动和引导企业的正确发展。"

任正非既传统保守，又善于吸纳新知识。从1996年开始，在中国企业普遍接受"狼性文化"的时候，华为就开始褪掉狼性，思考管理的标准化、规范化、国际化和职业化。任正非选择并行两条路径来完成这次嬗变：一条是改造企业文化与核心价值观，包括重修《华为基本法》，对"狼性文化"进行重新定义；另一条是进行流程再造，不惜巨资引进IBM的IPD模式，进行面向客户的流程管理。

在这一过程中，最令任正非和华为员工印象深刻的是英国电信对华为的考核，其内容细致到"员工宿舍安全、员工工资是否符合劳动法、产品环保认证"等，应该说，IBM 的 IPD 模式和承接英国电信的订单，不仅从内部和外部再造了华为，使华为的经营国际化、管理规范化、人员职业化，真正从"土八路"蜕变为"正规军"，而且让华为人第一次真正意识到那些跨国公司在关注产品背后的"人"时，细化到何种地步，而这正是华为和其他进军国际市场的中国企业的一个不容忽视的短板。

2003 年，为了配合华为的全球化战略，任正非还调整了组织机构，具体做法是：在纵向产品部门的基础上，从横向按照地区将全球市场划分为八个大区，每个大区设立总裁职位并配备完整的销售、售后、工程、市场、财务人员，构成一套完整的公司体系，由此形成矩阵式的管理模式，这也是跨国公司进行全球化运作的标准模式，可以有针对性地根据不同国家和地区的特点提供不同的服务。

针对企业的信息化，任正非建立了一个全球化的企业信息化系统，超过 90% 的行政和业务都可以在这个系统上完成，比如进行 7×24 小时全球同步研发和知识共享、使用网上报销系统在 7 天内完成费用结算和个人资金周转、通过全球财务共享中心在 4 天内完成财务信息收集和结账、24 小时自由安排网上学习和培训考试、对 3 万人实现精确考核管理并把数据纳入每月薪酬与福利计算、网上查询和跟踪订单执行状态、调阅客户的工程档案以及有关的知识经验案例、网上发起并从华为总部或各地区分部获得及时的技术与服务协调等。

有人说，任正非这一代中国企业家最大的痛苦，不是对自己的企业与国际企业之间的巨大差距有清醒的认知，而在于明知差距所在，却无法按照国际企业已经验证的成功发展模式去追赶，只能迁就于人与制度的现状迂回前进。这样的一种"路径依赖"，体现在任正非身上，随着华为的"运动"力量越来越稀少，从告别 20 多年的"中央集权"到悬而未决的接任人问题，企业家精神正在经受严峻的考验，在一个人的企业和一个传承的组织之间，有着一条巨大的鸿沟。

所以，任正非说："也是无能、傻，才如此放权，使各路诸侯的聪明才智大发挥，成就了华为。"他又说："我那时最多是从一个甩手掌柜变成了一个文化教员。"在这一转变过程中，他提出的解决办法是自我批判。在一次高管会议上，他讲了这样一个故事：

鸟类最长寿的动物是老鹰，老鹰到了40岁，喙就开始变得越来越长、越来越厚，爪子变得越来越钝，身上的羽毛积得越来越厚，飞行起来越来越笨重。两个选择，选择之一就是等死，第二个选择是战胜自我。老鹰在战胜自我这个问题上比我们人类，第一聪明，第二意志坚定。当40岁到来时，老鹰就开始很艰难地飞行到某处布满岩石的山区，然后用喙在岩石上来回磕打，最终把自己的喙打掉。过了一段时间，喙稍微硬了一点儿，又用喙一点一点地把爪子上的指甲拔掉，再一点一点地把身上的很多羽毛拔掉，这时的老鹰变得极其衰弱，但是一次痛苦的自我改造和自我批判，换来的是150天之后的重生。所以，它接着还可以活30岁。老鹰尚且如此，万物之灵的人类为什么就不能做到自我批判、自我挑战，在痛苦中自我更新呢？

任正非在2010年还写了一篇文章，题为"坚持自我批判不动摇"。他在文中写道："我们在这困难的一年，同步展开了组织结构及人力资源机制的改革。改革的宗旨是，从过去的集权管理过渡到分权制衡管理，让一线拥有更多的决策权，以适应情况千变万化中的及时决策。这种让听得见炮声的人来呼唤炮火，已让绝大多数华为人理解并付诸行动。"

2010年前后，有传言说任正非有意扶持儿子任平接班，准备花10亿元送走合作20多年的孙亚芳。对此，任正非在《我们要习惯在谣言中发展》一文中调侃道："这是个娃哈哈的问题，媒体现在很沉闷，如果不哈哈，大家很压抑，没有愚人节，就开了个大玩笑。"他强调说，华为从创立开始以及此后公司的股权结构设置，已经注定了一开始就是走"去家族化"的道路。

2011年1月一个周六的早晨,华为高管齐聚一堂,在华为深圳总部召开了股东大会,会议选举产生了华为投资控股有限公司第四届董事会、监事会。董事长、副董事长以及常务董事的名单也进一步确定:孙亚芳当选为董事长,郭平、徐直军、胡厚崑和任正非为副董事长,另八位董事分别是徐文伟、李杰、丁耘、孟晚舟为常务董事,陈黎芳、万飚、张平安、余承东为董事。

与前一届董事会相比,新董事会出现了几位年轻干将,如李杰、丁耘、孟晚舟,而原董事会成员、华为老人纪平和费敏则退出董事会。其中最引人关注的是常务董事孟晚舟。孟晚舟是任正非的女儿,1992年大学毕业后在建设银行工作过一年时间,由于银行整合撤销了一个网点,她进了华为,在一个"特混"办公室工作——文秘、前台、《华为人报》编印都在这里。她原本计划出国留学,也拿到了录取通知书,但是被认为有移民倾向而被拒签了。任正非建议她出国前学点谋生技能,于是让她到华为做秘书,协助销售和服务部门,负责打字、制作产品目录、安排展览会务等杂务。跟她同一个办公室的人都不知道她是任正非的女儿。她工作两年后仍未能出国,便去华中理工大学读会计专业硕士;1998年获得硕士学位后重返华为,到财务部门做本行,这才真正开始了她在华为的职业生涯,先后任国际会计部总监、华为香港公司首席财务官、账务管理部总裁、销售融资与资金管理部总裁等职,2011年4月担任华为常务董事兼CFO(首席财务官)。

在华为人看来,孟晚舟为人随和,丝毫没有老板女儿的架子。她喜欢穿色彩鲜艳的衣服,在意妆容修饰,气质出众,颇具国际化视野。

董事会名单公布后,有媒体报道称,任正非的女儿孟晚舟进入新一届董事会,并出任华为CFO一职,显示出华为家族化企业的一面。几年前的话题——华为的股份制结构和未来接班人问题再次被重提。

任正非并不在意媒体的报道,依然以"轮值CEO制度"来回应外界对华为治理的疑问。对于华为的轮值CEO制度,以及其他潜在的接班人,这也意味着一个机会。任正非一直认为轮值制度"比将公司的成功系于一人、败也是这一人的制度要好。每个轮值CEO在轮值期间奋力地拉车,牵引公司前进。一个人走偏了,下一轮的轮值CEO会及时纠正航向,使大船能早一些拨正船头,避免问题累积过重,无法解决"。

不过,外界并没有因此而减少对任正非的议论。不少人认为,华为的CEO轮值制度,应该是以"任正非依然控制董事会(主导股东层面的最终决策)"为前提的,未来任正非若彻底退出,则CEO轮值制度将会终止,改为实行国际通行的CEO制,即CEO向董事会负责,董事会向全体股东负责的二级代理机制。任何企业都需要一个真正意义上的领导者,中国也不例外,"轮流坐庄"是一个过渡模式,从轮值COO到轮值CEO,已经体现了华为接班计划的循序渐进。不过,华为的接班人并不一定来自内部,来自外部的可能性依然存在。未来任正非的隐退将是一个循序渐进的过程,在他继续掌控华为期间,他将通过实战检验来选择华为最终的接班人。

2011年圣诞节前夕,任正非在华为内部论坛发表了题为"一江春水向东流"的文章,揭开了华为崛起的重大秘密:人人股份制,并直接戳中了华为最敏感的接班人问题。

这篇文章继续为轮值CEO制度鸣锣开道,在接班的问题上,任正非没有用"接班人"一词,而用了"接班人们"。他认为,通过归纳找到方向,并使自己处在合理的组织结构及优良的进取状态,以此来预防未来的种种不测。

他说,相信华为的惯性,相信接班人们的智慧。

他说自己少年不知事时崇拜过"大力神",认同个人英雄主义,而后来,"处处都处在人生逆境,个人很孤立,当我明白'团结就是力量'这句话的政治内涵时,已过了不惑之年"。

华为和任正非都迎来了一个微妙的时刻。在华为走过24年的风雨历程之后,任正非已经年满68岁,并且身体状况渐差,而他的子女已经长大成人;华为正从"跟随者"变为"领跑者",但它面对的却是一个"不清晰、不确定"的未来。

2012年，孙亚芳对任正非所写的《一江春水向东流》做了一点诠释：甩手掌柜培育接班人土壤。她说，《一江春水向东流》"这篇文章是华为成长的真实缩影，和他对轮值CEO制度的期盼。就像回放电影一样，华为成长经历中的关键镜头，一幕幕真实地再现。在回放中，任总道出了自己的心路历程，总结了自己是怎样带领公司走到今天，也幽默诚恳地告诫接班团队，怎么做一个'无为'的带头人，怎么'团结众人'实现企业目标"。胡厚崑则说，与其说任正非的文章袒露了他作为创始人20多年来带领华为走到今天的心路历程，不如说他的肺腑之言留给我们这些随华为一起长大的曾经的年轻人一个严肃而又无法回避的问题：面向未来，我们靠什么活下去？

眼下任正非年事已高，身体状况也不是很好，但仍然具有统领华为的能力。值得庆幸的是，通过轮值CEO机制，华为已经和即将培养出一批认同华为核心价值观并具备一定科学决策能力的高层管理者，因此，即使任正非完全退出华为管理层，华为应该也不会出现经营危机，而会沿着既定的轨道继续前进。当然，在产业选择和经营方向上，华为未来也许会有重大调整，更加多元化、综合化。

可以想见，任正非可能会退出一线管理，回归到董事会层面，成为华为的精神领袖。除非华为出现重大问题，否则他不会再对华为施加直接影响。当然，他在华为的重大决策上仍然有不容置疑的决定权。

2018年，华为公司董事会换届后，任正非之女、华为CFO孟晚舟升任副董事长，业界据此猜测她将成为任正非的接班人，执掌华为。但任正非2013年的时候曾在内部公开表示，他有4位家族成员在华为工作，他们永远不会进入接班人序列。至于谁会成为他的接班人，他没有透露，也并不着急："我不知道究竟谁会成为我的接班人，接班人会自然出现……至于我的退休，取决于人们什么时候能发明出长生不老药。我在等待这种长生不老药的出现。"

5. 企业转型：做全能型的 IT 供应商

企业传承也好，业务转型也罢，任正非深知，已经在全球电信设备领域处于"坐二望一"位置的华为，各方面都面临着巨大的挑战。

2012年早春的一天，任正非在百草园的一栋楼下，第一次正儿八经地坐下来与余承东单独交谈。他称余承东"是华为最会吹牛的人"，所以第一句话就说："你一直说做手机要高调，我今天是专门来听听这个调子的。"

余承东坐在藤椅上，直截了当地回答："软硬兼施，网络、渠道一起上。"

任正非说："我想听听更具体的东西。"

玩笑归玩笑，现在谈的是正事。余承东认真地想了一会儿，说："华为现在面临着从 CT（通信技术）向 ICT（信息与通信技术）转变，这是转基因式的变革，不是舍此求彼，这将成为中国信息产业第一次真正意义上的产业融合，也需要组织管理者抓管理、抓制度，关注团队和组织，在带好团队的同时还需要关注业务，需要有学习能力，需要对行业有较为深刻的理解，才不至于在战略及业务方向上迷失或做出大的错误决策。"

"你能说说走网络比走传统渠道有哪些优势吗？"任正非问道。

余承东说："手机产品渠道和网络平台产品最大的区别在于它的海鲜性质和库存压力——一旦明星机型发布日确定，就需要数百万部备货。如果只卖出几十万台，余下的库存将会直接拖死整个公司。这种压力和网络平台的压力是完全不一样的概念。网络平台产品山头（目标）明确，只要不停地狂轰滥炸就可以，代价不过是一些研发费用，而渠道产品往往一招不慎，满盘皆输。"

任正非又问："你希望公司为你提供怎样的支持平台呢？"

"尽快启动酝酿了两年的'云计算'战略和构建电子商务平台。华为原来依赖的低成本、工程师文化、集体主义将会经历消费市场的各种冲击。"余承东答道。

"为什么一定要这样呢，真的没有其他路可走了吗？"

"因为我们的终端要赶超三星、苹果。"

任正非笑了笑，说道："我这张老脸也要被你们逼着换新颜了。"过去他一直认为互联网江湖太混乱，是非多。

华为最为显著的变脸就是从华为终端形象的转变开始的，任正非也开始了以亲和生动的新形象换下严肃老面孔的尝试。

其实，从2010年11月以来，任正非已经在公司内部就"变脸"问题作了三次意味深长的发言。

2010年，在"华为云计算发布会"上，任正非表达了他对通信产业发展趋势下华为面临的双重困境——电信业面临天花板以及"云计算"时代电信业与IT信息业的相互渗透，对华为业务模式、市场策略、企业文化带来的全方位挑战。他敏感地意识到，华为必须从过去电信设备商封闭竞争的惯性中走出来，走向开放与合作。但他同时还想继续保持世界一流电信硬件供应商的形象。

2010年11月25日，任正非与华为董事长孙亚芳，常务副总裁徐直军、郭平，公共关系、品牌部、媒体关系、终端公司、党委相关人员就"向媒体开放"问题进行座谈，针对漫天飞舞的流言对华为形象的伤害，他检讨了自己的个人作风对公司品牌策略的负面影响："我和媒体打交道的方法是存在障碍的，但华为只是个20多岁、朝气蓬勃的小伙子，需要被世界正确认识。别人对公司的误解，一个很重要的原因是我们不主动与别人沟通，甚至连被动的沟通我们都害怕，还把这当成低调。"他号召公司宣传部门采取"文责自负"的态度，不要害怕对外说错话，将他的个人作风和公司作风有效区别开来，"如果不区分开来，公司的宣传将永远定位在一个不正确的位置上，以致把公司给耽误了"。

这两次发言，说明任正非并不古板。他领导下的华为其实比很多企业都开放。华为二十几年的创业史，可以说是一部对外开放史、全面西化史，无论是市场开拓还是管理。华为的营业收入中大约60%来自海外，世界上1/3的人在使用由它的设备构筑的网络。但在外界的印象中，这家全球通信设备巨头就像一个封闭的帝国，对它充满了误读和偏见。

任正非认为，华为在20年间虽然向西方学习了很多东西，但战斗方式如同一个孤独的农民，从青纱帐里弯弯曲曲的田间小路走出来，像当年堂·吉诃德一样手拿长矛单打独斗，一路跌跌撞撞地走到今天，只不过靠紧紧咬住前面的西方公司。现在，华为也要参与领路。但是，华为过去为运营商修的"管道"，只承载水，承载不了云。"怎么适应未来的新世界，华为面临着很大的挑战，我认为华为是不适应的，因为华为大多数的人是修万里长城的，但是用过去修万里长城的办法，修完了导弹一来，长城就没有用了。"在"云时代"，他急需与其他人接触，与其他人共振。华为只是一条河，虽然是一条大河，但是现在要流入大海。为此，他督促手下的高管都去开通微博，多上网与其他企业和个人沟通。他认为，未来的网络世界只有两样东西，一个是管道，一个是云。

自2010年11月任正非高调发布开放合作的云计算战略起，华为便像打了兴奋剂一样高歌猛进。"开放、合作是云产业未来的最重要的标志"，2011年年初，任正非开始调整战略，致力于从以电信为主的设备制造商转型成全能型的IT供应商。这年1月份，他在华为董事会上提出："在未来10年内，华为不仅要成为一家技术领先者，还要成为一家年营业收入高达1 000亿美元的科技公司，与思科、惠普、IBM等西方科技巨头比肩。"

说干就干，很快，任正非按照客户群体的不同，将华为的公司业务改组为三个事业部——运营商、企业网、终端部门。

传统的电信设备企业大都是以产品来划分业务，如有线、无线、终端（手机）、数据等业务部门，这次华为将有线、无线等传统面向运营商的产品线并入"管道"，将它与"企业网""终端"放在并列的位子上，充分体现了任正非对电信业面临的瓶颈和天花板有充分预判，同时对电信与IT业正在相互渗透带来的机会也有所警觉。这或许代表了华为新业务划分的思路，比如将目前还相对边缘的、面对企业市场的"企业网"（数据业务），和面向个人消费电子的"终端"产品线，看得与目前主体运营商业务"管道"一样重要。

这次改组，三个新部门中占据核心地位的显然是企业网。企业网对于企业十分重要，市场规模庞大，从中获取的利润也更为可观。在当时的国际市场上，企业网市场基本上被国际巨头所占领，惠普、戴尔、IBM等公司把持着存储和服务器市场，而在华为的专长——数据通信技术上，思科占据着大部分的客户资源。全球企业至少有80%与思科在企业网方面建立了合作关系。面对这种情况，华为很多员工信心不足，但任正非认为，思科的国际地位虽然很高，但华为已经成为全球通信设备制造商的亚军，专利申报量在全球企业中数一数二，有什么可怕的！果然不出任正非所料，思科得知华为要进军企业网市场，顿时慌了手脚，连忙调整领导班子，再度邀请钱伯斯重新出任思科CEO，以阻挡华为在企业网市场上的发展脚步。

尽管暗流涌动，但这次双方没有再起表面上的冲突，一是因为华为渐渐变得成熟，崇尚"和为贵"，不再把竞争当作发展的唯一动力；二是思科经过上一次官司后，看到了华为在欧洲、日本、俄罗斯等地的多次胜利，也不敢再轻举妄动了。

很快，在企业业务方面，华为收购了赛门铁克公司，以其存储和安全产品迅速补齐华为企业业务云计算产品线；同时高薪招揽大批IBM、思科、惠普等知名公司的高级主管，以提升企业业务的战斗力。

除了企业网之外，任正非也很重视终端部门的发展。随着交换机时代的没落和手机的兴起，他开始加大手机产品的研发力度。华为副董事长徐直军在采访中道出了华为在新时代的打算："原先华为的业务是聚焦运营商，但现在华为把业务铺开，既面对运营商，又面向企业和消费者。这是非常大的挑战。"

华为高层中很大一部分人都赞同双管齐下。在 2012 年巴塞罗那世界移动通信大会期间，华为消费者业务 CEO 余承东高调宣称"华为要做电子商务"，同年 3 月，华为商城便正式对外营业。6 月，华为终端公司的电子商务部悄然成立，更是意味深长。

2013 年 4 月初，在被南美洲某运营商老大用私人飞机接到庄园，品尝烤肉和各式水果之后，吹着安第斯山脉凛冽、刚硬的风，任正非做大电商的念头继续发酵。他从南美洲回来时，恰逢一年一度的华为终端战略研讨会召开。在这次会议上，他毫不客气地说："你们太僵化了。"他说，2010 年之前他一直赞同终端去做所谓的渠道，但实践证明做渠道一家家去谈，成本太高，应该发展低成本的电商。"我们优先发展低成本的网络模式，改变格局。我看可以大胆地干。"任正非还说，"电商做好了以后，我们的酒也在这上面卖，我们将来从阿根廷买回来的牛肉也可以在网上卖。我们的货物是真的，我控制货物质量。京东、淘宝都管不住质量。我们有货源，全球 140 多个国家，从每个国家买个好东西放到电商上销售，华为公司的零部件将来都可以拿到网上去卖。"

任正非为华为电商的发展定了基调。5 月定调之后，华为电商开始酝酿一系列大动作，任正非甚至把目标指向淘宝、京东，这听着的确太魔幻，跨度太大。但如果外界了解华为在电商领域一年来的变化，也许就不会那么吃惊了，真有那么点靠谱。

6. 闯入 PC 领域

作为一个精通战略的企业家，任正非很善于集中力量，全力打透，然后再四面开花。这一点在华为开拓 PC 业务时也表现得淋漓尽致。

现在 PC 行业的技术门槛并不是很高，对于本身就是搞技术的华为来说应该也不在话下。问题在于，PC 行业已经是夕阳产业，经过多年的发展，市场已经趋于饱和，品牌优势也都早已建立，给予新人的机会可以说微乎其微。而且，多年来 PC 产品只是在固有的几个方面不断提升性能，很难实现让人眼前一亮的创新。而且在移动互联网到来后，PC行业更是一年比一年不景气。所以，当任正非表示华为要进军PC行业时，很多人都感到困惑，觉得任正非怎么变得这么不明智了。

其实，针对这个问题，华为内部也进行了激烈的讨论，考虑到PC可以支撑华为面向5G、IoT智能物联网、人工智能时代推出的全场景连接战略，任正非才最终决定进军PC行业。华为的战略是，以手机为中心，将手机的优势延伸至PC，打通移动办公场景，实现多屏互联互通，最终实现全场景联接。

或许是天助任正非，就在他决定做PC后的两年间，全球PC行业似乎有了复苏的迹象，有了华为、小米这些新鲜血液的加入，PC市场重新活跃起来了。

2016年2月22日，华为在巴塞罗那正式发布了全新二合一笔记本——MateBook。消息传开后，PC行业沸腾了。

对于这款跨界产品，华为消费者业务CEO余承东信心十足，毫不掩饰对于PC市场的野心，他说："希望我们这款产品出来以后，能成为二合一产品的第一名。我们进入这个新领域，就是要做第一。我说话确实不谦虚，别人说我吹牛，我吹完牛以后都要搞定。这是给自己断了一切后路，目标定在那，大家只有背水一战。"

余承东表示，这只是华为进军PC的第一步，接着还会推出一系列的产品。如同当年做手机一样，华为做PC是有长远规划的。"我们自己弱的地方就是渠道、零售、品牌营销，以前华为是做B2B生意的，跟终端的模式区别太大。现在做终端相当于变换了赛道，方式不一样了，我们需要学习。"

业内普遍认为，华为做PC，将对死气沉沉的PC市场起到鲇鱼作用。这个二合一笔记本沿用了Mate品牌，命名为MateBook，可见华为有意借势手机，使PC业务有一个较高的起点。MateBook配置了英特尔的第六代酷睿M处理器，采用可插拔、无风扇、12英寸屏幕、金属机身设计，重量为640克，厚度为6.9毫米，这两个数据创下当时笔记本的最小数值。

2017年，华为又发布了第一款传统形态的笔记本，并带来了三个突破：一是轻薄小巧。MateBook 2整机比一张A4纸还要小，重量不到1 000克，同时拥有12.5毫米的超薄机身，是当时市场上最轻薄的笔记本。二是加入了指纹识别功能。华为把指纹识别集成到开机按钮上，免去了以前需要验证登录账号的烦琐过程。三是使用全面屏。2017年下半年是全面屏的元年，华为与时俱进，把它用到了笔记本上，打造出市场上第一款全面屏笔记本。

如果说华为第一代MateBook是尝试着做，第二代是真正决定要好好做，那么，第三代则真正走在了路上。

2018年上半年，华为推出了第三代PC产品Mate Book X Pro，这款产品沿用了制作手机的思维，给PC行业带来了颠覆性的创新——可触摸全面屏，高达91%的屏占比首次定义了PC全面屏标准；将指纹识别与电源键合二为一，按压电源键和指纹信息识别同时进行，7.8秒极速开机；屏幕实现可触摸；手机与PC之间可以轻松互联。

在PC业务上，任正非坚持走"精品战略"，不再靠价格战来打天下。他认为，PC产品一定要有所创新，否则很难与传统的PC企业竞争。所以，华为会通过创新来提升产品价值，而不是盲目追求销量，因为从做业务的角度看，规模不能代表什么，业务的持续健康发展和合理的盈利能力才是最重要的。

华为推出PC产品后，首先冲击的就是联想的国内市场，所以华为不可避免会与联想这个PC巨头正面交锋。目前联想在国内PC市场稳居第一，而华为的优势在于其强大的研发能力，但在渠道、零售、品牌营销等方面还有待加强。

在PC销售上，华为不再采取全球化销售策略，而是重点面向国内市场、欧美市场以及中东一些消费能力较高的国家。这也符合华为终端定位的整体战略，但是也决定了华为PC的销量不会太大。对此，任正非并不着急，他不想让PC团队因为压力过大而乱了阵脚，眼下要做的是脚踏实地，有个好的开端。

也有人嘲笑华为进入 PC 市场太晚了，但任正非认为 PC 市场并没有死去，只是需要更多的创新而已。现在行业技术创新的积累已经足以促进 PC 产业市场的提升，比如华为推出的第二代 PC 产品，便和一些知名厂商进行了深度合作，MateBook 将全系统预装 Windows 10 和 Office 家庭以及学生版 2016，而华为的空间智能技术则来自英特尔的酷睿处理器。

作为 PC 行业的新生力量，华为没有任何历史包袱，还有着做手机业务的"精品战略"思维，自然可以带动 PC 行业的创新加速。

第十章 进军智能手机市场

对于华为进军手机行业,任正非说:"这是被逼出来的业务,因为当年华为卖3G网络设备,客户要求必须有终端,没有终端就不买华为的3G设备。"2007年第一代iPhone问世之后,苹果、三星等智能手机快速发展,华为也紧随其后,正式研发智能手机并推出了一系列机型,在全球智能手机市场取得了显著的成绩。

1. 持续改良,"软""硬"兼具

任何公司从优秀到卓越的关键时刻,都会面临"成功者的诅咒",曾经的优势会成为未来的包袱,华为也不例外。

在3G市场上拼杀一阵后,任正非回头认真审视战场后,不得不着力解决华为发展史上的一个重大困境——国内电信市场日益饱和,华为的巨大制造能力需要释放,高额的研发费用需要新兴市场的支撑,华为必须找到新的快速增长的市场空间。

IT业界有人说,三流的企业卖产品,二流的企业做技术,一流的企业做服务。在高度信息化的时代,软件比硬件更重要,软件需要密切关注用户需求,提供个性化服务,"由硬变软"成为未来的主流。从产品到技术,再由解决方案过渡到整个运营层面的服务,这是未来IT业发展的主流方向。

因此,很多人劝任正非"软化",甚至劝他跟阿里巴巴网络技术有限公司联手或者自建网络。但任正非最初设定的终极目标就是成为世界一流硬件供应商，怎么能忘掉初心改为其他门路呢？近10年来，电信业几经沉浮，老牌巨头朗讯、西门子纷纷倒下，竞争者中兴也被爆出一系列腐败丑闻。时至今日，华为列车正以加速度前行，处在保持国际一流设备商地位的征程中。

"媒体总是喜欢说我们'转型'——不要提'转型'！"任正非对华为的高管们说，"因为'转型'会让大家觉得今天干这个，明天想干那个，打一枪换一个地方，南辕北辙。华为的战略是有持续性的，如果整天在改变，就不是战略了。"所以，他一般不提"转型""变革"这样的字眼，只提"持续改良、改善"。

为了与中兴、UT斯达康等竞争对手相抗衡，华为从2003年起将硬件的研发延伸到了通信终端，开始制造手机。其实任正非的初衷只是为了压制对手，结果却在"不经意"间壮大起来。不过，在2008年之前的5年间，手机在华为内部始终被视为满足端到端解决方案的"配套存在"，甚至一度传闻华为要出售终端业务。前几年时间里，华为从未生产过零售价高于2 000元的手机。产品项目经理必须经受住运营商苛刻的价格要求，产品开发策略亦要求极强的成本导向——所有的产品立项书中最常用的词汇就是"超低价""超底价""超低端"，用户体验和精品意识并非首要考量要素。

终端走低端路线，也习惯了运营商定制模式，运营商也习惯将华为视作贴牌手机提供商，而不希望看到某一天贴牌手机上面同时印着华为的商标。因此，转变不仅意味着成本增加，还面临着丢失客户的风险。终端和电信设备往往捆绑在一起，成为华为向运营商提供的产品，打自主品牌甚至还有可能影响华为的固有业务。果然，华为向运营商公布转型之后，沃达丰、法国电信等全球大型运营商都取消了华为的订单，而且华为终端公司内部机制和流程也都按照运营商定制来制定，员工和主管们形成了只为运营商低成本定制的思维习惯，对消费者的理解和把握还有所欠缺。

世界变了，从运营商级市场到消费者级市场，从低成本策略到消费体验驱动,从工程师文化到消费者文化,成了华为内部热烈讨论的内容。最大的疑问是,一个讲了20多年的好故事,需要加入哪些新桥段?

IBM专注于企业市场,砍掉了面向消费者的PC业务;三星集团能够给消费者带来巨大惊喜,却不能够感动讲求性价比的企业客户。任正非希望在华为将两种基因混合在一起,制造一个新物种。

2010年下半年,任正非将余承东从无线产品线调至终端业务,很快,余承东便成为华为终端的一面旗帜。他直率敢言、大话连篇的风格,使他成为网友"吐槽"最多的华为高管。面对"余大嘴"的称呼,余承东戏谑地说:"我确实没有吹牛,顶多是不谦虚。"

余承东对任正非的意图心领神会,一有机会就充满激情地长篇大论,关键词是:意识,意识!他不止一次提及精品意识、消费者意识,在他看来,这是终端团队甚至是华为最缺少的东西。他还说,长期做运营商定制手机,这个基因是华为终端最大的挑战。华为最先尝试从电信运营商背后跳到大众消费者面前的是Ascend P1智能手机,这是华为第一款不依靠电信运营商,完全走社会渠道销售的新产品。

在巴塞罗那世界移动通信大会上,华为用3 500台手机模型搭建了一座高达6米的飞马雕像。这个为外界称道的策划,华为内部却再次有声音斥之为"过于张扬"。不同观念的冲突和碰撞,影响到了具体业务进展。

不过,从2010年开始,华为终端业务在保持高速增长的同时,产品、渠道、营销同时实现了重大转变,不断向更高端的产品突破。在渠道方面,华为终端开始自建品牌形象店,并与苏宁、迪信通等社会化渠道进行深度合作,使得华为终端的品牌可见度大幅提高;在新兴的互联网营销上,华为电商渠道运营已初见成效。

2011年年初,华为最高管理层齐聚意大利西西里岛,经过一番激烈的讨论,他们终于统一认识,决定大力拓展运营商之外的市场,还提出了未来几年将销售收入做到1 000亿美元的目标,这也意味着未来几年华为必须保持不低于20%的高速增长。此时华为的"老师"IBM的规模也在1 000亿美元左右。

随后,任正非将公司分成三大业务集团,分别面向运营商、企业和消费者。其中,所有面向消费者的业务,如手机、其他终端设备、互联网以及芯片业务(主要由华为控股的海思半导体有限公司承担)整合在一起,并希望以此带动公司业务量继续高速增长。这既是华为的主动转型,也是外界的压力所致——目前的运营商市场留给华为的空间已经极为有限。

余承东立下了军令状:在2010年完成2 000万部智能手机销售目标的基础上,2011年必须完成6 000万部智能手机的销售任务。

为了实现这一目标,余承东开始招兵买马。随着终端人员不断增加,他向任正非求援,希望从运营商平台上调一些人过来。任正非两眼盯着他,戏谑道:"我给你推荐两个优秀人才吧,一个是普京,一个是梅德韦杰夫。"余承东只得自己另想办法。

这并不是任正非不重视终端,相反,他在智能手机市场大手笔投入,全线布局,计划在全球开1 000家店。而且,他的思想已经开始转变,有了由硬变软的考虑。在他看来,未来的竞争不仅是终端的竞争,更是应用软件的竞争。他对余承东说:"相信未来两三年,华为终端的质量会大幅度提升,让它惯性往下走。你应该重点抓商业模式、计划管理这些方面。"他最后还强调:"你们这棵桃子树上一定要结西瓜,不能只结桃子这一种商业模式。"

2011年,华为实现销售收入324亿美元,折合2 039亿元人民币,距离电信设备老大爱立信的336亿美元仅一步之遥。华为即将面临登顶时刻,在国内同行中已经无人比肩。在全国工商联公布的中国民营企业500强榜单中,华为名列榜首。

不久,任正非和余承东进行了一次电话讨论,两人就互联网是怎么回事,华为的终端云该朝什么方向发展,华为要不要由"硬"变"软"进行了沟通。任正非的想法外界不得而知,但可以猜想,此时的他对华为由硬变软是有所保留的。在后来提到华为转型的话题时,他说:"我们已经走到了通信业的前沿,要决定下一步如何走,是十分艰巨的问题。我们以前靠着西方公司领路,现在我们也要参与领路了,我们要像西方公司那样努力对世界有所贡献。"

相对于企业业务,华为的消费者业务进入更晚,UT斯达康和中兴一直走在前面。余承东不得不奋起直追。2012年,华为在消费电子展上发布了最薄的双核智能机,一个多月后又发布了"全球最快"的Ascend D Quad四核智能机。业界一片惊叹,在西班牙巴塞罗那世界移动通信大会上要求进入华为演讲现场的媒体远远超过预期。

现在已经不是仅靠产品(硬件)打天下的时代了,仅仅追求硬件的极致,已经让一群半路杀出的互联网厂商搞得完全没有利润。但余承东自信,苹果打通硬件、软件的模式,华为同样也能做好,甚至做得更好。

经过一系列的努力,华为的消费者业务取得了惊人的业绩。2017年4月,中国智能手机销量为3 552万部。其中,华为的销量高达808.3万部,市场份额为22.8%,名列第一。到2018年,华为手机完成了全球出货量2亿部的大关。据华为公司董事长梁华提供的数据:2019年上半年,智能手机出货量(含"荣耀系列")达到1.18亿部,同比增长24%。

2. 精益求精,改进用户体验

做手机,任正非显然是认真的,注重每一个细节。在他看来,用户体验和客户服务对企业来说是一个十分重要的环节。对于消费者来说,手机除了要经久耐用、运行稳定、不易损坏外,还有一些流畅易用、设计人性化等体验方面的需求。这就需要企业重视用户体验,多听取用户的声音,不断地改进产品。

在这方面,华为有着自己的优势。为了不断改进和提高产品的质量,华为从多种渠道收集用户体验方面的信息,经过归纳分类,再反馈给研发部门，从而找出产品存在的缺陷，有针对性地加以改进。

在消费者 BG 年度大会的讲话中，任正非提到了华为手机存在的若干问题，涉及软件设计、外观设计、产品规划、盈利水平以及服务水平等，这些问题与消费者普遍反映的问题十分吻合。他说："终端软件设计一定要有继承性，不要无价值地盲目创新。"也就是说，不要总想着创新和颠覆，如果一个技术突破不能带来利润，只会浪费企业的资源。

现在，安卓手机大体上处于同质化发展的阶段，不仅硬件同质化，操作系统也同质化，其中，硬件给消费者的体验 90% 需要通过软件来实现。而苹果手机之所以受到欢迎，除了硬件高端、设计精美外，在内存占用、后台进程等方面也能带给用户很好的体验。

谈到华为软件的问题，任正非说，华为的手机用户每升级一次软件，系统应用的排列位置也会随之发生变化，这显然是不符合用户使用习惯的，同时也说明华为手机在系统上没有继承性。华为 EMUI 的美观度和应用图标删除后无法自动排列等问题，也给用户带来了困扰。另外，如同其他安卓手机一样，华为手机的后台进程控制能力不高，经常导致应用启动速度慢、内存过度占用等问题。

华为手机的外观设计也让任正非很不满意，比如华为 P9 和 Mate 9 都缺乏时尚感和青春感，过于方正，边角不够圆滑，而华为手机的"祖传大黑边"更让任正非无法忍受。对此，他建议说："法国美学所设计的东西其实很漂亮，你们也可以好好利用。"

2017 年 4 月，华为 P10 手机被爆出随机采用了三种不同品牌和规格的闪存，导致用户体验也存在差异。随着事件在网上不断扩散，日本、中国台湾的华为手机用户也反映出这一问题，严重影响了华为手机的形象。

华为很快对这一事件作了回应，承认使用了不同规格的闪存，主要原因是缺货，但体验差异并没有网上评测说的那么明显。同时也明确表示华为没有在宣传中提到闪存规格类型，并非对消费者存在歧视和欺骗。华为还迅速成立了一个"消费者聆听特别行动小组"，负责落实后续的一系列计划，聆听来自用户的声音。

"闪存门事件"之后，任正非在华为内部发布了"反思倡议书"，号召全体员工进行深刻反省，反省自己是否真的践行了以客户为中心的核心价值观。华为消费者业务 CEO 余承东也在华为内部召开了质量大会，强调产品质量对于企业品牌和口碑的重要意义，他说："一切冲突都不应以牺牲质量为代价。质量优先于我们的成本，优先于利润，优先于其他，质量享有最高的优先级。"

以技术起家的华为，骨子里有着深厚的技术情结，总想设计出完美的产品，但如果在研发过程中忽视用户的真正需求，就难免走上歧路。所以，任正非要求华为员工树立正确的产品观念，站在用户的角度去审视自己的产品，而不是想当然。

在深挖客户需求方面，华为走的是"自上而下"的自我修炼之路。任正非曾经说过："华为早期的战略是跟随、满足客户定制化需求，在运营商市场，逐步吞噬其他巨头的市场。"这也表明了他紧抓客户需求的战略重心，他深知如果不注重客户需求，即使技术再强大，也只能兴盛一时，最终被淘汰出局。

为了改进用户体验，华为人可谓煞费苦心，在华为手机上做了很多人性化的设计。这也使华为手机带给用户的品牌体验明显提升，口碑越来越好。

比如华为 P8，继承了华为 P 系列的时尚设计理念，拥有 6.4 毫米轻薄机身、全金属一体化设计，"流光快门""大导演模式""四倍全景自拍""魅我自拍"等多类创意拍摄功能，独创的指关节截屏、功耗防火墙功能，以及"智能提醒"等易用性功能特色。在配置和技术上，华为 P8 还拥有多个业界首例：内置首款支持四色 1 300 万像素 RGBW 传感器的索尼 IMX278 摄像头；业界独有的 Signal＋技术，即通过小巧而强大的双天线设计和迅猛的天线智能切换技术，解决全金属外壳手机"死亡之握"的用户痛点；提供"高铁模式"，在时速超过 300 公里的条件下能大幅提升通话接通率……

华为P10上市后，以超高的配置和惊艳的外观征服了许多用户的心，但很快便有人吐槽说华为P10没有设计疏油层，使用过程中屏幕上往往布满指纹痕迹，显得脏兮兮的。其实，疏油层的成本很低，华为不至于因为想要节省成本而放弃疏油层，那么，华为这样做的原因是什么呢？原来，华为P10的指纹识别功能采用了正面不开孔的识别模式，将指纹传感器隐藏到屏幕下面，这样一来，如果在屏幕里加入疏油层，疏油层中的AF涂料会改变电系数，单只指纹识别会变得迟钝甚至失灵。为了保证用户的使用体验，华为没有使用疏油层，毕竟与手机屏幕上的些许指纹痕迹相比，方便的解锁体验更为重要。经过一番解释，不少理性的消费者终于体会到了华为的良苦用心。

华为另一款主流机型Mate 9也体现出了考虑消费者使用习惯的贴心设计。很多手机截屏一般是同时按动两个键，但每台手机的按键分布并不完全一样，用两只手截图也很不方便。为了方便用户使用，华为在Mate 9中加入了指关节截屏功能。用户只要用指关节双击屏幕就能完成截图，既方便又灵敏。同时，用户在截屏界面可以通过滑动进行长网页和长微博的内容截取，形成一个完整的截图。还可以依靠双指关节敲击屏幕，录制屏幕的操作过程，或选择是否同步收录环境音，这些功能为用户分享教程带来了很大的便利。

为了提升手机的拍照功能，华为还选择与徕卡合作，推出了三款双镜头手机——华为P9、Mate 9、华为P10。其中，华为P10配备了新一代徕卡双镜头，采用2 000万+1 200万彩色双摄像头组合，还加入了光学防抖与双摄变焦。同时，这款手机还配备了定制版800万像素的徕卡前置镜头，根据画面人物数量自动切换单人自拍模式或广角群拍模式。华为P10优秀的拍摄功能，获得了国外机构的认可。

现在，华为还在致力于开发更加智能的手机，为用户提供量身定制的服务。余承东说："我们的战略是将智能生活带给消费者，这种生活涉及衣食住行的方方面面。无论在哪种场景下，华为都能帮助你获得无缝的智能生活。"

3. 争夺高端市场，兼顾低端市场

过去一说起华为手机，大家的第一反应便是"低端""没有名气""功能受限"，这些评价几乎成了华为手机的标签。2011 年，华为手机的出货量仅为 2 000 万台，当时国产手机主要经营中低端市场，但从长远来看，要想树立自己的品牌形象，依靠低价策略是行不通的，必须推出自己的明星产品。任正非决定，华为手机要向中高端市场发力。

2012 年，华为发布了 P1，这是华为进军高端市场、塑造手机品牌形象的首次尝试。在 2013 年华为推出 P6 之前，尽管华为的手机销量并不小，但业界普遍认为，华为手机不可能作为一个独立的品牌存在，也不可能做出像苹果 iPhone 那样的产品。但是，随着华为手机越来越普及，这个问题显然也不存在了。

华为消费者业务 CEO 余承东表示，华为在最近 5 年经历了三次巨变：第一次是 2011 年开始走自有品牌道路；第二次是从 2012 年开始构筑自己的渠道零售能力；第三次是从 2013 年开始走华为品牌和华为荣耀两条路，与苹果、三星争夺高端市场，跟小米、魅族等国内厂家角逐中低端市场。

华为的品牌知名度越来越高，而且出现了不少中高端机型，评价也越来越好。数据显示，2015 年 3 月，中国智能手机市场份额占据前三名的依次是华为、苹果、三星。作为国产手机企业的代表，华为在中国中高端市场超过了三星，总算扬眉吐气了一把。

这时，华为很多人建议砍掉利润不高的低端手机业务，集中精力开拓中高端市场。但任正非却认为华为手机还不能完全摆脱对低端市场的依赖，他说："我们现在是'针尖'战略，聚焦全力往前攻，我很担心一点，'脑袋'钻进去了，'屁股'还露在外面。"他表示，如果华为放弃低端市场，很可能会培养潜在的竞争对手，进而影响自己好不容易培育起来的高端市场。华为是在低端市场聚集能量后才进入高端市场的，所以他不会给别人复制这一成功经验的机会，为此他在内部会议上多次强调："我们在争夺高端市场的同时，千万不能把低端市场丢了。"

对于这个问题，任正非始终保持着清醒的认识：低端市场虽然不利于提升品牌价值，但它的市场份额还是很大的，放弃低端市场就等于放弃企业在手机市场的份额之争，也会失去一部分收入来源。所以，他不打算撤出低端市场，只是基于战略调整，区分出主次和先后顺序。这种两手抓的策略，更能体现他的胆识和魄力。

基于这一战略，华为打造了一个比较全面的产品线，既有高端手机，也有中低端手机。比如2016年上半年，华为推出了三个不同档次的手机，其中，199美元以下的低端产品线包括G系列、Y系列和荣耀系列，199～399美元的中端产品线为G+系列和荣耀高端系列，399美元以上的高端产品线为Mate系列和P系列。这三个档次考虑了当时的市场表现与消费者需求因素，而且每个档次都有功能表现较为出色的产品。

与此同时，任正非还制定了年度手机销售目标和计划，相比2018年2.06亿部的出货量，2019年的出货量是争取达到2.5亿部。

从国际市场来看，华为手机一直在努力经营中高端市场，并且在高端市场取得了不错的成绩。这与任正非经常性的敲打不无关系。当荣耀取得了销量的历史性突破，管理层都为之兴奋不已时，任正非给他们敲响了警钟："你们说要做世界第三，我很高兴。苹果年利润500亿美元，三星年利润400亿美元，你们每年若是能交出300亿美元利润，我就承认你们是世界第三。""一部手机赚30元，这算什么高科技、高水平？现在赚几亿美元就牛起来了，拿自己的长板去比别人的短板，还沾沾自喜。坚持走一条正确的路是非常困难的，不要在胜利之后就把自己泡沫化，不要走偏了。"正是任正非的提醒，使华为人更注重手机的品质，注重技术驱动的品牌溢价路线。

最近两年，苹果手机开始在市场上遇冷，大家对于动辄几千元的高端手机似乎没那么感兴趣了，一些千元以下的手机开始迅速抢占市场。

这也使任正非不放弃低端市场的战略取得很好的效果。比如，很多亚非拉国家的消费水平偏低，人们对苹果、三星的高端手机不感兴趣，而华为依靠通信业务创造了天然优势，成为印度和非洲市场上最受欢迎的品牌之一，手机出货量甚至超过了三星。在国内市场，随着华为对国内中低端市场的不断渗透，苹果手机也被挤下了王座。

当然，低端市场或者低端产品并不代表着产品的低质量和低使用价值，也不意味着低价格。华为对低端产品的要求是：做到标准化、简单化、生命周期内免维护化。

任正非曾说："低端手机具有巨大的市场，OPPO、vivo 适应了客户需求，我们要考虑如何提高低端手机的门槛线，将高端机的新技术在中低端手机中重复使用，延长生命周期。"他的话解释了人们认为华为手机"高价等于高端"看法。

华为 P9 在 2016 年上市后价格并不便宜，与市场上的同类产品相比毫无优势。这显然是一次失败的定价策略，带来了不小的损失。这一年华为手机投放了许多广告，但销量却没有达到预期，投入大于产出。所幸华为已经具备了一定的品牌溢价能力，仍然有很多消费者愿意购买华为手机，但这件事也使华为对性价比有了更多的认识。

任正非提出的争夺高端、不放弃低端的战略方针，使竞争对手坐立难安，中高端市场手机厂商越来越难以招架，而低端市场也不得不让出一大块蛋糕来。也许华为有一天会完全退出低端市场，集中更多的优势资源，将华为手机做大做强。但是从现在的产品布局来看，华为已经占据了"进可攻，退可守"的优势地位，无论以后战略如何调整，都能应对自如。

在 2015 年瑞士达沃斯年会期间，任正非接受采访时说："从手机的真正比较来看，我们和苹果还是有差距的，在外观、质量上，和苹果比，我们确实有人很喜欢，但拍照这一技术，我们今天才赶上苹果，因为这个要用数学突破，数学的突破还是有差距的。"

在任正非的带领下，华为手机从起步之初便对标苹果和三星，走技术驱动、高品质产品的路线。渐渐地，华为手机的竞争力越来越强，而任正非也不再关注三星，只把苹果视为主要的竞争对手。因为他认为，超越三星只是时间问题而已。

2017年1月17日，在消费者业务集团年度大会上，任正非反复强调，华为手机要的不是简单的销售数字，而是更看重利润和服务水平。他表示，苹果的服务体系非常完善，值得华为学习："我们还要学习苹果公司的服务体系，你们随便去找一个苹果门店，它们的处理方法和华为的完全不一样。不只是售后服务，我认为是大服务的概念。我们说'以客户为中心'，只看到客户口袋里的钱，但是我们取之有道，合理地赚钱。我们要让消费者主动把钱拿出来，服务也是最重要的一个环节。"

在手机利润方面，任正非把OPPO和vivo作为学习标杆，并特意安排相关高层人员研究学习OPPO、vivo并写学习纪要。但他们递交第一次学习纪要后，任正非很不满意，他说："要学习别人的优秀之处，不要总拿我们的长处比别人的短处。你们第一次向OPPO、vivo学习的纪要我没转发，因为你们总揭OPPO、vivo的短，踩低它们来证明我们'高'，其实我们同样不高。我们要学习它们'高'的方面，在鞋垫上垫高一点，就成了帅哥。"在他看来，现在全球智能手机市场，苹果、三星和华为是构成世界终端的稳定力量，而OPPO、vivo是同一个商业模式的朋友，因为"它们是靠商品挣钱的，我们也是靠商品挣钱的。我们的对手是谁？烧钱的公司。因为它们不是以客户为中心，想通过烧钱来垄断市场，然后敲诈客户。我们的目的不是敲诈客户，而是合理赚取利润，帮助客户与我们共同成长，所以在这个价值体系上，我们要确立三星、苹果、OPPO、vivo其实都是同一个商业模式的朋友。但朋友之间也是允许有竞争的，这是两回事"。

对于华为手机的劣势，任正非有着清醒的认识，他在一次公开讲话中说："在手机产业中，信息产业芯片与器件、软件、整机三方面中，美国在芯片和软件上都占有优势，而日本在材料与元器件上有优势，中国仅在整机上有优势。"为此,他开始了对华为手机的产业链布局:华为硅谷的半导体和芯片研究,西雅图的软件研究,日本横滨的器件研究,欧洲和俄罗斯的数学与软件算法研究,加上中国整机的能力,着力打造华为手机的新优势。

正是这种在成功面前依然危机感十足、谦虚谨慎的态度,使任正非得以率领华为人不断攀登一个又一个高峰。

4. 布局海外手机市场

在智能手机方面,任正非一直有一个梦想,那就是超越苹果和三星,成为全球第一。

华为手机第一次进入海外市场,是 2006 年与英国运营商沃达丰签下第一款手机的 ODM 代工合同。同年,华为与欧洲主流运营商签订了大量的 ODM 代工合同。这些合同使华为在手机行业得以生存下来,进而发展壮大。

2011 年 8 月,华为正式进军欧洲竞争最激烈的手机市场之一——英国,推出了第一部采用谷歌 Android 操作系统的自有品牌手机。当时,英国 1/4 的成年人都拥有智能手机,苹果 iPhone 占据了近 30% 的市场份额。为避免与苹果正面竞争,华为主攻英国功能手机市场。功能手机属于低端手机,比智能手机便宜,有利于快速占领市场。华为的 Blaze 手机直接面对英国民众销售,性能优良,售价低于 100 欧元,性价比极高,受到了英国民众的欢迎。任正非还强调捆绑运营商进行创新。最初华为与沃达丰、Everything Everywhere 等英国移动运营商合作,但这些订单每次都要投标,而且订数时多时少,不利于华为手机业务的持续成长。因此,华为还在当地找了 1 500 个分包商,实行全英国拉网式分销。

从 2015 年开始,为了树立华为手机的品牌形象,任正非在创新和本地化方面做了大量工作。在创新方面,主要是与徕卡、保时捷等欧洲高端品牌进行产品和设计合作等。在本地化方面，华为欧洲地区消费者业务的团队负责人基本都是本地人。任正非认为，只有本地化的团队，才能应对当地社会的认知、价值观的认知、品牌的运作方式，以及消费行为的判断和分析。经过这些努力，华为智能手机在欧洲市场逐步赢得了消费者的信任。

数据显示，华为智能手机在欧洲中高端市场份额大幅增长，2015年10月，在西班牙的市场份额为13.8%，高端智能手机份额为55.9%；在意大利的市场份额为10%，高端智能手机份额为21.6%。在西班牙、意大利、比利时、瑞士、新西兰、葡萄牙、沙特阿拉伯、哥伦比亚等多个国家和地区的市场份额排名前三。

2018年第一季度，华为智能手机在欧洲的销量大涨38.6%，达到740万部。华为西欧地区部总裁彭博在接受媒体采访时说："除了中国区以外，全球我们收入最大的是海外，海外最大的是欧洲，尤其是西欧，这是我们整个海外体量和收入最大的区域，对公司的贡献也是最大的。"

在挺进欧洲的同时，任正非在中东地区也进行了布局。中东民众对智能手机的需求很大，但是也很挑剔。全球三大手机制造商都在中东争夺市场，竞争十分激烈。在这种情况下，任正非决定迎难而上。2012年4月，华为正式进军阿联酋，以旗舰机型打头阵，带动其他型号手机的销售，在阿联酋取得突破后，又在巴林、沙特阿拉伯、卡塔尔等国，输入更多的手机产品和通信业务。华为手机的高性价比赢得了中东消费者的青睐。

在俄罗斯智能手机市场，华为同样是后来居上。俄罗斯手机市场主要是线下市场，而且是运营商主导的市场。所以，要想在俄罗斯发展，必须与运营商搞好关系，而任正非一向注重与俄罗斯运营商的合作。2016年，华为与俄罗斯主要移动运营商之一MTS公司签订了出售华为手机的相关合作协议。根据协议，华为客户可以免费使用移动互联网长达六个月。这一年上半年，华为智能手机在俄罗斯的份额仅为2%～

2.5%，经过华为人的艰苦开拓，到2016年11月，华为智能手机在俄罗斯的市场份额提升至8.5%左右，成功超越联想，位居第三。到2018年第三季度，华为智能手机在俄罗斯的市场份额已经增长至28.3%，超越三星成为第一。在此之前，三星手机曾经连续9年占领俄罗斯市场的冠军地位。令人惊叹的是，华为在俄罗斯取得如此辉煌的成绩只用了2年时间，堪称奇迹。

在非洲，受益于中国巨大的国家影响力，华为在拓展智能手机市场时占尽先机。当时非洲具有两个有利条件：一是手机用户出现爆发式增长，网络用户的增长势头也很迅猛；二是受教育人口越来越多，尤其是拥有更多可支配性收入的人群增加。

任正非把目标锁定尼日利亚。在尼日利亚，中产阶级迅速崛起，购买力较强，手机普及率较高，拥有手机的人有9 000万。2011年5月，华为在尼日利亚推出了售价170美元的限量版智能手机，这是市场上同类产品中价格最低的产品。同年9月，华为又推出售价100美元的Ideos智能手机，同时展开强大的广告攻势。就在这一年，华为收到了5万台Caga系列智能手机的订单，这是一款类似于Ideos的产品；同时还收到了南非MTN集团（非洲最大的移动运营商）的类似订单。

在海外市场中，拉美地区也是任正非十分重视的一个地区。拉美地区北部是华为"管辖"国家最多的地区部，覆盖41个国家和地区。2014年，华为智能手机在该地区的发货量突破500万台，市场份额超过10%。任正非决定乘胜追击，提高华为手机在墨西哥的市场份额。2015年2月，华为在墨西哥推出了G7手机，售价为5 000～5 500比索，并推出限量版。2015年，华为手机在墨西哥的销售量达250万部，在整个拉美地区的销售量为1 200万部，大大提高了华为手机的认知度。

尽管华为手机在海外市场大卖，但美国却成了任正非的一个心病。一直以来，任正非都在想方设法进入美国市场，但美国方面却层层设卡，阻止华为手机进入美国市场。2018年年初，华为宣布将与美国

AT&T 达成合作，由 AT&T 在美国独家销售华为 Mate 10 手机。但美国 18 名国会议员向美国联邦通信委员会主席发出一封联名邮件，称"出于安全问题的担忧，要求联邦通信委员会对华为与美国运营商的合作展开调查"。AT&T 迫于压力，只得终止与华为的合作。当时华为已经为此支付大笔订金，并在市场上投放了高达 1 亿美元的广告宣传，结果一切努力都付诸东流……现在，美国人只能通过亚马逊等电商渠道购买华为手机，这使华为手机在美国市场的占有率还不到 1%。

所幸华为已经用实力证明，即便没有美国，华为手机也能成为全球第二。凭借完整的产品线和自主研发的芯片，华为智能手机的全球市场份额达 14.6%。现在，华为智能手机正在为全球 170 多个国家的超过 5 亿消费者提供服务。

第十一章　提升自己的核心竞争力

具有超强忧患意识的任正非，从公司成立开始，就把质量当作企业的自尊心。为了保证产品质量，他坚持技术创新不动摇，华为的研发投入一直超过年收入的10%，而基础科学研究占研发投入的30%。如此高额的投入，使华为的产品不断得到创新，质量也有了可靠的保证。

1. 做业界的质量标杆

产品质量在一定程度上代表着一个企业的尊严和生命，所以，任正非从创立华为第一天起，就在华为内部提倡"质量好、服务好"的精神，那时华为尚未形成完善的质量管理体系，但一直在通过努力缩短与主流设备供应商，如思科、朗讯之间的质量差距，并通过提供更加细致周到的服务来赢得客户的青睐，以弥补质量方面的暂时不足。

随着华为的发展壮大，任正非主要将精力放在抢占更多市场上，放松了对质量的要求，结果导致产品出现了一些质量问题，引起了客户的不满。事后，尽管华为尽力弥补，亲自到客户所在地用新产品替换旧产品，但也无法挽回客户认为华为产品质量不行的想法。

2000年，任正非亲自主持召开了一次质量反思大会，严厉指出了公司产品在质量上存在的问题，并向大家展示了许多因为质量不过关而造成的废料，以及员工为了处理售后问题来回奔走积累的机票。这让大家十分难堪，同时也开始了对质量问题的反思。会后，华为人把提升产品质量作为工作的重中之重。

任正非说："华为要做业界的标杆、质量的标杆，如果我们的产品质量和业界标杆有差距，那么我们就要快速地赶超。我们每年必须以不低于30%的改进速度去改进，即使我们成了业界的标杆，每年依然要以20%的改进率去改进质量。"

在华为内部，任正非不止一次向员工呼吁："我们决不能为了降低成本，忽略质量，否则那是自杀或杀人。搞死自己是自杀，把大家都搞死了是杀人。"而在《华为基本法》中，质量更是被称为华为人的"自尊心"，由此可以看出任正非对质量管理的重视。

从2000年起，为了完善质量管理的方法，华为向德国、美国、日本、韩国、印度等国家的优秀企业学习质量管理与控制的精髓，并在开拓海外市场的同时吸收各地市场的质量标准信息，反馈到国内的产品设计、开发、生产制造环节，努力提升产品质量，以便接受海外市场的严峻考验。

2007年，任正非引入美国质量管理大师克劳士比的零缺陷理论，以一丝不苟、精益求精的工匠精神来打磨产品，使质量成为企业文化的重要组成部分，深入每一个员工的头脑。

2015年3月5日，国务院总理李克强在政府工作报告中提到了"工匠精神"，在全社会引起了强烈反响。很多人认为工匠是一种机械重复的工作者，其实，"工匠精神"意味深远，代表着一个时代的气质，与坚定、踏实、精益求精相连。但这种精神在当今浮躁的社会极为稀有。

任正非对于工匠精神极为认同，并且大力推崇。他在亲自签发的总裁办电子邮件中转载了一篇题为"日本工匠精神：一生专注做一事"的文章，重点指出日本、德国、荷兰、法国有很多寿命超过200年的长寿企业，而它们之所以能够基业长青，最大的秘诀就是工匠精神。比如，日本一家叫作树研工业的企业，为了完成一种重量只有十万分之一克的齿轮的量产任务，花了6年时间去突破技术难关；目标达成后，这家企业仍不满足，又投入了2亿日元，想要批量生产一种重量仅有百分之一克的"粉末齿轮"……

任正非说:"我们公司也有工匠精神,我们从年产几百万到年产4 000亿,是怎么过来的,多少辛酸泪。我们要重视技师文化的建设,给他们合理的报酬和激励,文员、支付系统的员工……都是一种特殊的技师,我们都要关怀。李建国是工匠第一人,他的任务是让千万技师、技工成长起来,我们要后继有人。我们质量要百尺竿头更进一步。"

任正非认为,工匠精神应当成为企业的一种追求。在华为有一句话叫:人民币一样的质量。也就是说,华为的产品要像人民币一样,在流通过程中保持完好,不会轻易坏掉。华为的质量部门便是以这个极高的标准去要求华为的所有产品。

目前,华为的大质量管理体系已经取得了良好的效果,所有路由器、手机、以太网交换机等产品风靡全球,即使是在十分注重产品质量的日本也获得了认可。当然,好质量不是吹出来的,而要经过实验室的千锤百炼。华为的品控管理原则是:不放过三千分之一的瑕疵,不省略百万次的测试。

以华为手机为例,相对于市场上少投入、快收益的做法,华为始终坚持做精品、细雕琢的信念,每一个模具、每一个设计细节、每一个小零件、每一道工序都要经过反复的锤炼打磨。

为了检测手机的品质,华为还配备了业内首家拥有 CCC 工厂实验室资质证书的"可靠性实验室",对手机进行全方位、高强度的破坏性测试。

比如,为了测试手机摄像头在跌落环境下的止损率,由 30 个专家进行了为期一个月的实验,前后使用了 20 多个测试方案,花费上百万元。

为了解决某款手机的一个小缺陷,华为关闭了几条生产线,重新整改,因此还影响了几十万部手机的发货。

为了弄清手机按键失效的问题,华为质量部门进行了反复测试,每一次都在 100 万次以上。这是为了弄清一个按键在被按了 100 万次以后会是怎样的反应，从而寻找出薄弱环节进行修改，并基于这个测试对手机的按键质量重新定出一个标准。

华为P8上市时采用了全球普遍的最窄边框的设计，这种设计会有点胶溢出的问题，尽管符合质量标准，但影响了用户体验，这是任正非所不允许的。华为质量部门经过反复的高强度测试，发现点胶溢出会使手机边框在几年后略有松动。于是，这一批次的产品被放弃了，损失十几亿元。

2015年，因为在运输过程中遭遇小型的起火事故，部分手机受到高温烘烤，事后通过检验发现，有问题的手机不足1.5‰。但为了避免出现隐患，华为决定销毁这批荣耀手机，共有1万多台，价值高达2 000万元。

这些对细节的关注和追求，正是任正非所追求的工匠精神。尽管它在短期会给华为带来一些损失，但在质量面前，任正非从不妥协。他还建立了完善的质量反馈改善体系，通过服务热线、社交媒体和新媒体等方式收集用户意见，不断完善华为产品。

为了打造完美无瑕的产品，任正非选择供应商也很挑剔：一是要选择有质量追求的企业；二是秉承优质优价的原则，也就是说，只要能供应好的产品，华为就会回以更高的价格。比如，华为的手机摄像头会使用一个对焦马达，马达需要一种胶水，而胶水质量的好坏决定了手机拍摄的灵敏性和速度。为此，华为加强了对马达和胶水供应商的选择和管理，以打造最佳的用户体验。

2016年3月，华为赢得了"中国质量奖"制造领域第一名的称号，这显然是华为品质的最佳证明。

2017年年初，任正非在一次讲话中谈到华为的利润问题，认为未来终端一定会产生利润和现金流，如果无法产出足够的利润，就要相应降低人力成本。在同年召开的质量大会上，华为再次重申了质量问题：质量优先于成本、优先于利润，质量就是一切，质量才是华为生存的根本。

因此，任正非要求每个部门主管对自己所在领域要有足够的洞察力，做行业内的专家，这样才能严格把控产品质量。他说："现代制造业更需要工匠精神，才能在长期竞争中获得成功。"正是靠着可贵的工匠精神，华为才能赢得全球消费者的信任，在行业内居于领先地位。

2. 坚持研发和创新

在科技持续迅猛发展的今天，研发已经成为企业可持续发展的唯一选项，也是产品高质量的保障。企业在研发方面做了多少功课，在市场上就有多少收获。

华为起步之初，西方企业一直看不上华为，认为这只是一家靠低价策略或者抄袭才生存下来的企业。1992年，思科听说华为正在自主研发交换机和设备，于是通过自己的情报网络搜集华为的交换机和设备图，了解大概情况后认为华为"要在高科技领域与我们竞争，至少还需要再努力100年"。

也难怪，华为当时没资金、没技术，主要从事代理交换机业务，缺乏创新能力，所以思科会如此贬低它。这也使任正非明白了一个事实：华为的研发能力太弱，技术创新太差，如果没有进步的空间，可能很快就会被市场淘汰。

就在这时又发生了一件事，华为代理的香港公司见市场已经打开了，于是收回了代理权，任正非就这样被逼上了绝路。尽管当时华为的收入并不高，有时连维持公司正常运转都很困难，但任正非执意将大量资金投到研发中，尤其当他考察了IBM和贝尔实验室后，更坚定了华为的创新之路。

这以后，任正非在研发投入上一直是大手笔，投入的资金超过华为年收入的10%。正是因为高额的研发投入，华为的产品才不断创新，质量也有了可靠的保证。也有人质疑华为对于研发的高投入，任正非解释说："在实践中我们体会到，不冒风险才是企业最大的风险。只有不断地创新，才能持续提高企业的核心竞争力，只有提高核心竞争力，才能在技术日新月异、竞争日趋激烈的社会中生存下去。"

但是，研发确实是一个很烧钱的事情，失败的技术和产品、错误的研发方向、意外事故的发生，都是研发成本的组成部分。但任正非仍打算将这个烧钱的游戏继续下去，他说："过去所有失败的项目、淘汰的产品，其实就是浪费（当然浪费的钱也是大家挣来的），但没有浪费，就没有大家今天坐到这儿。"他表示，在未来20年，华为至少要做好浪费1 000亿元的准备。

华为的研发从2002年开始起步，不久就加快速度，在3G尚未普及的情况下又开始了4G核心专利的研究，为LTE网络提交了500多件核心标准专利，占LTE标准专利的1/4。这些技术和专利的储备，使华为得以进入全球140个首都城市，在几年时间里成功部署了400多张LTE商用网络和180多张EPC商用网络。在全球4G建设方面，华为占据了46%的市场份额。

对于技术创新，任正非也很有前瞻意识。2014年，他在回应《华为身处创新者的窘境而浑然不觉》一文时指出："未来5~8年，会爆发一场世界专利大战，华为对此必须有清醒认识。"

2015年，IEEE（电气和电子工程师协会）发布全球专利实力排名，在通信和互联网设备领域，华为以365的专利指数排名第十二，爱立信以1 297的专利指数排名第四。从专利授权数量来看，华为与爱立信、思科还存在一定的差距，但在关键领域，比如4G、5G等核心技术方面，华为却远远走在了行业的前面。

在研发方面，任正非一直致力于提升华为的核心竞争力，专注于自己擅长的优势领域，采取压强原则，抢先突破核心技术、重点技术。而对自己不擅长的非优势领域，任正非主张"拿来主义"，打破"自主创新就是要百分百自己做"的固有观念。比如在CDMA和3G领域，华为通过购买美国高通的协议专利，实现了技术的快速突破；通过收购国外一些小型技术公司，如光通信厂商OptiMight、网络处理厂商Cognigine，降低研发创新成本,缩短创新进程。

除了直接收购以外,任正非还投资了一些技术公司,以获取技术资源。比如向圣地亚哥一家光通信公司投资200万美元,以获得一项利用激光进行无线传输的光纤技术的使用权。

对于竞争对手如西门子、摩托罗拉、思科,任正非也努力争取合作,比如建立联合实验室、研究中心。他说:"如果我们和对手联合起来搞研发,共同研发一个产品,研发成本将降低一半。"这种互利共赢的合作关系,使华为的创新之路走得更加顺畅。截至2016年,华为在中国、欧洲等地创办了10多个开放实验室互动环境,借此聚合了600多家合作伙伴,使创新成果能够快速商业化。

此外,华为还花费10亿美元实施"沃土开发者使能计划",打造面向开发者伙伴的开发使能平台和联合创新。

以上做法,不仅加快了华为的技术创新进程,而且有助于它与竞争对手建立合作共赢的关系,使华为从行业的跟随者逐步发展成为行业的领先者。

现在在华为,研发员工大约占总人数的一半,这一比例在2006年更是高达62%,到2017年年底约占45%,但基于华为多达18万的员工数量,研发人员也是一支极其庞大的队伍。尽管人数众多,但任正非始终坚持给予研发人员优厚的待遇,这不仅有助于留住核心人才,还可以提高研发人员的工作积极性。

任正非认为,只有以全球视野吸收西方的技术优势,才能有效推动华为的国际化。为了招揽全世界的优秀人才,华为在美国达拉斯、印度班加罗尔、瑞典斯德哥尔摩、俄罗斯莫斯科等地都建立了研究所。以印度为例,班加罗尔被誉为印度的硅谷,拥有世界上最先进的软件开发技术,很多知名IT企业都在这里设立实验室。华为的班加罗尔研发中心投资达1.7亿美元,占地约8公顷,目前拥有2 700名工程师,员工本土化率达98%,是华为在海外建立的最大研发中心。印度员工擅长软件开发和项目管理,中国员工则擅长系统设计和体系结构,华为的很多项目都是由中国和印度的软件开发人员共同承担。

从华为每年的年报可以看出，研发费用的投入都是重中之重，2017年研发费用达897亿元，约占全年总收入的14.9%。在研发费用的增速方面，过去5年一直稳定在14%~15%。近10年累计投入的研发费用超过3 940亿元。截至2018年12月31日，华为累计获得授权专利87 850件。

任正非在研发上的高投入使华为在人工智能、未来数据中心、5G技术、电池极速充电技术等领域取得了显著的成绩。比如人工智能，华为研究出了业界最先进的神经应答机，发明了神经机器翻译技术；在5G技术方面，华为更是遥遥领先，成为产业生态的积极推动者。

可以说，没有研发的高投入，就不会有华为的成长；没有对研发的高度热情，华为的发展也只会成为空谈。华为的专利技术数量一直在增加，技术一直在进步，华为在创新上的投入也每年在增加，并致力于将创新文化融入每一个华为人的血液中。华为轮值董事长胡厚崑表示："未来10年，华为将以每年超过100亿美元的规模持续加大在技术创新上的投入，积极开放合作，吸引、培养顶尖人才，加强探索性研究，从而更好地使产品向数字化、智能化转型。"

3. 打造中国"芯"

在研发方面，任正非自主研发芯片的精神更是值得钦佩。一直以来，对于研发手机芯片这件事，很多人认为中国没有一个真正具备研发能力的企业，所以只能依靠国外进口；也有人觉得芯片研发并非高不可攀，中国已经具备自主开发能力，理论上可以去做，但现实的情况却是，做不了多久就放弃了，最后还是走回进口的老路。

但是，在质疑声中，任正非坚持下来了，他把开发芯片当成华为的使命，当成一场攻坚战，并决心把自主研发的芯片应用到实际商业中，而不是放在实验室里自吹自擂。在他看来，如果不抢占未来技术的制高点，就会在未来失去主动权。"重大创新是无人区的生存法则，没有理论突破，没有技术突破，没有大量的技术积累，是不可能产生爆发性创新的。"

任正非之所以一心要研发芯片，是因为吃过"技术不如人"的亏，华为最早做数据卡时，需要用到高通公司的基带解决方案。为了制衡华为，高通同时也在扶持中兴。有很多次，因为高通供货不及时，华为陷入了两难的境地。任正非下决心要摆脱这种被动的局面。2004年，他投入30亿元，依托旗下的海思半导体公司大举进军芯片业。

众所周知，芯片是需要长期积累和投入的高科技产品，存在较大的投资风险，但是任正非却敢于深耕这个领域。他说："我们只可能在针尖大的领域里领先美国公司，如果扩展到火柴头或小木棒那么大，就绝不可能实现这种超越。"

为了打造高端旗舰手机，任正非果断砍掉了大部分低端手机，将大部精力放在研发手机芯片上，终于在2006年推出了第一款手机芯片K3。2012年，华为又推出了高端机型Ascend D1，这是世界上第一款正式发布的四核手机，使用的是华为海思半导体公司研发的四核处理器K3V2。遗憾的是，这款芯片因为GPU的问题导致游戏兼容性差，而且工艺不成熟导致发热和高功耗，最终没有树立华为手机在高端市场的地位。但它并非毫无用处，至少使华为得到了高端机型整合芯片的经验。之后，华为的P系列和Mate系列手机依然使用了华为海思半导体公司的芯片。

2013年，华为又推出了手机麒麟芯片。为了让芯片达到面积小、性能好、功耗低的要求，华为人绞尽脑汁，在工艺上精益求精，终于在2014年推出了麒麟920芯片。这款芯片的各项数据在当时的业界处于领先水平，而配备这款芯片的手机Mate 7，也凭借优秀的续航能力和强大的性能受到了消费者的追捧。华为手机由此得到了高端市场的入场券。

从2004年开始研发手机芯片，到2009年第一款K3、2012年K3V2

的失利，到 2014 年麒麟芯片跻身业界主流，前后历经 10 年，华为真可谓十年磨一剑。

此后，华为没有停下前进的脚步，2015 年又相继推出了麒麟 930 芯片、麒麟 950 芯片，性能不断提升，功耗不断降低，也使华为智能手机在高端市场站稳了脚跟。

2018 年，华为正式推出全球首款 7 纳米芯片麒麟 980，这款芯片的优异表现领先于高通的 845 芯片。华为 Mate 20 系列是首款搭载该芯片的手机。随着华为手机 Mate 20 系列的发布，华为彻底站稳了国产手机第一的位置。

可以说，华为的麒麟芯片使中国摆脱了"缺芯少魂"的尴尬局面，并且使华为的高端手机性能居于行业领先地位。截至 2016 年 12 月，麒麟芯片累计发货量超过 1 亿颗。当然，其中的艰辛可想而知，华为为此耗费的人力物力更是惊人。但是，芯片领域的突破，将为华为在手机领域进一步突破提供更大的空间，这也是华为能够战胜其他国产品牌的关键因素之一，尽管手机系统仍然受制于人，但拥有自己的芯片才能摆脱其他产业线的限制。而且，华为的芯片不仅可以做专利互授权或者收费，而且会使后续的成本大幅降低。

当然，华为的芯片研发并不仅仅止步于手机芯片，还包括路由芯片和 ARM 服务器计算芯片。

尤其是在"中兴事件"后，中美贸易剑拔弩张，业界开始认识到自主芯片不仅是国家技术实力的体现，同时也是安全的命门。百度、阿里巴巴、中科寒武纪等企业纷纷加速了 AI 自主芯片的研发，华为自然也不甘落后。

2018 年 10 月 10 日，华为发布了两款 AI 芯片——昇腾 910（Ascend 910）和昇腾 310（Ascend 310）。其中，昇腾 910 将成为全球已发布的单芯片计算密度最大的 AI 芯片。

12 月 21 日，华为正式发布型号为 Hi1620 的 ARM 服务器计算芯片，这是全球首款 7 纳米工艺的数据中心用 ARM 处理器，计划于 2019 年推出。华为还计划在 2019 年正式推出全球首款智能 SSD 管理芯片 Hi1711。

12 月 26 日，华为荣耀在北京发布了多种配件，包括新一代荣耀路由 Pro2。这款荣耀路由 Pro 2 搭载了华为自主研发的凌霄双芯片，在 CPU 和 Wi-Fi 芯片上均实现了芯片自主研发，成为国内首款实现双芯片完全自研的路由器。

其实，不止路由器和 ARM 服务器，华为在安防、网络交换机、人工智能、车载导航、多媒体、接口 IP、无线终端、家庭设备、SSD 控制和电源管理等多个领域也有所布局。

正如任正非所说："没有长盛不衰的企业，但是只要不断创新、变革，就会永远繁荣下去。华为在技术上的研究会一直坚持下去，在这个技术吃人不吐骨头的时代，没有技术是会要我们命的。"所以，他在 20 多年前就开始布局，注重技术研发，终于迎来了最好的发展机会，这也证明了他的发展策略是正确的，相信华为的芯片研发之路会越走越平坦。

4. 重视知识产权

任正非注重研发的最直接结果，是华为拥有了 8 万多项专利技术，已经可以达到平衡甚至赚钱的地步，因为其他厂商使用华为的专利同样需要付费。不得不说，任正非的眼光真的非常长远！

华为创立之初，国内市场基本被国际巨头占领，最先进的技术也掌握在外国企业手中，要想使用那些技术，必须支付昂贵的专利费。当时，华为几乎每年都要向西方国家支付数亿美元的专利费。所以，华为要想从中闯出一条生路，只能靠研发，发明自己的专利技术。意识到这一点后，任正非开始重视知识产权的力量。

1995 年，任正非成立了知识产权部，并制定了严格的知识产权保护制度和流程，出版了管理公司知识产权的指导手册等读物。与此同时，为了激发华为员工进行技术创新的动力，他制定了相应的奖励政策，鼓励发明者全程关注专利申请，发明一项重大专利可以得到3万~20万元不等的奖金。

2000年以后，华为进军海外市场，任正非渐渐发现，在国际市场上，一个没有专利的企业是没有市场竞争能力的。他决定按照国际上的游戏规则，主动寻求西方企业的合作和许可，希望对方少收一点专利许可费，给华为更多的生存空间，进而促进双方的合作。另一方面，他决心经营好知识产权，打造华为的核心竞争力。

不久发生的一件事更让任正非意识到保护和拥有知识产权的重要性。2003年，思科提起诉讼，认为华为侵犯了它的知识产权，尽管最后思科没有胜诉，但华为不得不与其达成和解——停止销售涉嫌侵权的产品。这并非个案，中国有很多企业因为类似的事情遭到过外国企业的起诉。

任正非认为，中国之所以缺少创新、没有原创，主要原因在于不尊重知识产权，没有严格的知识产权保护制度，加上社会文化没有包容精神，不鼓励试错，不包容个性，所以中国出不了乔布斯。这也导致大家都不愿进行原创，而热衷于抄袭。因此，任正非要求公司必须营造良好的研发环境，激发员工的创造性。在他的努力下，华为的研发能力有了很大提升，专利技术也越来越多，成为世界上申请专利最多的企业之一。

掌握了竞争主动权后，任正非加大了对华为知识产权的保护，一旦发现有人违反知识产权保护协议，他就会拿起法律武器来保卫华为的权利。

2016年5月25日凌晨，华为在美国加州北区法院和深圳中级人民法院提起对三星的知识产权诉讼，要求三星为其知识产权侵权行为对华为做出赔偿。众所周知，三星是电子行业内的佼佼者，不仅规模庞大，技术优势也很明显。但是华为却起诉三星侵犯其11项美国授权专利，这11项专利大部分与LTE（4G）技术相关，也有涉及2G、3G技术的。

这件事引起了很大的轰动，因为中国企业从来只有被起诉的分，而没有去起诉别人侵权的。它不仅表明了华为在专利技术上的实力，对华为智能手机也是一次很好的营销推广。由此可见，任正非是真正的低调做人，高调做事。

在坚决保护自身知识产权的同时，任正非也很尊重其他企业的知识产权，如果华为要使用他人的技术，就会支付专利费或者与对方签订专利交叉许可协议。

在谈到支付专利许可费时，任正非表示，让大家愿意搞原创的前提是尊重知识产权，如果对知识产权没有足够的尊重和认可，就不会有人愿意进行原创性创新，而是一心想着抄袭和模仿。尽管尊重知识产权需要付出一定的成本，但是，如果华为不重视知识产权，即使经过努力拼杀到达了山顶，这时山腰和山脚的基础专利都在别人手中，那么华为即使站得再高也不得不任人宰割。所以，最明智的做法是：留下"买路钱"，也就是交纳专利费。

在华为起诉三星之前，华为便与苹果达成了专利交叉许可合作，其中，华为向苹果许可专利769件，苹果则向华为许可专利98件。这也意味着在专利许可方面，华为开始赚苹果的专利使用费了。

专利交叉许可的核心是互惠许可和相互许可，是指交易各方将自身拥有的专利和专有技术的使用权相互许可使用，彼此成为技术的提供者和接受者。任正非说，协议"签订后，我们公司高层欢呼雀跃，因为我们买了一张世界门票。我们的一个普通员工写了个帖子说'我们与世界握手，我们把世界握到了手中'"。

三星、苹果都是世界上数一数二的科技公司，华为能够和它们较量，表明了华为这些年在技术方面的成熟和进步，也显示了华为对技术专利和知识产权的重视程度。

任正非也承认，知识产权投入是一项战略性投入，需要一个长期的过程，而且任何公司都不可能做到面面俱到，比如华为与三星的专利纠纷主要是在通信技术领域，而不是手机技术或移动终端。在手机专利方面，华为与世界顶级手机公司仍然存在差距，这也是华为与苹果签订专利交叉许可协议的原因之一。

为了保护知识产权不受到侵犯，任正非还很注意专利技术的保密工作，采取了一些相关措施，以防重要的技术信息泄露出去。比如，华为一直严格监视信息进出的端口，并把最关键、最值钱的源代码锁在保险柜里，保险柜外面还设置了多层电子门禁，实施全天候的监控。新员工进入华为后必须了解相关的保密规定，并签署保密协议。某些重要岗位的员工离职后，不得从事与华为有竞争关系的工作。

现在，知识产权战略已经成为华为的核心市场竞争战略。具体来说，华为的知识产权战略有三大举措：一是在核心领域不断积累自主知识产权，并进行全球专利布局；二是积极参与国际标准的制定，推动自有技术方案纳入标准；三是遵守和运用国际知识产权规则，按照国际通行的规则来处理知识产权事务，同时以积极友好的态度，通过协商谈判、产品合作等多种途径解决知识产权问题。目前已有几百名华为员工加入国际电信技术的标准组织，用他们的影响力为中国通信企业争取更有力的话语权。

第十二章　时刻保持"狼性"

企业发展犹如登山，在这个枯燥的过程中，最重要的是保持一个良好的节奏，让每一个人和整个团队找到最有效地发挥自身能量的前进步调。通常，当最后的目标若隐若现时，人们会急于求成。任正非警示说，在重要任务和硬期限的压力下，那些自控能力强、情绪稳定的人表现得更优秀，或者说，他们更懂得节奏的控制，直到取得最后胜利。

1. 上市与不上市之争

经过多年的发展，华为已经跻身科技巨头前列，但是相比其他有机会要上市，没机会也要创造机会上市的企业来说，华为却反其道而行之，始终没有上市的迹象。

2013年1月21日，华为CFO孟晚舟首次公开露面并接受媒体采访，向外界介绍华为2012年的业绩状况，并解答了一些外界想知道的华为秘密。这是任正非允许华为高管对媒体自由发声、对外开放的一种表现。在这次访谈中，有人问了一个备受外界关注的话题——华为到底有没有上市的打算？

孟晚舟答道："个人认为，如果华为上市，对华为的开放透明肯定是好的，但是华为上市存在一个天然障碍，中国相关法规规定上市公司最多只能有200个股东，但是华为超过6万名员工持股。对于上不上市，近期还没有进入我们的议程中。"

根据《财富》杂志的报告，作为一家百分之百的民营企业，世界

500强企业中唯一一家非上市的公司，华为在2013年营收达到349亿美元，超过爱立信的336亿美元，成为全球通信产业龙头企业。华为的营业收入70%来自海外，比联想集团的42%还要高。它在150多个国家中拥有500多个客户，超过20亿人每天使用华为的设备通信，也就是说，全世界有约1/3的人口在使用华为的服务。即使在4G技术领先的欧洲，华为也有过半的市场占有率。它的技术研发能力也超越了一般人对中国企业的想象，已拥有3万项专利技术，其中有40%是国际标准组织或欧美国家的专利。

但是，这么强大的一个企业，为什么偏偏就不上市呢？

华为在20世纪90年代末有过一段高速发展时期，但也带来了不少管理问题和后遗症，使华为一度陷入停滞阶段。任正非对此深有感触，他提醒所有华为人一定要保持战略耐性，确保企业不会过度追求发展和经济效益，而做出一些不理性的行为。

其中最明显的就是上市问题，现在的企业都和金融、股市密不可分，上市也成了企业扩大知名度和融资的最佳平台，但任正非并不着急让华为进入股市。因为华为目前的任务仍旧是在寻求发展和扩张的同时保持稳定。而要让华为真正成为世界上最优秀、最具竞争力的企业，不能仅仅依靠单纯的市值来进行验证。

任正非深知股市的游戏规则，也知道华为的实力并没有完全得到市场的认可。他很坦诚地说，一个企业赚钱是非常容易的，难的是实现战略目标，而在实现战略目标的时候，必须保持战略耐性，一步一个脚印地走。

相对于虚拟经济带来的短暂惊喜，任正非更喜欢踏踏实实地做实体经济，那些虚拟的股票估值对他来说，只是一些毫无意义的经济数字而已。而且，华为的现金流很充足，根本不需要上市集资；华为的名气和市场也越来越大，不需要通过上市来实现业务扩张。

任正非一向认为，搞金融的人光靠数字游戏就能赚进大笔财富，真正卷起袖子苦干的人却只能赚取微薄的工资，这是世界上最不合理的事情。所以，他坚决不让华为上市，而是选择与员工分享利润。当然，华为也有困难的时候，但因为不是上市公司，不需要面对大众和媒体的拷问，自己扛过去了，就会有云开雾散的时候。而上市公司的股民会希望企业永远保持高速发展，一旦出现困难，就想干掉创始人，找人来负责，最后的结果是让一个公司快速垮掉。

任正非曾给员工讲过"喜羊羊"的故事：青青的草原上有一群羊，其中有一些特别懒惰和贪吃的羊，每天吃饱后就不愿再奔跑，所以有很多时间可以用来睡懒觉，于是越来越肥，渐渐变成了喜羊羊，总是一副"举重若轻"的样子。当狼来了，它们想跑也跑不动了，只能沦为狼的美餐。华为的15万员工就是15万只羊，如果没有狼追赶，羊早就死掉了，有群狼环绕，才逼着15万只羊紧紧拥抱在一起。如果没有强大的凝聚力，没有强烈的生存意识，没有天敌，这个羊群就会分裂。因此，华为要避免变成喜羊羊。

在美国纽约一家著名俱乐部的一次午餐会上，任正非与10多位美国顶尖的商界人士会面，其中包括AIG（美国国际集团）前董事长格林伯格、美国私募基金AEA公司董事长文森特·梅等知名人士。当有人问及"华为为什么不上市"时，任正非答道："猪养得太肥了，连哼哼声都没了。科技企业是靠人才推动的，公司过早上市，就会有一批人变成百万富翁、千万富翁，他们的工作激情就会衰退，这对华为不是好事，对员工本人也不见得是好事，华为会因此增长缓慢，乃至于涣散。"他还表示："公司董事会20多年来不仅从未研究过上市问题，而且未来5～10年，华为既不考虑整体上市，也不考虑分拆上市，更不考虑通过合并、兼并、收购的方式进入资本游戏。"

任正非倡导"高层要有使命感，中层要有危机感，基层要有饥饿感"。所谓"小富快跑，暴富跌倒"，不管是中国的还是西方的同行业公司，不少是上市前生气勃勃，上市后不到两年，公司就开始动荡，"暴富"起来的个人要么变得不求进取，要么被竞争对手挖墙脚，更严重的是卖掉股票后，从公司挖走一批人才，自立山头，成为公司的竞争对手,甚至成为可怕的敌对者。很显然,这是一种有重大缺陷的人力资源管理制度。

"不上市,就可能称霸世界!"任正非私下这么说。这句话至少包含三层意思。一是团队的战斗精神。过多的"馅饼"会腐蚀一个人、一个组织的活力,会败坏团队的"精气神",这是最可怕的"肌体坏死症";不上市,有国际业界标准的薪酬待遇,每年还有可观的奖金和相对稳定的分红,"既对团队有利益的吸引,同时又可保持斗志",这一点至少在华为实现了成功的平衡。

二是决策的可控性。以华为如此分散的股权结构,任何一个资本投资者都可以轻而易举地形成相对控制权。但当以短期逐利为本性的金融资本左右华为的发展方向时,华为就离垮台不远了。

三是华为人的目标追求。华为能走到今天,并超越一些西方巨头,成为一家极具竞争力的国际公司,就是因为华为总是"谋定而图远",以10年为目标来规划公司的未来,而不像业界同行总是被资本市场的短期波动牵着鼻子走。资本是最没有温度的动物,也是最没有耐心的魔兽。"资本市场都是贪婪的,从某种程度上说,不上市成就了华为的成功。"

举例而言,当摩托罗拉投资50亿美元的"铱星计划"失败后,资本市场用脚投票,使摩托罗拉从此走向了衰败;而华为曾经在3G产品上投资接近60亿元人民币,长期颗粒无收(或"狸猫换太子",把3G产品当成2G卖),任正非又力排众议,不允许研发小灵通产品……假如当时华为是上市公司,资本大鳄们将有何举措?结论不言自明,也许任正非早就下台了,也许华为早就衰亡了……

在2013年4月的股东代表大会上,任正非重申:在今后的5~8年,甚至更长时间,华为不会考虑上市,也不会进行任何资本运营,包括收购与兼并等。他强调说:

> 我们要理解做出大贡献的员工,通过分享制要比别人拿到手的多一

些，或多得多。工作努力的一般员工的薪酬也应比社会高20%~30%，当然工作效率也要高20%~30%。我们要注意优秀种子的发现，以及给予他们成长的机会。

在互联网时代，学习能力很重要，只要自己多努力，多践行，努力奋斗的人总会进步快一些，我们要创造一些机会让他去艰苦的地区、艰苦的岗位、艰难的项目去放射光芒。那些在安逸小窝中的小鸟，终归不能成为鲲鹏。

……

前期的成功，也许会使我们自信心膨胀。这种膨胀不合乎我们的真实情况与需求。我们还不知道未来的信息社会是什么样子，又怎么知道我们能领导潮流。我们从包着白头巾，走出青纱帐，不过二十几年，知道全球化也只是近几年的事情。我们要清醒地认识到，我们还担不起世界领袖的担子，任重而道远！虽然聚焦不一定能引领主潮流，但发散肯定不行。

2016年3月5日，任正非在接受记者专访时第一次系统阐述了华为不上市的原因。他说，华为之所以能成功，离不开"痴""傻""憨"。"痴"就是坚持只做一件事，对准信息通信领域这个"城墙口"冲锋，坚持不懈，百折不挠。"傻"就是不为眼前利益所诱惑，坚定理想，不忘初心。他认为，公司上市后往往会身不由己，被股东逼着向不精通的领域发展，最终丧失自身的优势。"憨"就是多做功课，多出成绩。成功没有捷径，成功的路上必须洒下辛勤的汗水。

不论任正非如何解释，华为的不上市，仍被很多人认为是"不合时宜""封闭保守"，说任正非根本不懂资本运作，极大地限制了华为的兼并扩张。然而，历史上很多大公司包括上市公司都是在非常成功之后走向大衰退的。全球化进程的加快，导致许多上市公司在小憩打盹、思考犹豫的时候，就被淘汰出局，曾经辉煌的西门子、摩托罗拉、松下等财团的衰退，无不说明全球化的残酷与"公正"。上市只能让企业成长得更快,但并不能保证它活得更久。

任正非选择的道路是通过自身的资金积累或是融资,稳扎稳打,将自己的根底打牢,一步步超越对手而不是吞并。因为那些能被吞并的企业并不是华为真正需要的,不会给华为带来新的活力。保持一个合理的扩张节奏,会使华为比其他公司走得更远、活得更长久。

2. 员工持股机制

不愿上市的任正非,坚持把赚到的每一分钱都拿出来与员工分享。即便在经济低迷的情况下,他也尽力保证员工的收入不减,甚至高出行业水平。

在华为的薪资体系中,员工的薪酬主要包括三个部分:基础工资、绩效奖金和股票分红。外派海外的另有补助。在基础工资上,华为还设计了"定岗定薪,易岗易薪"的职级制度,也就是工资薪酬与岗位挂钩,并设定了13~23级,每一级设A、B、C三个层次,不同级别的基础工资相差四五千元。比如,应届本科、硕士入职一般是13级,博士是14级;社招根据工作年限及所需岗位的重要性,普遍为15~19级;18级起属于管理层。

根据媒体的挖掘采访,入职华为10年,职级在18级以上,考评中等以上,加上较高的内部配股,税前年薪都超过100万元。华为这样的员工有数千人,加上海外常驻人员的外派补助,年薪税前超百万的可能在万人以上。

华为内部流传着这样一句话:"三年一小坎,五年一大坎。"意思是说,入职华为3年内大部分靠工资,3年后奖金逐步可观,5年后分红逐步可观。

这就是华为的企业文化,它提倡的不是无私奉献,而是奋斗。你奋斗了,付出了,公司必然会给你好的薪资回报,以及发展成长的机会。

当然,在令人羡慕的绩效福利背后,还有极其严格的考核。如果员工考评为 C 或 D，未来 3 年就不可能享受到涨工资和配股的待遇，而且当年也没有奖金。这种严格的考核被戏称为"一 C 毁 3 年"。不管怎样，仅从收入这一硬性标准来看，华为帮助许多员工实现了人生梦想。加上全员持股的制度落实，华为员工在"主人翁"意识的支配下，都能做到与公司同舟共济、荣辱与共。它使员工与华为由通常意义上的雇佣关系变成了合作关系，员工把自己视为华为的主人，成功时举杯相庆，失败时拼死相救，而且在华为发展最为艰难的时期，它也是一个非常重要的融资渠道。

关于华为的员工持股机制，华为 CFO 孟晚舟作过简短的解释："我个人认为华为的员工持股是激励方式。华为在 1987 年创办时只有 2 万多元，一无所有，如果没有员工持股机制，华为是发展不到今天的。华为就是一个合伙制的公司，只不过'伙'多了点，它解决了公司发展中'力出一孔（聚焦、合力），利出一孔'的问题。"

在 2013 年的优秀表彰大会上，"力出一孔"的作用得到了很好的体现。会上颁发了一项特殊奖项——"从零起飞奖"。获奖的团队负责人在过去一年通过努力拼搏，取得了业绩的重大突破，但因为没有达到预定的目标，这些团队负责人自愿放弃年终奖，准备从零起飞，在下一个年度继续努力。轮值 CEO、CFO、片联总裁以及董事长孙亚芳、总裁任正非，也都自愿放弃了年度奖金。

颁发"从零起飞奖"时，任正非发表了讲话，他说："我很兴奋给他们颁发了'从零起飞奖'……他们的这种行为就是英雄。他们的英雄行为和刚才获奖的那些人，再加上公司全体员工的努力，华为除了胜利还有什么路可走？"任正非认为，这些华为人已经把自己视为华为的一分子，他们以公司利益为先，个人利益为后，力出一孔，越奋斗干劲越大，越奉献力量越强，这将使华为成长为强大而不可战胜的公司。

或许，"力出一孔，利出一孔"正是华为成功的最大秘密。任正非是这样阐述的："水和空气是世界上最温柔的东西，因此人们常常赞美水性、轻风。但大家又都知道，同样是温柔的东西，火箭是空气推动的，火箭燃烧后的高速气体，通过一个叫拉法尔喷管的小孔扩散出来的气流，产生巨大的推力，可以把人类推向宇宙。像美人一样的水，一旦在高压下从一个小孔中喷出来，就可以用于切割钢板。可见力出一孔的威力之大。华为是平凡的，我们的员工也是平凡的。过去我们的考核，由于重共性而轻个性，不注意拉开适当的差距，挫伤了一部分努力创造的人，有许多优秀人才流失了。但剩下我们这些平凡的15万人，25年聚焦在一个目标上持续奋斗，从来没有动摇过，就如同从一个孔里喷出来的水，产生了今天这么大的成就。这就是力出一孔的威力。我们聚焦战略，就是要提高华为在某一方面的世界竞争力，也从而证明不需要什么背景，也可以进入世界强手之列。"如果华为能坚持"力出一孔，利出一孔"，下一个倒下的就不会是华为。

华为的人人股份制体现的正是"聚焦战略"。任正非曾公开把他实施"人人股份制"等具有开创性的重要举措归结于他的父母。他说："我创建公司时设计了员工持股制度，当时我还不懂期权制度，仅凭自己过去的人生挫折，感悟到应与员工分担责任，分享利益。华为创立之初，我与父亲商量过这种做法，结果得到他的大力支持。"更确切地说，他设计这个制度是受到了父母不自私、节俭、忍耐与慈爱的影响。

有评论说：华为的成功，许多人将原因归结于中国政府的支持，实际上，最支持任正非的是15万华为员工。因为任正非用了中国企业中史无前例的奖酬分红制度——98.6%的股票都归员工所有，任正非本人所持有的股票仅占1.4%——造就了华为式管理的向心力。员工一旦离职，股票可以马上兑现，股份该得多少，马上把现金给他。哪怕是几千万现金，任正非眼睛也不眨一下。但是，员工离开公司后，就不能再继续持有华为股份。华为股份只给那些为华为效力的人。这样一种体制的设计，是全球独有的。

任正非认为，这种股权结构是华为能够赶超业界同行的原因之一，"华为的员工也是公司的所有者，因此他们往往会着眼长远，不会急于套现。公司的拥有者并不贪婪，因此华为也能留在所享受的位置。但是，我不可能永远活着，也许有一天华为人也会变得贪婪"。

有一次，四通集团公司联合创始人段永基造访华为，与任正非谈及华为股份制问题，段永基问道："你自己只有1.4%的股份，有一天别人可能联合起来把你推翻，将你赶走，你怎么办？"任正非回答说："如果他们能够联合起来把我赶走，我认为这恰恰是企业成熟的表现。如果有一天他们不需要我了，联合起来推翻我，我认为是好事。"

还有人问："你在华为主要干什么？"任正非回答两个字："分钱。"他后来又补充道，华为人为什么愿意这么玩命干？就是因为"分赃"分得好！他提出要学索马里海盗，科学地解决合理"分赃"的问题。

任正非还很注重利益分配的合理性和均衡性。他曾以"拉车人"和"坐车人"为例比喻说："管理好拉车人和坐车人的分配比例，让拉车人比坐车人拿得多，拉车人在拉车时比不拉车时要拿得多。"

2014年，华为在中国区全面推广一个名为"时间单位计划"的外籍员工持股计划，基本设想是：每年根据员工的岗位及级别、绩效，给员工配一定数量的期权，期权不需要员工花钱购买，5年为一个结算周期。

这个计划与虚拟股受限股制度相比，员工持股的本质没有改变。而且，它也许能够解决以前虚拟股制度设计所带来的问题，比如最近几年愈发严重，也被任正非多次批评的财富过度集中到部分人手中的问题，在虚拟股制度的架构中，随着工作年限的提高、职位的晋升，财富越来越集中在华为中层手中，导致基层员工无法公平分享利益。所以，从长远来看，"时间单位计划"并不会动摇华为的根基，反而会促进其发展。

根据2014年4月英国《金融时报》发布的数据，华为员工持股比例已达99%，覆盖人数在8万人左右。贡献突出的员工在员工持股计划中获益颇丰。比如，2010年，华为净利达到238亿元人民币，配出了每股2.98元的股息。以一个在华为工作10年、绩效优良的资深主管来配股，可达40万股，因此，该年仅股利就将近120万元。这个收入比许多同类外企的高级经理人还要高。

2017年是华为实施员工持股制度的第27年。2018年2月5日，华为发布了《2017年虚拟受限股分红预测通知》，2017年员工虚拟受限股每股预测收益约为2.83元，每股现金分红为1.02元。以华为一个20级的老员工为例，大概有100万股，按照当年的分红价格，100万股可以获得283万元的税前总分红。

这是华为与员工分享利益的最好例证。"钱给多了，不是人才也变人才。"这是任正非2016年在华为内部讲话中所说的一句话。利益共享，与员工分享公司的发展成果，不仅为华为树立了正面形象，也大大激发华为员工的干劲，使他们努力奋斗，为公司创造效益。

3. 打造有活力和竞争意识的团队

任正非乐于给予员工丰厚的薪酬，对员工个人的学习成长，他也十分关注，提倡终身学习，因为这种学习观念的树立，有利于在公司内部形成良好的学习氛围，促使各部门、各组织不断地自我完善。而且，推动企业不断前进的力量是人，企业的进步最终要建立在员工学习进步的基础之上。

任正非本人非管理科班出身，为了提高自己的管理能力，他一直在不断地学习，学习日本企业的品质管理意识和敬业精神，学习美国企业的创新精神，学习德国企业精益求精和专业的精神。

更加难能可贵的是，任正非还主动学习英语。2000年，为了方便与IBM顾问沟通，也为了让华为更好地与国际接轨，57岁的任正非开始学习英语。每天早上他都在办公室里大声朗读英语，虽然发音不太标准，但他的学习精神深深激励了华为的员工。华为开拓海外市场时，首先遇到的第一个困难便是语言问题，很多外派的技术人员外语水平不行，与客户沟通很不顺利。面对这种情况，任正非除了作表率外，还要求所有外派人员必须学好外语，以便和客户无障碍沟通。有些老员工的外语水平很差,但也每天坚持学习,甚至自己聘请了外教。经过不懈的努力,外派人员与外国客户沟通已经不是问题,为开拓国际市场打下了基础。

现在任正非已经70多岁了,但他仍然保持着开放的思想,有着强烈的学习欲望。平时不管多忙,他都会抽出时间来看书,比如坐飞机,他大部分时间都在看书。据华为员工说,在飞机上读书已经成为任正非出差时的一个习惯。任正非阅读的内容很广,包括历史、政治、经济、社会、人文、文艺等。唯独管理书籍很少涉猎,因为他认为大部分管理书籍都是闭门造车的产物,而管理是需要实践的,不是几个简单的理论就能说清楚。

除了阅读,任正非也很喜欢跟人交流沟通。20多年来,他去过世界上很多地方,与几百位政治人物、商业巨头、学者、竞争对手、科学家、艺术家有过接触,这些都使他的思维更加活跃,视野更加开阔。

但是,任正非也明白,仅靠一个人或者少数几个管理人员学习,作用很有限,要想让企业有所发展,一定要创造良好的学习氛围,打造一个学习型组织。所以,华为员工从进入华为的第一天,就被告知学习的重要性。对此,任正非说:"无论从事技术、管理、业务……我们都是一个目的。因此,华为文化是我们认同的基础。一个不认同华为文化的员工,是很难在华为工作的,处处评价都受挫。既然有心在华为工作,一定要努力认真去学习。……同样,每个员工都要用绝大部分精力学好自己的专业,学好技术、学好业务、业精于勤,这是你服务与进步的重要工具。学习企业文化就是使你的重要工具发挥较大的作用。华为不存在空头理论家。文化要落实在奉献上,没有本领就无法实现奉献。"

正因为如此,任正非提出了构建学习型团队的设想,并坚持将其贯彻执行下去。在华为,项目小组是最基本的学习组织,各个成员为了实现共同的目标而组成一个学习型团队,相互学习,相互帮助,最终实现预定的目标。任正非表示:"构建学习型团队历来是华为最重视的一项工作……在高新科技的通信行业,技术更新速度之快、竞争之烈是其他行业无法比拟的。如果华为团队学习能力不强，就会被市场淘汰。"

为了让全体华为员工接受专业系统的训练，任正非主导成立了华为大学。华为大学有着一流的教师队伍、一流的教学设备和优美的培训环境，拥有千余名专、兼职教师，可以同时容纳3 000名学员。它的培训对象不仅包括华为员工，还包括客户方面的技术维护人员、安装人员等；培训不仅在国内进行，也在海外基地开展。同时还成立了网络培训学院，用来培养后备军。

经过多年的摸索，华为的培训体系已经基本形成。任正非对培训也有着自己的见解："技术培训主要靠自己努力，而不是天天听别人讲课。其实每个岗位天天都在接受培训，培训无处不在、无时不有。如果等待别人培养你成为诺贝尔，那么是谁培养了毛泽东、邓小平？成功者主要靠自己努力学习，成为有效的学习者，而不是被动的被灌输者，要不断刻苦学习提高自己的水平。"从他的话可以看出，华为大学的培训主要是为了培养员工的自我学习能力，而不仅仅是为了让员工掌握某种技能。

除了公司提供的培训以外，任正非对员工的学习也有一定的要求，比如员工想成为营销团队的一员，必须掌握产品知识、专业知识、营销理论知识、销售技巧知识、沟通知识等。对于面向国际市场的营销人员，要求则更高，不仅要具备以上知识，还要精通外国的语言和文化，了解国际惯例，掌握国际贸易、国际融资、国际法律等方面的知识。这就需要员工养成主动学习的习惯，不断提高自身知识和能力，以适应国际市场变化多端的竞争环境。

为了让新员工自动自觉地学习，任正非在华为全面推行任职资格制度，并进行严格考核，从而形成有效的激励机制。比如，华为的软件工程师可以从1级做到9级，9级的待遇相当于副总裁。对于如何向更高级别发展，如何知道个人的差距，华为都有明确的规定，比如1级的标准是写万行代码、做过什么类型的产品等。根据明确的量化标准，员工可以进行自检。

为了增强员工的竞争意识和危机意识，任正非借鉴通用电气公司的做法，在华为推行末位淘汰制，也就是说，绩效排在最后5%的员工，可能会受到公司的惩处，甚至直接被淘汰。这是一个相对性的考核指标，有时即使员工的工作表现合格，也为公司做出了一定的贡献，同样有可能受到惩罚。所以，华为员工不仅要通过最基本的业绩考核，还要与其他人进行竞争，以免自己成为最后5%中的一员。

任正非在一次谈话中说道："我们提倡能上能下，在实践活动的大浪淘沙中，我们要把确有作为的同志放在岗位上来，不管他的资历深浅。我们要把有希望的干部转入培训，以便能担负起更大的责任。我们也要坚定不移地淘汰不称职者。"

当然，任正非不会轻易将处于末尾的员工开除出去，如果业绩落后的员工有积极改进的态度，他还是会给予调岗和培训的机会，以观后效。但如果仍然没有改观，便会遭到无情的淘汰。

有的时候，任正非还会提升淘汰的比例。比如1999年因为中国移动从中国电信中分出来，导致华为的订单大幅减少，很多员工的业绩没有达标。尽管这属于不可抗力，但任正非认为工作中没有任何借口，仍然果断做出了淘汰10%的决定。

实施末位淘汰制后，任正非提醒华为干部更要保持警惕，因为在每个层级，不合格干部的末位淘汰率最终要达到10%。如果部门或团队不能按时完成年度任务，干部的末位淘汰比例还会进一步提高。任正非也表示，如果自己的工作不达标，或者不幸沦为末位，同样有可能被淘汰。

从表面上看，这个制度有些残忍，但任正非的目的在于通过末位淘汰制来打造一个监督和预警系统，让全体员工知道：如果不努力工作，任何人都有可能离开公司。所以，自从实施这个制度以后，华为一直保持着强大的竞争力和活力。

2017年，一则华为大力"清洗"34岁以上老员工的消息，再次将华为推到了风口浪尖上。据华为员工反映，华为中国区开始集中"清理"34 岁以上的交付工程维护人员，而研发部门则清退 40 岁以上的老员工，其中大部分是程序员。

面对外界的议论，任正非进行了侧面的回应，强调这次裁员并不是"清理"，而是退休。他说："华为是没有钱的，大家不奋斗就垮了，不可能为不奋斗者支付什么。30 多岁年轻力壮，不努力，光想躺在床上数钱，可能吗？"事实上，经过将近 30 年的快速发展，华为的一些主营业务越来越趋向饱和，很多老员工年龄大、股票多，极大地消耗了华为的人力资源成本，清理这样的员工来为年轻人释放出更大的空间，也是很合理的事情。而且大部分老员工基本实现了财务自由，就算没有完全自由，保留的股票也基本可以保证衣食无忧。

尽管有些"冷酷"和"不近人情"，但这是符合现代人才管理法则的，目的是将有能力的人留下，将能力不足的淘汰掉。当然，这个精兵策略并不一定是要清退老员工，因为很多在华为工作 5 年甚至 10 年的员工仍保持着工作积极性，他们创造的价值并不比有朝气的新员工低。所以，华为的精兵政策不会真的局限在"34 岁"这个门槛上，而是根据员工的实际情况来决定。

这已经不是一个论资排辈的社会，更不是一个资历越老越值钱的时代。企业用人就是性价比，华为也不例外，这是市场的选择，而市场不相信眼泪。任正非在讲话中也分享了自己以身作则的拼搏经历，这位已经 70 多岁的创始人表示："我鼓励你们奋斗，我自己会践行。"

4. 除了胜利，华为无路可走

在任正非的带领下，华为实现了一个又一个目标，当过去的通信产业巨擘摩托罗拉、阿尔卡特－朗讯、诺基亚、西门子等都面临衰退危机时，华为却在持续成长。

从以下几个硬性指标，我们可以了解华为的实力究竟有多强：

公司规模：2018 年在全球拥有大约 18 万名员工。

市场范围：产品与解决方案应用于全球 100 多个国家和地区，国际市场成为主要的销售市场。

研发规模：在美国、印度、瑞典、俄罗斯及国内设立多个研发中心，每个研发中心的研究侧重点和方向都不同；在全球设立了 36 个培训中心，为当地培养技术人员，并大力推行员工的本地化。

互联网的发展：据 Gartner 报告显示，2017 年第四季度华为四路机架服务器出货量在全球和中国市场均排名第一；据 IDC 发布的 2015 报告显示，华为全闪存存储市场全球收入增长率继续保持第一；华为在全球建立了 480 个数据中心，其中包括 160 个云数据中心。

手机出货量：2018 年华为智能手机的出货量超过 2 亿部，首次超过苹果公司。

营业收入：过去，华为一直受到思科、爱立信的压制，但到 2013 年，华为营业收入达到 2 400 亿元，首次超越爱立信；2014 年，华为的营业收入达到 2 882 亿元，基本与思科持平；2015 年，华为以 3 950 亿元的营业收入超越思科，成为全球第一大通信设备商。2018 年，华为的营业收入再创新高，达到 7 000 亿元。

技术专利：2004 年，华为申请专利的数量突破 1 000 件；2008 年 2 月 21 日，据世界知识产权组织报道，华为 2007 年 PCT 国际专利申请数达到 1 365 件；2011 年华为累计申请中国专利 36 344 件、国际 PCT（专利合作条约）10 650 件、外国专利 10 978 件。总共获得专利授权 23 522 件，其中 90% 以上为发明型专利。到 2017 年年底，华为累计获得 7.43 万件专利授权（多数申请了海外专利），其中 90% 以上为发明专利。根据国家知识产权局公布的 2019 年上半年发明专利授权量的排行榜（不含港澳台企业），华为以 2 314 件排名第一。

除了以上的硬性指标，华为在全球范围内的合作伙伴、服务人数，以及在竞争对手、媒体、大众眼中的评价，无不显示出无与伦比的强势地位。那么，华为基业长青的秘诀是什么呢？

（1）树立理想，愿景驱动

一个组织存在的本质，是一群人为了实现一个共同的目标而走到了一起。每一个成功的人心底都必然坚守一种信念、目标和精神支柱。在华为只有十几个人七八条枪时，任正非就确立了在电信业三分天下的战略目标（或者说是蓝色狂想），他始终在向员工灌输华为是一个有志之人成就梦想的地方，让一帮有才华的人相信他们不是在华为打工，而是在创立一项了不起的事业。在华为，有舞台让他们展示自己的才能，使他们日夜奋战，自觉加班，不计报酬，甚至不惜累垮身体。

而任正非自己也是"一根筋"，对事业充满激情，为将华为办成世界一流企业而拼命，"不撞南墙不回头"，甚至撞破了头也要"撞个洞"，坚决从陡峭、人迹罕至的地方攀登，向技术的制高点挺进。他知道"开发不是一件容易的事，要做好投入几十个亿，几年不冒泡的准备"，但他仍坚定不移地走下去，从困境中走出一条全新的路来。

华为创立之初，任正非就提出以技术立足，独立自主，决不向跨国巨头低头，为此他"泼金如水"，保证每年把销售收入的10%投入研发，聚集了大批研发人员，顶着负债和破产的压力，勇敢前行。在做房地产可以一夜暴富的诱惑下，他仍选择苦行僧一般的活法，以苦修的方式研发产品，让华为活下去，再慢慢长大。电信行业是一个竞争残酷的行业，世界上任何电信公司不是发展，就是灭亡，没有第三条路可走。华为同样如此，没有退路，要生存就得发展。任正非是个"偏执狂"，即使是在华为充满危机的时刻，他依然对华为的前景表现出不可救药的乐观，坚守内心的信念。

目标明确，思路清晰，又有严格的纪律，有灵魂统一全员的思想，华为自然战无不胜。

（2）走正道，努力打造一个有灵魂的企业

企业要活着就得有灵魂，灵魂是企业文化的核心。在华为人的大脑中，文化不是静止的，而是运动着的，它是经过挖掘、总结、提炼，进而塑造出独具自身特色又充满恒久活力的企业文化，在这个过程中，文化能最大限度地被员工接受，固化下来变成企业的一部分。华为从"床垫文化""狼文化"和"运动文化"中提炼出了核心部分：以客户为中心，以奋斗者为本，长期坚持艰苦奋斗。任正非说："这就是华为超越竞争对手的全部秘密，这就是华为由胜利走向更大胜利的'三个根本保障'。我们提出的'三个根本保障'并非先知先觉，而是对公司以往发展实践的总结。这三个方面，也是个铁三角，有内在联系，而且相互支撑。以客户为中心是长期坚持艰苦奋斗的方向；艰苦奋斗是实现以客户为中心的手段和途径；以奋斗者为本是驱动长期坚持艰苦奋斗的活力源泉，是保持以客户为中心的内在动力。"

（3）团队保持活力，组织结构"均衡发展"

任何一家企业在经过持续的高速发展后，企业的资源就会有几近枯竭之感。如同打仗一样，被消耗掉的东西要得到及时补充，人员疲惫需要休整，以便团队始终保持活力。任正非最初采取的措施是用饿狼替代饱狼，并且效果很好。

但是，当企业发展到一定规模时，饱狼会很多，尤其是华为这样高速发展的科技企业。如果一定要用饿狼替代饱狼，会使人员波动过大，企业组织不稳定，技术研发出现断层。扩张与效益，团队与个性，控制与活力，过程与结果……这些都是企业管理中既相互对立又相互依存的矛盾，矛盾的哪一方都不可偏废，它们是共同推动企业发展的两股力量。企业组织的主要功效，就是要像拧麻花一样，通过扭力将两股力量扭合在一起。也就是说，企业内部的许多矛盾都可以通过组织结构变革来解决。

为此，华为先后几次进行了治理结构调整，构建起矩阵式管理模式，并形成了干部轮岗制度。干部轮岗采取两种方式：一种是业务轮换，比如让研发人员去搞中试、生产、服务，真正理解什么叫作商品，才能成为资深技术人员；如果没有相关经验，就不能叫资深。因此，"资深"两个字就控制了他们，使他们朝这个方向努力。另一种是岗位轮换，让中高级干部的职务发生变动，一是有利于公司管理技巧的传播，形成均衡发展；二是有利于优秀干部快速成长。他们有实践经验，在各个岗位上进步很快,又推动新的员工投入这种循环。

但是,不久任正非又发现了新的问题:在矩阵式管理模式下,相互平行的部门之间因为没有隶属关系而缺少沟通和主动配合,求助者往往得不到及时援助,公司的共享资源不能发挥最大效益。摩擦增多,内耗加大,庞大的机器运转不畅。同时,各部门分工不同、实力有差距,收益(报酬)也有很大差别。组织结构是低效率的运作结构,就像一个桶装水多少取决于最短的一块木板一样,不均衡的地方就是流程的瓶颈。比如,公司初创时期处于饥寒交迫、等米下锅的境地,因此十分重视研发、营销,以快速适应市场,这种做法是正确的。活不下去,哪来的科学管理?但是,随着创业初期的过去,这种偏向并没有科学合理地转变,因为晋升到高层的干部大多来自研发、营销部门,他们在处理问题、价值评价时有不自觉的习惯倾向,使强的部门更强、弱的部门更弱。有时,一些高层干部指责计划与预算不准确,成本核算与控制没有进入项目,会计账目的分产品、分层、分区域、分项目的核算做得不好,现金流还达不到先进水平……公司从上到下都重视研发、营销,但不重视理货系统、中央收发系统、出纳系统、订单系统等,这些不被重视的系统就是短木板,前面干得再好,后面发不出货,还是等于没干。

针对这些问题,2000年年底任正非提出了"均衡发展"的原则。他指出,均衡发展就是抓企业最短的一块木板,基本措施是建立起统一的价值评价体系、统一的考评体系,使人员在内部流动和平衡成为可能。比如有人说搞研发创新很厉害,但创新的价值如何体现,创新必须转化成商品才能产生价值。任正非认为,重视技术、重视营销,这并没有错,但每一个链条都是很重要的。一个用户服务工程师可能要比研发人员的综合处理能力更强一些,如果售后服务体系不给予认同,那么这个体系就永远不是由优秀人才组成的。不是由优秀人才组成的组织,就是高成本的组织。

华为每个阶段都有不同的治理结构,也就是说,持续的管理变革是团队保持活力、组织结构"均衡发展"的保证。

（4）强调项目奖、过程奖和及时奖

任正非向来认为，年终奖制度是一种落后的制度，它不能切实反映员工对企业的真正贡献，而有"吃大锅饭"的嫌疑，会让"雷锋"受到伤害。为了保障奋斗者的权益，激发员工的工作积极性，他提出了细化员工分配方式和贡献的做法，并主张取消年终奖制度，而是强调过程奖、及时奖。他解释说："比如应有50%的过程奖在年终前发完，没有发完的到年终就不发了，不给你了。这样逼各部门及时发奖。我们强调项目奖、过程奖、及时奖。"

当然，这样做需要有一个科学客观的评价体系，以判断员工是否为企业做出了贡献、做出了多少贡献、消耗了多少成本，再与薪酬严格挂钩，以保证"雷锋"得到应有的回报。

现在，华为员工的奖金一般是根据个人所负责任、工作绩效和项目完成情况而定；而在考核各部门的业绩时，会根据短期绩效指标（如销售额、利润等）加上战略调节因子等进行综合评定。

（5）结成"生命共同体"，让华为人万众一心

在华为工作，高压力与高薪并存，高薪并非单纯的薪酬高。实际上，华为的基本酬劳与同类企业并没有太大的区别，高薪主要来自华为给员工配发的股份所产生的分红，华为能够一直保持人才优势，配股政策功不可没。

首先，任正非"肯给"。有员工一年就拿120万元股利，从而诞生出最拼团队。

华为没有上市，而是把98.6%的股权开放给员工，除了不能表决、出售、拥有股票之外，股东可以享受分红与利润，而且每年所赚取的净利，几乎是百分之百分配给股东。

"我们不像一般领薪水的打工仔，公司营运好不好，到了年底会非常感同身受，"2002年加入华为的LTE TDD产品线副总裁邱恒说，"你拼命的程度，直接反映在薪资收入上。"以他自己为例，2009年因为遭遇金融危机，整体经济环境不佳，华为的利润不如以往，他的底薪不

变，分红跟着缩水。隔年，华为的净利创下历史新高，他的分红超过前一年的一倍。

这就等于把公司的利益与员工的个人利益紧紧绑在一起。在华为，一个外派非洲的基础工程师如果能为公司服务好客户，争取到一份订单，年终获得的配股额度、股利以及年终奖总额，会比一个坐在办公室但绩效未达标的高级主管还要高。

事实上，即使一个刚刚加入华为的本科毕业生，起薪也比一般企业高，以第一年月薪9 000元换算，加上年终奖金，年薪至少15万元。

员工在华为工作2~3年，便具备配股分红资格。在华为有"1+1+1"的说法，也就是工资、奖金、分红比例是相同的。随着年资与绩效增长，分红与奖金的比例将大幅超过工资。这在号称重视员工福利的欧美企业都很罕见，而这个源头竟然只是为了三个字——"活下去"。

据华为年报显示，2017年的雇员费用为1 403亿元，以员工人数18万人来计算，2017年华为员工人均年薪为68.9万元，2016年的人均年薪为59.6万元，短短一年，华为员工的平均年薪便增长了9.3万元。

其次，任正非的生存理念是要活大家一起活，始终坚持利益共享。

这与任正非的成长经历有很大关系。出身贵州贫寒家庭的任正非，家中有七个兄弟姊妹，"我们家当时是每餐实行严格的分饭制，控制所有人欲望的配给制，保证人人都能活下来。否则，恐怕会有一两个弟妹活不到今天"。任正非回忆，即使是每天辛苦工作十几个小时养活一家人的父母，从来都不会多吃一口。

"要活，大家一起活！"这意念从此深植于任正非心中，成为他创业后坚持利益共享的基础。

最后，绑定客户的利益。华为的企业文化第一条就是"以客户为中心"。这句话说起来容易，很多公司嘴上说维护客户的利益，实际上是维护自己的利益，两者经常发生冲突。通信产业可能会因为技术标准、频率波段不同，衍生出不同的产品；一个电信商为了满足消费者，可能需要用到三种技术标准，采购三套不同的机台，其中的安装与后续维修费用甚至高于购买机台本身。从制造商的角度来说，自然希望客户购买更多产品以赚取更多的服务费。这个算盘连小学生都会打，但华为走了一条逆向的道路：帮客户省钱！为此，华为站在电信商的角度思考，主动研发出把三套标准整合在一个机台的设备上，帮客户省下了50%的成本。客户省下的钱，可以用于其他投资，研发出更新的产品，从消费者端赚来更多的钱，再回头来跟你合作，双方一起成长。

在许多场合，任正非屡次称赞战国时代李冰修筑的都江堰工程。李冰留下"深淘滩，低作堰"的治堰准则，是都江堰至今仍发挥作用的主要"诀窍"。淘滩是指都江堰飞沙堰一段、内江一段河道要深淘，深淘的标准是古人在河底深处预埋的"卧铁"。岁修淘滩要淘到卧铁为止，才算恰到好处，才能保证灌区用水。低作堰就是说飞沙堰有一定高度，高了进水多，低了进水少，都不合适。古时飞沙堰是用竹笼卵石堆砌的临时工程，如今已改用混凝土浇筑，一劳永逸。2 000多年前的都江堰至今仍造福人民，可谓泽被千秋，功著万代。任正非在阐释企业核心价值观时，用了这个贴切形象的说法：要深淘滩、低作堰。

华为若想长久生存，就要不断地挖掘内部潜力，降低运作成本，为客户提供更有价值的服务。客户不会为你的光鲜以及高额的福利多付一分钱。低作堰，就是控制自己的贪欲，自己留存的利润低一些，多让一些利给客户，并善待上游供应商。将来的竞争是一条产业链与另一条产业链的竞争。从上游到下游的产业链的整体强健，是华为的生存之本。

商业活动的基本规律是等价交换，华为员工能够为客户提供及时、准确、优质、低成本的服务，也必然可以获取合理的回报，这些回报有些表现为当期商业利益，有些表现为中长期商业利益，但最终都必须体现在公司的收入、利润、现金流等经营结果上。华为员工因为把自己当成老板，待得越久，领的股份与分红越多，所以大部分人不会为了追求一两年的短期业绩目标而牺牲客户利益，而是想尽办法服务好客户，让客户愿意长期与华为合作，形成一种正向循环。

"你们脑袋要对着客户，屁股要对着领导。"任正非一再向员工强调这一行为准则。他认为，大部分公司会腐败，就是因为员工把力气花在讨好主管上，而非思考客户需求。因此，他明文禁止上司接受下属招待，就连开车到机场接机，都会被他痛骂一顿："客户才是你的衣食父母，你应该把时间和精力放在客户身上！"淘汰的过程并没有想象的简单，对一些人来说是更痛苦的过程，但华为员工都朝着一个方向努力。

2011年，在日本福岛核灾的恐怖威胁下，华为员工仍然展现出服务到底的精神，不仅没有因为危机而撤离，反而加派人手，在一天内就协助客户抢通了300多个基站。自愿前往日本协助的员工，需要经过身体与心理素质的筛选，足够强壮的人才会被派到现场。客户为此非常惊讶："别家公司的人都跑掉了，你们为什么还在这里？""只要客户还在，我们就一定在，"当时负责的华为员工回答得"理所当然"，"反正我们都亲身经历过汶川大地震。"

任正非在1994年年底发表过一篇《致新员工书》的讲话稿，20多年来，这篇讲话稿修订了五六次，2015年再次发表，它阐释的主题就是华为共同的价值体系，也是华为基业长青的秘诀之一。

华为的成功不仅仅是它创造了巨大的物质财富，更在于它创造了丰富的精神财富。任正非作为华为的精神领袖，解决了企业的战略与目标问题，得以在自己的旗帜下召集更多的能人志士。他也是一个非常有危机感的企业家，总想着明天华为就会倒掉。在华为面临困难时，他能够带领大家面对困难；在华为发展较为顺畅时，他能够提醒华为员工可能面临的问题；在电信行业跟随了20多年后，他知道及时要求华为人怎么做好一个领跑者。

2014年，任正非已经跨进70岁的门槛。对于普通人来说，"人生七十古来稀，从心所欲不逾矩"，意味着含饴弄孙的美好退休岁月，但任正非似乎还没有功成身退的想法。

早春的一天，任正非站在桌前，凝视着华为的"芭蕾脚"广告，沉思默想。岁月不饶人啊，不管你是坐着还是站着，岁月都在那个时候悄悄流逝。他这样感叹，准备对"芭蕾脚"广告词做一次修改。

"芭蕾脚"广告借助美国摄影艺术家亨利·路特威勒的"芭蕾脚"摄影作品,画面是一双跳芭蕾舞的脚,一只是坏脚,累累伤痕;一只包裹在华美的芭蕾舞鞋中。这幅作品构图对比鲜明、充满冲击力,华为用它作为主题广告,上面配有一句话:我们的人生,痛,并快乐着。广告宣扬的是一种"奋斗、坚持、奉献、快乐"的精神,让人们看到芭蕾舞演员的极致美丽与背后的汗水。

从创办华为那天起,任正非一直如履薄冰,唯恐它过早夭折。为了让华为活下来,他经历了一次又一次的磨砺,一只脚都磨烂了,但只要还有一只脚,他就要坚持走下去,走向辉煌之巅。罗曼·罗兰说过,伟大的背后都是苦难!如今华为已成业界老大,任正非似乎可以功成身退了,但他还是放不下,觉得还有许多未竟的事业需要他继续奋斗,不应该有丝毫的犹豫。

任正非思索良久之后,建议将广告词改为:人们总是崇尚伟大,但当他们真的看到伟大的面目时,却却步了。广告的内涵是延续的,契合华为理念的。任正非反复强调"在大机会时代,千万不要机会主义",华为要有战略耐性,一定要坚持艰苦奋斗的优良传统,坚持自己的战略,坚持自己的价值观,坚持自己已经明晰的道路与方法,稳步地前进。华为凭着一双很烂的脚走向了世界,眼下还要凭借这双烂脚走向未来。

但华为的未来到底是什么样子的呢?任正非说过,华为的未来就是死亡。但这只是一个没有时空定义的概念。任正非希望自己能为华为规划未来,他用20多年时间缔造了一个庞大的全球通信帝国,关于接班人的问题几度传闻甚嚣尘上。但他已经决定从家族企业传承的桎梏中解脱出来,淡化子女接班的问题,试图创建一个全新的制度——集体接班人制度。这也可能是对现行的"CEO轮值制度"的升级。他在2015年的一次高管会议上谈到了华为未来的胜利保障,主要有三个要素:

第一,要形成一个坚强有力的领导集团,但这个核心集团要听得进批评。

第二，要有严格有序的制度和规则，这个制度与规则是进取的。什么叫规则？就是确定性，以确定性应对不确定性，用规则约束发展的边界。

第三，要拥有一个庞大的、勤劳勇敢的奋斗群体，这个群体的特征是善于学习。

这三个要素在华为是有可能具备的。在未来三五年的变革过程中，华为要坚定不移地基于"面对客户，创造价值"，不断简化管理、优化流程，那么，华为就有可能在这三个要素的基础上获得更大的成功。

会后，不少媒体又提问华为的接班人及未来发展问题。任正非拒绝了很多媒体采访，却与福布斯英文网"中国企业的国际愿景"专栏主编杨林进行了一次座谈。杨林从任正非的谈话中提炼出了主题：我们除了胜利，已经无路可走了！

是的，华为现在是行业甚至是中国企业国际化的领头大哥，路带错了，失败的就不只是华为，所以任正非深感重任在肩。他还有梦想——完成全球布局，做业界霸主。所以，这个"体面的小老头"七十出头了还在努力。

近几年，任正非在英国乃至欧洲接连斥巨资布局投资蓝图，愈发显示出他失意于美国市场后转战英国的雄心。华为将如何用受伤的脚走下去，令世人瞩目！

第十三章　不忘初心，逐梦前行

这是一个比以往任何时候都要快速变化的时代，各种机会和挑战以更快的速度扑面而来。从全球环境来看，华为在5G上的布局，必定会迎来5G时代的超高速发展。智能终端行业面临着格局式大洗牌，但竞争有多残酷，机遇就有多广阔，任正非表示，华为还是要踏踏实实继续做学问，未来华为将围绕万物感知、万物互联、万物智能，去践行全球产业愿景，真正成为行业的领导者。

1. 坚守实体经济

近几年来，实体经济陷入低迷状态，很多企业热衷于搞以小博大、概念炒作、低进高出的资本运作，以互联网、房地产等为代表的金融产业不断从实体经济中抽血，值得庆幸的是，在诱惑面前，仍然有不少企业在坚守实业报国。华为便是其中的典型代表。任正非曾说，华为人实际上是一群傻子，所谓的"傻"就是他们专心致志地做一件事。一直以来，华为专注于通信技术，从来没有碰过股票、房地产，哪怕是在公司有钱、股票和房地产火热的情况下，华为人依然不为所动，坚守自己的事业。

2017年，任正非在巴塞罗那的一次小型恳谈会上，发表了自己对实体经济和虚拟经济的独到见解，他说："锄头是用来种地的，不能因为锄头多、造型美，就在那里耀武扬威，不去种地了！不种地，锄头没有一点意义。……虚拟经济是实体经济的工具，不可以因为工具可以直接带来许多真金白银,就直接去追逐真金白银,这就错了!……中国还是要搞实体经济。没有实体经济,怎么解决就业问题。低端搞掉了,高端就没有了基础。工业是从低端走向高端的。如果把低端都给搞没了,高端怎么来?"最后,他感慨道:"现在豆腐没人磨了。炒房就能来个几十万,谁还专注做实体?我认为,还是要扎扎实实做实体。"

任正非的感慨并不是没有原因。2016年5月底,华为要搬离深圳的传言甚嚣尘上,尽管华为方面也进行了辟谣,表明华为不会离开深圳,但不可否认,深圳对华为的吸引力正在下降,正如任正非所说:"深圳房地产太多了,没有大块的工业用地,现在土地越来越少、越来越贵,产业成长的空间就会越来越小。既然要发展大工业、引导大工业,就要算一算大工业需要的要素是什么,这个要素在全世界是怎么平均的,算一算每平方公里承载了多少产值,这些产值需要多少人,这些人要有住房,要有生活设施。生活设施太贵了,企业就承载不起;生产成本太高了,工业就发展不起来。"

所以,从2014年9月起,任正非斥资100亿元在东莞建设松山湖基地,这个基地占地1 900亩,也被称为"华为终端总部",将容纳3万名华为研发人员。而在华为总部所在地深圳龙岗,根本无法提供这么大的地方。

其实不仅华为,很多科技企业,如小米科技、阿里巴巴等公司也开始外迁,原因之一就是土地要求很大,但深圳的工业用地很少,也很贵,所以,这些企业纷纷转移到房价较低的东莞。

任正非很不喜欢地方政府对房地产的过度依赖,曾直言不讳地说:"高房价最终会摧毁城市竞争力。"他认为,高房价是人为炒作的结果,只是一个虚拟值:"虚拟经济是工具,工具是锄头,不能说我用了五六十把锄头就怎么样,锄头一定要种出玉米,玉米就是实体企业。我们还是得发展实体企业,以解决人们真正的物质和文化需求为中心,才能使社会稳定下来。"

他把自己定位成一个实体企业家,多年来坚守在实体经济的岗位上，经历过实体创业的最好时代，也经历过股市经济、房地产和网络经济的黄金时代。过去，华为公司的大楼下有一个股票交易所，交易所的生意非常火爆，每天都有大批人围在那里炒股，但是任正非和华为员工从来没有下去购买过股票，因为他们明白股票市场就是虚拟经济，是一大堆泡沫，虽然很多人在牛市上一夜暴富，但更多的人都在熊市中败光家产。由此可以看出，任正非有着理性的头脑和很强的克制能力，深圳是改革开放的前沿地带，股票市场非常发达，但他却始终坚持自己的实体经济战略。

他认为，只有实体经济才能支撑起国家的未来，而虚拟经济表面看起来很美好，但是泡沫太大太多，会危害国家的经济发展。现在的房子动不动就几万元一平方米，互联网经济的概念炒作也很厉害，这些都是不健康、不正常的表现。当然，他并不否定房地产、股市、互联网经济对国家经济的贡献，但是过度依赖这些虚拟经济，将严重压缩实体经济的发展空间，进而影响到国家经济。一个明显的事实是，现在珠三角的很多企业开始迁移到成本更低的东南亚国家，如越南、柬埔寨、菲律宾等，还有的干脆转行，进入房地产和互联网行业，这些都使实体行业更加低迷。

2017年2月25日，华为与浙江省在杭州签署战略合作协议，在签约仪式上，任正非说，一个国家和地区的发展还是要靠实体经济。浙江一直以发展实体经济为主。网络经济不只是互联网，大数据也不等于互联网。要推动互联网与制造业融合。智能制造、人工智能如果发展了，欧洲式的高福利、高工资、高税收也就不成问题了。

对于如何做好实体经济，任正非给出的答案是"诚信"——"中国实体经济最紧要的就是一句话：诚信。对客户要有宗教般的虔诚。如果中小企还提什么商道、模式，那就错了。品牌的根本核心就是诚信、真诚。只要有诚信，你就可以活下去。我们的经验说到底，就是一个诚信。"

任正非告诫中国的企业家们，要坚持在自己的实体经济领域内奋斗和拼搏，踏踏实实做好产品和市场，敢于放弃那些非战略性的机会，不要急功近利，被短期的挣钱机会所左右，如此才能赢得未来。

2018年7月2日，华为的2 700名员工正式搬迁到东莞松山湖基地，这只是华为"迁出计划"的先头部队，后面有两次搬迁，总人数达11 000人。

对华为来说，迁移到东莞，一是可以发挥区域协同发展的最大优势，也能在一定程度上降低企业的人力和物力成本。二是人才优势。松山湖一带聚集了东莞华中科技大学制造工程研究院、固高科技有限公司、盈动科技发展有限公司等知名科研院所和高科技企业，可以提供丰富的人才和技术资源。当然，华为的大本营还会留在深圳，深圳是中国的科技和创新中心之一，在产业、人才、政策上都更具优势，短期内华为不会离开。

2. 5G的王者

坚守实体经济的华为，从2G一直走到5G，也从追赶者变成了领跑者。

华为的看家本领就是通信，尤其是通信设备，这使华为发展5G有着先天的优势。

作为第5代移动通信网络，5G的最高理论传输速度可达每秒数十GB，比4G网络的传输速度快数百倍，整部超高画质电影可以在1秒以内下载完成。5G相比4G的提升是全方位的，但这样的提升并不仅仅体现在速度、延迟和功耗上，5G最大的价值在于它将连接数以亿计的物联网设备。如果说4G改变生活，5G将改变社会，引发社会深度变革，让智慧城市成为现实，广泛应用在智慧城市、智慧交通、智慧医疗、智慧工厂和智能家居上。

高带宽、低延时、高速率、万物互联，成为5G网络的标签。全球科技巨头和各国政府都迫切想要在5G时代一展身手，掌握较高的话语权。可以说，谁掌握了5G网络的制定标准，谁就可以占尽先机。

2009年，任正非在华为正式启动了5G研究计划，对内坚持创新，对外展开全球合作。很快，在2012年巴塞罗那通信展上，华为展示了5G原型机。2013年，任正非又在5G项目上投入37亿元，并在2015年推出了系统测试原型机。

2015年7月16日，华为与中国移动研究院正式签署了5G关键技术联合研究谅解备忘录，共同开展面向5G的关键技术联合研究，为5G的后续产业化奠定技术基础。

2018年2月8日，华为宣布2018年将投入50亿元用于5G技术研发，并发布全套5G商用设备，而支持5G的麒麟处理器、智能手机预计将于2019年推出。

目前，在投入上千亿研发费用后，华为的5G核心理念和技术已经被3GPP组织采纳，而华为在5G技术指标、产业推进、应用验证上实现了领先，在5G领域拥有1600多项专利，位居全球第一，将在5G时代扮演举足轻重的角色。在韩国首尔、加拿大温哥华等地，华为已经进行了大规模的5G商用测试。

在全球合作上，华为通过与中国移动、日本DoCoMo、沃达丰、德国电信等运营商合作，共同构筑5G生态系统，推动5G产业的发展。

随着5G商用的临近，其安全性备受关注，部分西方国家还以"网络安全"为由，拒绝与华为合作。根据美国财政部发布的一份文件显示，华为拥有5G无线网络10%的关键专利，占据了有利位置。基于此，美国总统特朗普在2018年8月份签署了一项禁止使用华为设备的法案。

对于美国的反应，任正非表示"武断地把世界划分为两个技术阵营，只会损害整个社会的利益"。他认为不应该让安全担忧将全球划分为技术标准不兼容的孤立市场，"在我们的高科技世界中，任何单个公司或国家都越来越不可能满足世界的需求"。任正非热爱自己的国家，但他本人的信仰与华为的业务没有密切联系，他也绝不会做危害世界的事情。他认为安全问题应回归技术，用事实说话，回到对公司的客观评价上来。面对更开放、更多变的网络环境，华为今后将投入20亿美元，构建全流程的产品安全体系。为此，任正非在网络安全方面成立了一个委员会，并把网络安全和隐私保护作为最高纲领。

或许是出于美国方面的压力，越来越多的西方国家拒绝与华为展开5G合作，明确表示不会采用华为的硬件通信设备。

面对多方封锁，任正非没有放弃，也没有气馁，因为华为的产品做得比别人都好，不想买都不行。"全世界能做5G的厂家很少，华为做得最好；全世界能做微波的厂家也不多，华为做到最先进。能够把5G基站和最先进的微波技术结合起来成为一个基站的，世界上只有一个公司能够做到，就是华为。将来我们的5G基站和微波是融为一体的，基站不需要光纤就可以用微波超宽带回传。"所以，他仍然信心满满："我们不被个别西方国家认同，不要埋怨，因为我们做得还不够好。"这既表明了他进军全球5G市场的坚定不移的决心，也展现出他宽广的心胸。

2018年年初，华为遭到爱立信、诺基亚的前后夹击，很多欧美国家在招标时都倾向于选择这两大巨头，日薄西山的诺基亚甚至拿下了全球最大的5G订单，合同金额高达35亿美元。对华为来说，一个好消息是与俄罗斯网络运营商巨头VimpelCom签订了协议，双方将共同研发并测试4.5G和5G技术。俄罗斯将使用华为提供的5G基站，并允许华为在俄罗斯进行5G实验，而华为的科研中心也将为俄罗斯人提供多个就业岗位。

在华为人的不懈努力下，到2018年年底，好消息纷纷传来。

2018年12月6日，华为与葡萄牙最大电信运营商Altice签署了一份合同，为其提供网络升级的设备和软件，以便在2019年实现支持商用5G标准。这是华为签下的第23家全球网络客户。

12月22日，英国第二大移动通信运营商O2宣布：从2019年1月开始，在伦敦200个通信基站测试华为的5G无线通信设备，替换目前正在使用的诺基亚设备。与此同时，包括EE、沃达丰在内的几家英国运营商也将对华为的设备进行5G测试，已经有3家公司与华为签订了20亿英镑（约合人民币174亿元）的订单。

这对华为来说无疑是一个巨大的鼓舞，要知道，此前英国是全面禁止华为设备的。但华为积极满足英国运营商对于网络安全和自身发展5G的需求，终于促使它们做出了积极的决定。英国通讯协会会长称赞华为说："当前世界上真正的5G通信只有华为一家，我们已经落后于华为，而对于领先我们的科技，我们不应该拒绝，而是应该虚心学习，这样才能够赶超！"

英国运营商选择华为的另一个原因是华为设备的高可靠性。2018年12月初，O2网络发生大规模故障，导致4G网络崩溃，数百万用户无法使用手机服务，司机无法使用导航，客户无法使用手机在网上购物等。事后发现，这个故障是爱立信基站的一个软件问题导致的，还波及日本软银集团，损失巨大。事实上，当年9月O2网络也发生了约40分钟的宕机故障。基于这种情况，尽管国际上对华为的争议颇大，但O2仍然决定在伦敦进行测试，包括让基站为5G做好准备。

一向对美国唯唯诺诺的韩国也出现了反水现象，韩国运营商LG发表声明称，华为的5G设备并不存在任何安全风险，并会通过国际公认的检验标准来消除对华为5G设备安全问题的疑虑。印度也改口说华为的设备有足够的优势和性价比，并邀请华为参与5G测试。

到2019年6月，华为已经在全球范围内签订了46份5G商用网络建设合同，位列全球5G商用合同数第一，并且已经出货了10万多个5G基站。

华为在全球之所以能够得到这么多客户和政府的认同，是因为它在5G技术上处于领先地位。技术是有了，如何将技术套现也是很重要的一个问题。业界对此也有过很多的探索和讨论。过去几年，5G产业的发展氛围基本是靠设备商在鼓吹，这使用户热切盼望5G网络的到来。但对运营商来说情况恰恰相反，过去几年在4G上的巨额投入，使它们普遍资金紧张，而5G网络的投资将更加巨大，所以它们对于5G建设并不积极。不过，由于用户的需求似乎很强烈，如果运营商不思进取，一旦竞争对手率先推出5G，而自己还停留在4G的话，也会陷入非常被动的局面。在这种情况下,全球运营商都患上了"5G 焦虑症"。

任正非认为,5G 的发展进度取决于消费者的需求。"我们做出成熟的 5G 技术产品,但社会是否已经真正有需求了?如果社会需求没有发展到我们想象的程度,我们投入进去意义就没有那么大,科学技术的超前研究不代表社会需求已经产生。如果说无人驾驶需要 5G,现在有几台车在无人驾驶?其实轮船、飞机已经实现了无人驾驶,但是,如果飞行员不上飞机,乘客敢上飞机吗?就是这个道理,系统工程不是有一个喇叭口就能解决的问题。"

现在 5G 产品仍然很少,甚至概念产品也不多。即使是已经商用了 5G 的韩国,第一个客户也只是一个人工智能机器人。而传说中 5G 的最主要应用场景——自动驾驶,还远远没有到达成熟商用的阶段,业界估计还需要 10 年左右;另一个重要场景——智慧工厂,依靠 NB－IOT 就已经实现了较为智能的运转,似乎也没有太大动力去应用 5G。所以,商业模式的缺失直接影响了 5G 的发展前景。

2019 年 1 月 10 日,中国工业和信息化部部长苗圩在接受媒体采访时表示:"我国将进行 5G 商业推广,一些地区会发放 5G 临时牌照。"这也意味着国内的 5G 网络建设将再次提速,三大运营商的 5G 计划是:2019 年预商用,2020 年商用。2019 年上半年推出 5G 智能手机。

不管怎样,5G 是一个发展趋势,只是时间到来的早晚而已。而任正非早已发出信号:5G 不是浪潮,浪潮来了,赶紧捞钱,5G 是一个缓慢的过程。但是,华为有底气、有实力面对困境。

3. 拥抱云时代

现在,中国的科技正呈井喷式发展,随着云计算技术不断地从概念到落地实施,中国正快速地进入云时代。2010 年,任正非看到了云计算给电信行业带来的颠覆性变革和 IT 业的历史性机遇,认为:"信息网络的未来其实就简单化到两个东西,一个是管道,一个是云。"同年 11

月,华为正式发布全球云计算战略及端到端的解决方案,希望通过推出的开放云计算平台,使客户像用电一样使用数据中心、计算和存储资源共享等ICT应用。任正非信心满满地表示:"华为在云平台要在不太长的时间里赶上、超越思科,在云业务上要追赶谷歌,让全世界的人都像用电一样享用信息的应用和服务。"

在云计算大会上,他说:"在云平台上我们要更加开放,同时将信息流的管道的直径做得比太平洋还大,让它有更大的能力、心胸,迎接各种云下来的雨。我们的开放要像黄河、长江、密西西比河一样,任雨水在任何地点、任何方式流入,一样方便地接入。我们在风起云涌的云业务上,要更多地包容,我们永远不可能独自做成功几朵云,千万朵云要靠千万个公司来做。云的价值是市场来决定的,只有为客户使用的云,才会生存下来。云水谣,云水谣,不断地自我循环,不断地自我加强,浸润着大地,服务于社会。我们更要不排斥一部分特别聪明的人、特别'笨'的人,他们超前了时代,令人不可理解。我们要宽容他们,理解他们。当发现这种现象时,华为公司将支持他个人对其想法的扩张,并授予我们的知识产权,让他没有后顾之忧,也可以给予小额资助,并不以任何利益要求为基础。当'苹果皮'出现时,我也让有关人士向他们传递信息,最初得到的反映是负面的,看华为过去的黑寡妇形象,多么的恶劣。我们要理解一些'歪瓜裂枣',并支持他们,这就是一个开放的、社会的'贝尔'实验室。你怎么知道他们就不是这个时代的凡·高、这个时代的贝多芬、未来的谷歌……"

问题是,在既有的竞争已经非常激烈的云市场,野心勃勃的任正非面临的对手也个个实力非凡。思科、微软、亚马逊、百度、阿里、腾讯这些知名企业都在做云服务。尤其是阿里云,已经占据中国31%的市场份额。

任正非最初给华为的定位是成为云计算解决方案提供商,帮助运营商搭建云计算平台,帮助大型企业搭建私有云。他把云计算列为华为未来10年的核心战略,对云计算的投入将"不设上限"。

2011，华为在云计算大会暨合作伙伴大会上正式启动了"云帆计划2012"，发布了绿色云数据中心、系列服务器、桌面云、云平台、云存储、媒体云等系列云计算产品和解决方案，并宣布与Intel、IBM等300多家合作伙伴共同打造云计算产业链。这一年，华为云计算投入达6 000人，占华为研发人员的10%。

2013年8月3日，华为发布了"云服务"平台、首款云手机Vision（远见）和Android 3.2平板电脑MediaPad。任正非明确指示，终端是华为"云管端"战略的重要组成部分；华为终端要成为这个领域的重要玩家；到2013年，销售要超过100亿美元。当然，在"移动互联网＋云计算"这一新的竞争领域，华为将直接与苹果、三星等主流终端企业竞争，在品牌、渠道、销售模式的转型上面临着很大的挑战。

所幸华为的研发和营销都具有相当实力，自2014年开启云化转型之路以来，华为私有云的规模迅速增长，用户遍及全球各个角落，承载的业务形态也越来越多，包括办公、生产、电商、开发和测试等；与此同时，华为的云数据中心网络设备以每年50%的速度快速增长，已超过20 000台，分布在全球数十个数据中心里。

在开放架构方面，华为云是基于OpenStack架构进行开发的。从业界的应用趋势来看，公有云是未来的发展方向，所以，很多企业会逐步从私有云过渡到公有云，也就是混合云形态。目前华为在私有云市场处于领先地位，私有云和公有云共用一个OpenStack平台，这样企业的应用和数据都可以平滑迁移，而且开放平台不会使用户被绑定。

另外，华为在全球成立了3个技术支持中心，还拥有170个国家和地区的线下交付和支持团队，全球云服务合作伙伴超过12 000家，可以为客户提供兼顾全球化和本土化、线上和线下的一体化服务。

下决心大干一场的华为已有了一定的基础。2015年4月，华为高调宣布进入公有云市场。这项业务当时只是企业BU下面的一个子部门，所以没有引起外界的关注，还属于低调潜行阶段。

2017年，在耕耘私有云多年后，任正非调整组织架构，全面启动了公有云业务，成立云战略业务单元（CloudBU）。从此，云服务成为华为的四大战略业务之一。

很快，华为在公有云领域取得了几个重大进展：

一是推出了自运营的企业云，初步完成了全国云服务网络的布局，形成了一个规模大、覆盖广的云服务网络。客户遍及各个行业，主要有大连软件云、宝沃汽车、楼兰科技、太平洋保险、克拉玛依政务云、襄阳政务云、玉溪教育云等。

二是与海外运营商如德国电信、西班牙电信共推公有云。2016年3月14日，德国电信正式发布开放电信云，提供包括私有云、公有云和软件解决方案在内的全套云服务。华为为其提供硬件和软件解决方案。同年9月30日，华为与西班牙电信企业解决方案公司在智利、巴西、墨西哥等国共同推出了 Open Cloud 和 Cloud Server 云服务。华为主要提供包括服务器、存储、网络、云操作系统在内的创新解决方案，并为 Open Cloud 和 Cloud Server 提供专业的技术支持。

三是与国内运营商如中国电信共推"天翼云"。2016年6月30日，中国电信联手华为发布了"天翼云3.0"产品和服务，助力企业数字化转型。天翼云上既有传统企业、政府机构，也有创新机构，比如中信银行、王老吉、青海省水利厅、上海浦东软件园等，这说明公有云已经得到了中国用户的广泛认可。而华为正是幕后的英雄。

2017年2月，华为与浙江省签订的战略合作协议中，有一条就是利用华为的芯片、网络等核心技术，为浙江企业提供物联网开放平台。这个开放平台基于的就是云架构。在短短74天里，任正非和6个省签订了战略合作协议，其中，"云计算""智慧城市"频频出现。从任正非亲临一线布局云计算来看，他对云服务的重视非同一般。

"全面云化已经不是一个可选的议题，而是必选。"华为常务董事丁耘说。智慧城市、金融行业的IT向云构架转型、电力行业的数字化、政府和企业对云服务的需求，都是重要的战略机会。

华为公有云首先考虑的是电信运营商的需求。聚焦于电信行业的业务、运营和网络的云化，致力于与电信运营商合作，提供云计算服务，是华为云计算与其他云厂商的明显区别。

2017年9月5日，华为在上海召开了2017年全联接大会，宣布要与合作伙伴一起打造五朵云。华为轮值CEO郭平在介绍五朵云计划时，提到了IBM创始人沃森的经典预言：未来世界只需要5台计算机。如今全球不只5台计算机，或许说成是五朵云更合适。透过五朵云战略，华为向外界展示出对于云计算领域的野心。实际上，对华为来说，进军云计算业务，技术、研发、人员、组织与投资等都不是问题，问题在于到底要做一朵什么样的云、要解决什么样的问题。

对于进入公有云市场如此有底气，郭平认为华为有四个云基因：

一是技术基因。华为有30年的研发积累，有能力满足客户业务升级、创新的需求。

二是安全基因。华为可以提供从芯片到业务的整体解决方案，更高效地解决云安全问题，能够为客户提供远高于当前独立IT系统安全水平的保障。

三是服务基因。华为本身的IT架构就很复杂，因而能够深入理解全球化大企业的需求和挑战，协助政府和大企业实现数字化。

四是分享基因。在2016年的全联接大会上，华为提出要打造哥斯达黎加式的生态，在生态圈中，华为只取1%。合作伙伴的产品可以和华为一起走向全球172个国家的市场，一起实现商业成功。

正是基于以上因素，加上多年来在云计算领域的积累，华为自2017年3月成立CloudBU以来，华为云的用户增长率达到238%，在18个主要类别中推出120多项云服务，涵盖60多种通用解决方案，包括SAP、高性能计算（HPC）、物联网（IoT）、安全、DevOps和80多种行业场景解决方案；涵盖制造业、电子商务、游戏、金融和车辆互联网（IoV）。

2018年年初，任正非似乎对公有云业务有着更大的决心，他整合了原IT产品线的云计算业务，正式成立云服务部，并在公有云领域增加了2 000人，提出"全面云化"。8月28日，他签发了"关于Cloud-BU组织变动的通知"，将CloudBU正式迁移至华为集团下面，成为一级部门。

同年，华为云正式启动了中国香港和俄罗斯、泰国站。到2018年9月底，华为云已在亚太地区提供服务，并在中国市场以外的欧洲和拉丁美洲以合作方式提供公共云服务。

"天下武功，唯快不破"，在迅速发展和持续变化的云服务市场，只有不断适应客户需求，不断创新，才能立于不败之地。在云计算领域，相对来说，亚马逊、微软、谷歌、阿里等起步较早、所占份额也较高，但华为也有自己的优势，后发力比较强。这主要表现在：首先，过去公有云主要以中小企业、互联网客户为主，很多中大型企业、政府客户其实也存在这方面的需求，而且市场空间更大，华为在这个行业领域有着丰富的经验；二是公有云过去主要提供存储、计算、流量的服务，比拼的是规模和价格，随着大数据和人工智能的发展，对于云基础架构上的智能的应用需求也会越多越大，这样一来，大家都站在了同一个起跑线上，所以华为的入局并不算太晚。

现在华为云的合作伙伴已超过6 000家，在全球分布的云资源上，华为云与全球合作伙伴联合创新，孵化出了软件开发云、IoT等解决方案，帮助企业更加顺利便捷地实现数字化云转型。

4. 孟晚舟事件

历经30年的发展，华为在任正非的带领下，实现了一个又一个技术突破，从通信行业中脱颖而出，在尖端无线基础设施、半导体到消费电子产品等领域越来越有话语权。这时，以美国为首的西方国家开始抱团抵制华为，颁布各种禁令对华为进行围追堵截。这种打压在2018年年底终于撕破了最后一层面纱。

2018年12月1日，在南美洲阿根廷的首都布宜诺斯艾利斯出席

G20峰会的习近平与特朗普共进晚餐。经过两个半小时的交流后，双方敲定中美贸易战暂时"停火"，以及接下来90天的谈判期限。

就在同一天，华为CFO孟晚舟在温哥华转机时被加拿大无端拘押。事后，加拿大声称是代表美国政府暂时扣留，美国正在寻求对孟晚舟的引渡，面临纽约东区法院未指明的指控。

美国政府则宣称，这是因为华为违反了美国有关的贸易制裁规定，向古巴、伊朗、苏丹和叙利亚等被制裁国家销售含有美国部件的通信设备。据加拿大司法部门律师约翰·吉布凯斯利透露，纽约东区法院在8月22日就发出了对孟晚舟的逮捕令。11月30日，一个加拿大法官得知孟晚舟在飞往墨西哥途中将于温哥华转机，马上发出了对她的逮捕令。

说起来，华为早就被美国贸易与经济审查委员会盯上了，包括手机、通信设备均被禁入。2018年年初，中兴便因违规向伊朗出口产品遭到美国制裁，付出了10亿美元罚款、4亿美元托管、董事会和高管团队大换血的惨痛代价。与此同时，美国政府也一直在调查华为向伊朗和其他国家运送的原产自美国的产品，是否违反了美国出口和制裁法。

据加拿大《环球邮报》透露，美国一个名叫"五眼联盟"的情报共享组织，逼着加拿大、英国、澳大利亚和新西兰封杀华为，禁止华为参与这些国家的5G建设。"五眼联盟"成立于1948年，成员包括美国、英国、澳大利亚、加拿大和新西兰，清一色的盎格鲁-撒克逊国家，它们互相分享情报并联合拦截敌国情报。

2018年7月，加拿大总理特鲁多与"五眼联盟"的情报机构负责人在渥太华进行了紧张的会谈，决定共同发起一场阻止华为成为他们下一代无线网络供应设备的行动。很快，阻击行动开始了。8月23日，澳大利亚以国家安全为由正式发布了禁令。11月27日，新西兰以"网络安全风险"为由对华为下达了禁令。紧接着便有了孟晚舟在加拿大被无端拘扣一事。

法国也开始采取对华为不友好的态度。12月7日，法国财长勒梅尔公开表示，法国欢迎华为的投资，但如果投资涉及一些国家主权或者技术敏感问题，法国政府可能会设置一些障碍。

12月10日，日本决定将华为、中兴的产品排除在政府采购清单外，因为日本作为美国的盟友，要"和美国统一步调"。随后，日本三大运营商表示将把华为的产品从基站等设备中排除，而且5G网络建设也不会与华为合作。

讽刺的是，在多国宣布禁用华为设备后，12月6日，瑞典爱立信的系统出现软件故障，导致日本、英国等近11国的百万用户大范围不能使用4G上网。英国第二大通信商O2的用户通信中断达12个小时。南半球多国也因为没有网络而陷入混乱。事后查明，全世界6 000万人之所以同时断网，只是因为爱立信核心网设备的软件证书过期了。爱立信曾是世界第一大通信设备巨头，华为的迅速发展使爱立信跌落神坛。值此5G发展和推广的关键时刻，爱立信的失误简直是在给华为做神助攻。

孟晚舟被无理拘扣后，华为保持了理性和克制，回应称："关于具体指控提供给华为的信息非常少，华为并不知晓孟女士有任何不当行为。公司相信，加拿大和美国的法律体系最终会给出公正的结论。"

12月8日至9日，中国外交部副部长乐玉成紧急召见加拿大驻华大使麦家廉和美国驻华大使布兰斯塔德，就加方拘押孟晚舟一事提出严正交涉和强烈抗议。

12月9日，在温哥华法庭举行的保释听证会上，孟晚舟端坐在椅子上，不时露出笑容，表现得十分从容。在第一次保释听证会上，控方律师宣称，美国要求以欺诈罪引渡孟晚舟，是因为华为通过子公司Skycom来促进与伊朗的交易，违反了美国对伊朗的制裁措施。孟晚舟否认了这一指控，表示华为和Skycom是两个完全独立的个体，双方的合作是正常的商业运作。

12月10日上午，针对孟晚舟的第二场保释听证会在加拿大不列颠哥伦比亚省高等法院举行，但仍然没有得出结论。

经过三场听证会后，加拿大当地时间12月11日，孟晚舟获得了保释，保释金为1 000万加元，包括房产和现金，其中现金700万加元。不过，孟晚舟必须待在加拿大，并且24小时戴着定位器。这是她闯过的第一个关口。

根据加拿大1999年《引渡法》和1976年《加拿大-美国引渡条约》，由于加拿大不列颠哥伦比亚省高等法院逮捕孟晚舟依据的是临时逮捕令，美国必须在孟晚舟被捕后45天内向加拿大提出正式引渡请求，并将相关文件送交加拿大司法部处理引渡事务的机构国际援助小组（IAG）。如果美国放弃提出正式请求，孟晚舟将在45天后自动获释。如果美方发出正式请求，IAG将在收到文件后30天内向司法部部长提出建议，经司法部部长授权，案件进入法院听证流程。当法院裁决代表美国政府的检方是否有足够证据起诉孟晚舟后，司法部部长将据此决定是否将孟引渡至美国。一般而言，这个程序可能达数月之久。

按照美加的引渡协议，加拿大无权拒绝司法过程的继续进行。一旦美国提出要求，加拿大便别无选择，只能拘押孟晚舟，并进行各种司法流程。但是，一旦正式引渡决定做出后，司法部部长便有权行使部长的裁量权。

2019年1月29日凌晨，美国司法部宣布了对孟晚舟的指控，并声称即将向加拿大提出对孟晚舟的引渡请求。

"孟晚舟事件"已经成了加拿大手上的一块"烫手山芋"，中加也许会出现"硬碰硬"的局面。一旦孟晚舟被引渡到美国，还有可能引起中美之间的新麻烦。基于此，"孟晚舟事件"已经超出市场竞争的范畴，开始演变为国家之间的博弈。

美国《华盛顿邮报》发表文章称，美国采取的行动是错误且愚蠢的：

"也许根据美国法律，这起针对华为及其高管的诉讼是合法的，但这是一个可怕的政治错误。如果美国想应对中国的崛起以及美国在国际体系中的作用发生变化的事实，那么这就是一个蠢得不能再蠢的策略。即便美国所声称的一切都正确，针对华为的调查也是荒谬的越权做法，它基于美国可以决定外国竞争者如何开展业务这个论断。更重要的是，现在全球供应链紧密相连，涉及多个国家和众多公司。例如，三星是伊朗重要的手机供应商，而爱立信甚至一直在制裁期间向伊朗出售设备。这些公司也许在出售给这些受制裁国家的产品中不使用美国零部件方面做得更好，但由于全球零部件来源的复杂性，伊朗完全不使用美国的知识产权是不太可能的。然而，美国检察官并未试图限制这些科技巨头的业务，也未积极调查每个零部件的来源……"

确实，司法资源有限，案件调查总有取舍，但为什么总是华为，其他国家通信企业就一定清白？

对任正非和华为来说，这无疑是个极其艰难的时刻。除了孟晚舟的人身自由之外，大家也担心华为会不会步中兴后尘，遭到美国政府的制裁、罚款、禁运等。面对外界的种种猜测，任正非保持着沉默，没有发表任何言论。而华为全体员工也在踏踏实实地坚守岗位，做好自己分内的事情。与此同时，华为也采取了适当的反击措施。

2018年12月中旬，针对自身的专利技术，华为在美国展开了维权行动，正式起诉T–Mobile电信运营商，要求该公司赔偿8 000万美元。因为这家运营商拒绝与华为签署专利授权协议，但仍然在使用华为的专利技术，并且没有交纳任何专利费。而它之所以偷偷使用华为的技术，是因为绕不开华为的专利！

在日本抵制华为后，华为冻结了对日本安川电机公司的工业设备订单，暂停该公司向华为提供的所有机器订单。安川电机公司是日本先进制造业的代表企业，也是全球机器人的"四大家族"之一，在变频器、服务器电机等领域居于世界领先地位。它在中国建有三家工厂，主要向华为智能手机商业、电信设备厂供应工业机器人。2017年，安川电机的总收入约为人民币272亿元，其中大约有23%来自中国。安川电机之前的重心都是放在华为的大订单上，现在华为订单告吹，无疑会损失惨重。

2018年12月25日，华为新一届董事会董事长梁华表示，越是在这种困难的时候，华为在任何一个国家都越要合规运营。从2007年开始，华为就建立起了合规运营体系，包括贸易合规委员会、金融合规委员会，涵盖从市场到研发、从制造到采购、从供应链到服务等全部环节。他强调，华为将以法律遵从的确定性应对国际政治的不确定性，严格遵守业务所在国的法律法规，包括联合国、美国和欧盟适用的出口管制和制裁法律法规。

12月27日，华为轮值董事长郭平向全体员工发表2019年新年致辞，他说："不公平把我们逼向世界第一，华为遵从法律，走向全球化就是法治化，任何艰难困苦都阻挡不了其前进的步伐。"

在孟晚舟被拘押期间，华为仍然处处都在展现自身的实力。为了给华为的18万员工和广大客户传递信心，也让社会释怀，2019年1月15日，任正非打破多年来的沉默，在深圳总部接受多家媒体采访。他说，"没有法律要求任何中国公司强制安装后门。我个人绝对不会损害自己和客户的利益，我的公司也不会答应这样的要求"，而且华为"从未发生严重的安全事件"。

谈及女儿孟晚舟被拘押之事，任正非没有发表过多评论。他表示自己非常想念女儿，也相信正义会得到伸张。他相信美国和加拿大的法律体系是开放、公正和公平的，在所有证据公开之后，华为必须依赖法院的决定以及随后的公正裁决。这是他首次公开谈及此事。在谈到父女关系时，他表示自己与女儿虽亲近但不够亲密。他早年先是参军，后是创业，与儿女在一起的时候很少，"作为一个父亲，我觉得我亏欠他们"。

其实，在某种程度上，华为现在的处境就是中国制造的处境。随着中国制造的质量越来越好，品牌越来越响亮，受到全世界的追捧，发达国家就会不择手段地打压中国。以前面对欺凌，中国企业只能忍气吞声，除了抗议似乎没有任何办法，但这一次华为的反击让人们意识到：世界也许还是以前的世界，但中国已经不是以前的中国，中国企业不会再任人欺负了。

尽管遭遇了美国及其盟国的严格审查，但华为仍然在南欧、东欧和发展中国家继续发展，并且已经在全球拿到了数十份5G合同。这一切的背后，凝聚着华为人数十年的心血，正如孟晚舟被保释后在朋友圈所发：伟大的背后，都是苦难。

5. 稳扎稳打，做世界级企业

任正非认为，跨出国门是成为一家国际性企业更进一步发展的必然要求。所以，他在拟定《华为基本法》时就提出要把华为做成一个国际化的公司。

在华为国际化的过程中，无数华为员工远离故土，奔赴海外，在疫病肆虐的非洲、地震海啸后的印度尼西亚和阿尔及利亚、硝烟未散的伊拉克，都可以看到他们奋斗的身影。

在开发海外市场的过程中，除了价格、技术、市场等常规方法外，任正非还把紧跟国家的外交路线作为华为的营销路线。他明确表示："中国的外交路线是成功的，在世界上赢得了更多的朋友……华为的跨国营销是跟着我国的外交路线走的，相信也能成功。"

他对华为国际化的定位，并不是在国外建几个工厂，把产品卖出去就行了，而是有着更高的追求。他在一次会议上说："我们将在科研上瞄准世界第一流的公司，用10年时间实现与国际接轨。这个目标我们分三步走，3年内在生产和管理上实现与国际接轨，5年内在营销上实现与国际接轨，10年内在科研上实现与国际接轨。……跨过20世纪后，我们的工业产值将超过百亿。"

理想是美好的，竞争却是残酷的。华为在进入国际市场的10多年里，遭遇了层层阻击——政治的、商业的、文化的、技术的……

在遭到美国思科起诉的那场灾难性危机以及扭转危机的过程中，华为已经学到了很多。持续近2年的诉讼，华为经历了法庭最为严厉的审查，几乎每个毛孔都被放大镜照了个遍。自此以后，华为进入欧美尤其是美国市场，都要经历西方客户甚至政府机构的轮番"拷问"。

2010年，华为试图收购摩托罗拉的无线网络业务，但美国政府以"国家安全"为由，拒绝了华为的并购申请。2011年，华为与3Leaf Systems（三叶系统公司）谈成了一笔200万美元的收购交易，但美国外国投资委员会以"担忧技术输出"为由，迫使华为放弃了这项收购。美国外国投资委员会成立于1988年，专门负责审议外资收购行为，对涉及军事安全、高科技和电信资产的项目严格把关。华为是中国企业、世界第二大通信供应商，拥有高科技和电信资产，理所当然成为它们重点防守的目标。2010年11月，华为竞标Sprint项目，同样以失败告终。

2012年10月10日，美国国会众议院情报委员会公布对华为的调查报告，报告中明确表述称，美国应该以怀疑的目光审查中国电信公司对美国电信市场的持续渗透，不管是政府部门还是私营企业，都不应该与华为合作，同时被怀疑的对象还有华为的老对手——中兴。

这次调查历时一年，但即使用了如此之久的时间查证，美国最终还是选择"怀疑"华为。当然，美国人怀疑的不是华为的技术，恰恰相反，或许正是华为的技术让他们感到害怕，所以把无往不利的"危害国家安全"这个借口搬了出来，他们担心华为生产的设备会被用来从事不利于美国的间谍活动。

报告如此撰文："考虑到华为和中兴对于美国国家安全利益造成的威胁，美国外国投资委员会必须禁止涉及华为、中兴的并购、收购和兼并交易……美国政府系统，特别是敏感系统，不应该使用华为或中兴的设备以及零部件。"

此外，报告还强烈建议美国的网络提供商或系统开发商为它们的项目寻求另外的合作厂商，因为华为会对美国和它们的系统构成安全威胁。它们的建议甚至考虑到了立法层面。

报告一出，各方迅速反应，媒体争相报道，看热闹者有之，乐见其成者有之。

《60分钟时事杂志》在刊物上发表了对华为的观点，文章中提到，一个美国小镇的网络公司经理认为购买的华为设备可以让乡村的网络速度变快，但不久两位特工就找上门来，要求他换一家供应商。

各方都伸长了脖子，想看一看任正非和他的华为会有什么反应。但任正非的反应很平淡，没有对此事作过多的评论，只是表示"美国的障碍很正常……"同时，他也不想就此远离美国市场。他觉得美国政府虽然处处针对华为，但这个强大的对手仍然值得尊敬，只有"不带有成见去认识竞争对手，认真向他们学习好的东西，才有希望追赶上他们"。

任正非曾经到美国考察，看到美国企业繁荣昌盛的气象，他感慨地对身边的人说："美国人踏踏实实、十分专一的认真精神，精益求精的工作作风，毫无保守的学术风气，是值得我们学习的。美国人不像中国人有那么多远大的理想，也没有胸怀祖国、放眼世界的空洞抱负，也不像我们那样充满幻想。航天飞机，大规模硅片，超大型计算机，超微型的终端，发达而优良的电信设备、测试仪器，是美国人民的勤劳创造的，是掠夺不来的。"美国有着世界上最先进的技术、最大规模的企业、最科学的管理模式以及最佳的创新环境，所以，任正非始终保持谦卑、友好的态度向美国企业学习，思科、IBM、朗讯都是他欣赏和崇敬的企业，而且他也在努力学习它们先进的管理制度和发展理念。这使华为收获了许多经验，慢慢赶超那些强大的对手，成为行业领先者。

一位国内政府部门的领导问任正非："华为进入国际市场有些什么经验，能否向别的企业介绍一下？"任正非答道："只有一条，就是遵守法律。一定要遵守对方国家的法律、联合国的法律……中国法制还不健全，或者执行太灵活、无规则，使中国一些企业没有形成严格的管理，以为在国际市场上也可以浑水摸鱼，结果使自己陷入苦难。"

任正非告诫公司高层，不能让对手给华为下定论。商局是活的，就怕指挥者的头脑是僵化的。华为要想不被别人定义为"神秘的黑寡妇"和"鲁莽的角斗士"，就得全面走向开放。尽管华为自认为过去是开放的，正因为走了开放之路才有了发展，但别人仍然指责华为"封闭"

"另类",说明华为的开放还是不够,还要更加开放。任正非打了个比方:人家热情邀请你去做客,结果你却到人家客厅里脱鞋、挠脚丫子,势必会引起主人的厌恶和排斥。华为绝不做这样的无礼者,而要以更开放的姿态向别人证明——华为是按照国际规则做事的。

那么,华为能否走出"强则霸""大则傲"的历史性陷阱呢?在一次高级干部会议上,任正非以极其冷峻的口吻告诫大家:任何强者都是在均衡中产生的。我们可以强大到不能再强大,但是,如果一个朋友都没有,我们能维持下去吗?显然不能。我们为什么要打倒别人、独自称霸世界?想要把别人消灭、独霸世界的成吉思汗和希特勒,最后都灭亡了。华为如果想独自称霸世界,最终也是要灭亡的。我们为什么不把大家团结起来,与强手合作呢?我们不要有狭隘的观点,想着去消灭谁。我们和强者要有竞争,也要有合作,只要有益于我们就行了。任正非在此强调的是,"拥有"比"消灭"更有利,不做"神秘的黑寡妇"。

由于美国以安全为借口对中国的电信设备企业设立屏障,华为一直未能进入庞大的美国无线市场。2013年11月,任正非在一篇内部讲话中,对华为一直受阻的美国市场放出了豪言:"总有一天我们会反攻进入美国的,什么叫潇洒走一回?光荣走进美国。"

讲话中最为重要的一点,是任正非提出华为"要敢于打破自己的优势,形成新的优势"。他认为,华为过去在市场上走的是从下往上攻的路线,除了质优价低,没有别的方法。如果不能打破华为的传统优势,别人早晚也会来打破。他还提出,华为要学会给盟友分蛋糕。针对美国市场,他已经采取了慢慢渗透的策略。

最近几年,华为多次通过消费者业务和企业业务试图进入美国市场。因为信息安全的依据不足,这两个业务被美国政府禁止的可能性比较小。

2016年1月,华为在美国发布了荣耀系列的新产品,主要是通过电子商务渠道销售。美国《财富》杂志发表评论说:"智能手机或许是华为成为美国知名品牌的最好机会,美国消费者没有建立起对华为的品牌印象,在美国消费者眼中,它只是没有品牌知名度,正面、负面都没有,这对华为来说反而是个机会。"同年 5 月,华为与谷歌成为 Daydream 虚拟现实移动设备平台的合作伙伴,而且与微软、Intel 合作的 MateBook 也在美国上市。

任正非是一个"先知先觉、思维深邃"的智者,他认为每一次寒冬到来的同时也带来全新的发展机遇。现在华为每天至少有 2 000 人在天上飞,所以只要坐飞机,特别是跨国航班,一般都能遇见华为人。任正非的全球布局就是通过他们的奔劳去完成的,伟大的事业就是通过一天天的奋斗、一点点的进步去实现的。

到 2018 年年底,华为的产品和解决方案已经应用于全球 150 多个国家和地区,服务全球运营商 50 强中的 45 家和全球 1/3 的人口。

2018 年,华为智能手机出货量达 2 亿多部,成功跻身全球三大手机制造商行列。在美国、德国、瑞典、俄罗斯、印度及国内设立了 14 个研发中心、36 个联合创新中心和 45 个培训中心。给华为和荣耀手机的出货量目标是:2019 年达到 2.5 亿部,2020 年力争达到 3 亿部。

2019 年也是"5G 商用元年",华为消费者业务 CEO 余承东在给员工的 2019 新年致辞中说:"新的一年机遇将和困难一样大,登上 5G、AI 人工智能、IoT 等新技术引领的万物互联舞台,为全球消费者提供最极致的全场景智能生活体验,我们的决心和勇气没有什么能阻挡。""未来 5~10 年,在 5G、AI 人工智能时代,在万物互联万物智能的 IoT 时代,华为消费者业务将坚持全场景智能生态战略,打造全球领先的消费者全场景智慧生活体验,这是面向未来发展的核心。我们要力争在多个领域做到世界第一。不进入则已,一旦进入一个领域,一定要做成世界第一!"

任正非也知道,2019 年华为在国际市场上面临很多的挑战。尽管如此,他仍然信心满满——2019 年,华为的营收目标为 1259 亿美元。

每一个时代,都会涌现出一大批英雄人物,而任正非正是我们这个时代的英雄。他经营华为期间所主导的一次次精彩的攻城略地战役、大气磅礴的全球性布局、游刃有余的竞争策略，终使华为成长为最值得国人骄傲的民营企业。他的经营思想也得到了许多国家和学者的重视及传播。从现实出发，我们在企业管理和经营方面，的确可以以任正非为楷模，以任正非为方向，以任正非为导师。